W0063904

Fritz-Peter Linden

Jacques Berndorf
Von der Eifel aus betrachtet

Fritz-Peter Linden

Jacques Berndorf

Von der Eifel aus betrachtet

Originalausgabe
© 2011 KBV Verlags- und Mediengesellschaft mbH, Hillesheim
www.kbv-verlag.de
E-Mail: info@kbv-verlag.de
Telefon: 0 65 93 - 99 86 68
Fax: 0 65 93 - 99 87 01
Umschlaggestaltung: Ralf Kramp
unter Verwendung von: © contrastwerkstatt
Druck: Aalexx Buchproduktion GmbH, Großburgwedel
Printed in Germany
ISBN 978-3-942446-28-0

Für John Dortmunder

„Das wird uns kein Schwein glauben"

Jacques Berndorf, Eifel-Blues

INHALT

PROLOG

Die Dienststelle der ehemaligen Schutzpolizei Daun in der Eifel, im August 1992. Auf der Wache sitzen die Beamten Bernd Bohlen und Walter Meyers. Das Telefon läutet, ein Mitarbeiter der Kreisverwaltung teilt den Polizisten mit, dass ein Kunde der R+V-Autoversicherung trotz wiederholter Erinnerungen und Mahnschreiben seine Prämie nicht bezahlt habe.

Konsequenz: Der Versicherungsschutz sei verfallen, der Wagen müsse stillgelegt werden, sofern der Halter nicht zahle und eine neue Deckungskarte vorlege. „Wir mussten dann raus und den Leuten sagen, dass sie nicht mehr fahren dürfen", erzählt Bernd Bohlen knapp 20 Jahre danach.

Also machen sich die beiden Beamten auf den Weg von der Kreisstadt hinüber zum säumigen Versicherungsnehmer. Der Mann, ein gewisser Michael Preute, wohnt in Berndorf, einem Örtchen bei Hillesheim (in der Eifel sind alle Orte in Wirklichkeit Örtchen, auch wenn sie sich, wie Hillesheim, „Stadt" nennen dürfen).

Nachdem die Polizisten ihm mitgeteilt haben, dass für sein Fahrzeug keine Deckung mehr besteht, räumt er ein, dass er da wohl „ein paar Mahnungen" verschludert habe. Preute will sich in seinen kleinen Geländewagen setzen, zu seiner Versicherungsvertretung fahren und die Sache regeln. Geht nicht, sagen die Polizisten, dann begehe er eine Straftat. Preute bleibt daheim und bittet die Beamten um Hilfe.

Die lassen sich breitschlagen. Sie fahren mit dem Streifenwagen ins nahe Hillesheim, schwatzen den Versicherungsleuten eine neue Deckungskarte für den offenbar finanzschwachen Fahrzeughalter ab – und werden nach ihrer Rückkehr von Preute ins Haus gebeten. „Da waren Bücher überall", sagt Bohlen. „Der Mann hat uns vom ersten Augenblick an fasziniert. Und er war wirklich nett. Wenn das ein Arschloch* gewesen wäre, hätten wir gesagt: Zulassungsstempel runter vom Kennzeichen, Auto stillgelegt."

Um die bevorzugte Behandlung eines Prominenten handelt es sich übrigens nicht. „Den kannte ja kaum einer", sagt Walter Meyers heute. „Und wir haben so etwas natürlich auch mit jedem anderen nicht unsympathischen Bürger gemacht." Die Polizisten sagen dem klammen Autor zu, seine Papiere auch gleich zur Zulassungsstelle in Daun mitzunehmen. „Da war er glücklich", sagt Meyers. Kurz nach der Begegnung treffen ein paar Bücher auf der Dienststelle ein, verfasst und signiert von „Jacques Berndorf".

Es stimmt, kaum ein Mensch kennt diesen Michael Preute zu jenem Zeitpunkt in der Eifel, obwohl er doch bereits seit gut sieben Jahren hier lebt. Nur wenige wissen um sein Vorleben als Reporter für große deutsche Zeitungen, Magazine und Agenturen. Und auch „Jacques Berndorf" ist vielen noch kein Begriff, obwohl unter diesem Namen bereits ein paar Romane erschienen sind – mit einem Helden namens Siggi Baumeister, der ebenfalls in der Eifel lebt.

März 2011: Bohlen, der in Stadtkyll an der Grenze zu Nordrhein-Westfalen wohnt, zieht ein Taschenbuch aus dem Regal. „Der General und das Mädchen" heißt der Roman, 1990 bei Bastei Lübbe in Bergisch-Gladbach erschienen, als „Bonn-Krimi". „Dankeschön – von einem Bürger an seine Polizei", hat Preute hineingeschrieben. „Bei Walter Meyers steht ‚danke für die Deckungskarte' drin", sagt Bohlen und lacht.

Bernd Bohlen, heute genauso wie Walter Meyers Oberkommissar bei der Polizei-Inspektion in der Eifelstadt Prüm, gesteht übrigens, dass er den „General und das Mädchen", 1996 bei Grafit unter dem Titel „Eifel-Feuer" in erweiterter Form neu herausgebracht, erst viele Jahre später gelesen hat, im Herbst 2010. Da bewegt sich die Gesamtauflage der Berndorf-Bücher stetig auf sechs Millionen verkaufter Exemplare zu.

* Wenn es das Wort „Arschloch" nicht gäbe, hätte dieses Buch etwa zehn Seiten weniger.

13

Wir sind ja hier kein Beschönigungsverein

WARME WORTE

Dieses Buch entstand im Wesentlichen auf der Basis langer Gespräche, die ich mit einem sich geduldig in meine Fragerei fügenden Michael Preute im Frühling und Sommer 2011 geführt habe. Wir trafen uns an wechselnden Orten in der Eifel, um in seiner Vergangenheit zu stochern: meistens, von Büchern umringt, im Kriminalhaus Hillesheim. Wir redeten in unseren Wohnorten Brück und Stadtkyll miteinander, und einmal ließen wir uns von Heinz-Peter Hoffmann, dem Leiter des Krimifestivals „Tatort Eifel", in die Staatskanzlei Mainz zu einer Pressekonferenz kutschieren. Danach hatte ich zwar wegen meiner schiefen Haltung im Auto einen schlimmen Rücken, aber jede Menge schöner Aufzeichnungen.

Was bei diesen Gesprächen und etlichen ergänzenden Telefonaten mit Michael Preute herauskam, ist seine Geschichte, es sind seine Erinnerungen: Er blickt zurück auf sein Leben – von der Eifel aus, zusammen mit einem Eifeler, der sich dabei hin und wieder erlaubt, sein Sujet kommentierend zu betrachten. Wie nahe wir dabei der Wahrheit gekommen sind, dürfen andere beurteilen. Bei den Verwerfungen, die in Michael Preutes Leben entstanden sind, wäre Widerspruch jedenfalls keine Überraschung. Zumal neben den vielen Menschen, die auf den folgenden Seiten zu Wort kommen, eini-

15

ge auch nicht bereit oder nicht mehr in der Lage waren, uns mit ihrer Sicht der Ereignisse auf die Sprünge zu helfen. Manchmal musste auch ich ihm widersprechen. Er ließ es sich gefallen.

Mit jeder Sitzung wurde deutlicher, was für ein ergiebiger Geschichten-Steinbruch das Leben und die Erinnerungen von Michael Preute sind. Das Bild drängt sich auf, denn der „Weinberg", der stillgelegte Steinbruch in seinem ersten Eifeler Zuhause namens Berndorf, wurde für ihn zu einem so bedeutsamen Ort, dass er immer wieder dorthin zurückkehrt.

Wobei die Metapher auf der anderen Seite dann doch nicht ganz stimmt. Ein Steinbruch gibt seine Schätze nur unter großem muskulären und maschinellen Aufwand her. Das war hier anders, für unsere Abbau-Tätigkeit reichten ein paar Notizen als Anhaltspunkte, ein Aufzeichnungsgerät und Tabak. Dabei erwies sich Michael Preute als Mensch, der vor allem eines will: erzählen. Auch da, wo es unangenehm wird. Er beantwortete jede Frage, so gut er konnte, und er wich dabei keinem Thema aus. Das gilt ganz besonders für jene Lebensabschnitte, in denen er keine gute Figur machte. Eines aber, sagte er, wolle er nicht – mit irgendwem abrechnen oder schmutzige Wäsche waschen. Und so haben wir es gehalten. Der Rest ist spannend genug.

Dass sich Michael Preute, „wenn wir schon so ein Buch machen", dazu diesen Verfasser ausgesucht hat, ist eine Ehre. Auch dafür: danke. Und für seine beiden Sätze, die mich durch diese Arbeit begleitet haben. Erstens: Du kannst schreiben, was du willst, wir sind ja hier kein Beschönigungsverein. Und zweitens: Das kriegst du schon hin. Ich hatte und habe meine Zweifel, ob ich es hingekriegt habe. Er hatte jedenfalls keine – und wenn doch, dann ließ er mich das zu keinem Zeitpunkt spüren.

Diese offene Einstellung bestätigt auch die Erfahrungen, die ich im Umgang mit Michael Preute in der Vergangenheit gemacht habe. Vor vielen Jahren, ich arbeitete noch nicht sehr lange für die

Zeitung, musste ich ihn wegen einer Geschichte anrufen, die ich ohne seine Auskunft nicht hätte schreiben können. Da war er bereits der „Krimi-Guru". Mich kannte er nicht. Seine Antwort, nachdem ich mich am Telefon vorgestellt und ihm mein Anliegen erläutert hatte: „Ja klar, fragen Sie nur, kein Problem." Dieses „kein Problem" und das Gefühl, von Anfang an als Kollege behandelt zu werden, waren damals eine große Hilfe. So ist es bis heute, viele gemeinsame Geschichten, Anrufe und störende Besuche später, geblieben. Dafür ein ganz besonderer Dank. Und natürlich, verbunden mit der Bitte um Entschuldigung, seiner Frau Geli, die mir erstaunlicherweise immer noch die Tür aufmacht, wenn ich auch das Gefühl habe, dass dann die Scharniere manchmal ein bisschen widerständig quietschen.

Neben Michael Preute sind viele andere Menschen daran beteiligt, dass dieses Buch entstehen konnte. Ihnen bin ich ebenfalls zu Dank verpflichtet:

Allen voran seinen Kindern Mona und Manuel Eichler für ihre Bereitschaft, mit mir zu sprechen und für ihre große, freundliche Offenheit, ebenso seinem Bruder Claus Preute für etliche klärende Details und Einschätzungen (viel Glück für den Roman!).

Verleger Ralf Kramp dafür, dass er den Vorschlag für dieses Projekt gemacht hat und für sein Vertrauen in den Verfasser (der Dank fiele noch überschwänglicher aus, wenn sein Anruf nicht erst im Februar 2011 erfolgt wäre, sondern, sagen wir, im Februar 2009 ...).

Helmut Markwort für die unkomplizierte Unterstützung und Vermittlung nach Los Angeles, Wolfram Bickerich für seine erfrischenden Anmerkungen über die Zusammenarbeit mit Michael Preute (Gruß zurück nach Malle!), Siggi Weidemann in Amsterdam für seine Erinnerungen an frühe Düsseldorfer Journalistenzeiten.

Dank an Kurt Beck, Dietmar Bär, Hajo Gies, Barbara Thielen, Angelika Koch, Ulrich Utsch, Christian Willisohn, Herbert Hille–brand, Rutger Booß, Ulrike Rodi, Gerd Elendt, Josef Zierden, Heinz Onnertz, Heinz-Peter Hoffmann und seine Mitstreiter, die sich so liebevoll um das Krimifestival „Tatort Eifel" kümmern. Gisela und Otto Leuer in Berndorf für ihre Hilfe und den Einblick in ihr umfangreiches Archiv, in dem ich sogar meine alte Berndorf-Karikatur wiederfand.

Während der Arbeit an diesem Buch äußerten vereinzelte Gesprächspartner die Befürchtung, es könne darin die Legende vom „Gottvater" der Eifel gestrickt werden. Darauf zwei Antworten. Erstens: Danke, das wäre nicht nötig gewesen, die Berndorf-Verächter werden es ohnehin so sehen. Und den anderen sei versprochen: Keine Sorge – unser Held, trotz schlohweißer Locken, ist dann doch eher einer von der gebrochenen Sorte, zum Heiligen reicht es bei ihm einfach nicht. Wenn schon einen Titel, dann verdient er einen anderen. Und für den leihen wir uns das Geschöpf, das in seinen Büchern wahrscheinlich neben den Katzen das am häufigsten genannte ist: Jacques Berndorf ist weder Gott noch Guru, Glockenunke passt viel besser.

Bei der Arbeit erhielt ich sehr viel Hilfe von Kollegen und Freunden, die sich als unbestechliche Gegenleser zur Verfügung stellten, die Ideen beisteuerten, die Korrekturen oder Verbesserungen anregten und mir gelegentlich in den Hintern traten. Dank an Christian Brunker (nicht nur fürs Aufnahmegerät!), Stefanie Glandien, Verena Schüller, Frank Jöricke und an meine geduldigen Chefs beim *Trierischen Volksfreund* – vor allem Damian Schwickerath, Peter Reinhart und Lars Ross.

Den Schriftstellern Norbert Scheuer, Gisbert Haefs und Martina Kempff für die Gespräche, für ihren Rat und vor allem für ihr fröhliches Anfeuern des Novizen von der Seitenlinie. Und meinem verehrten Freund Harry Rowohlt für seinen Satz: „Du wirst nicht scheitern!"

Lisa Simon von der Pressestelle des Zoos in Osnabrück, Kriminaloberrat Paul Wehner in Mayen, dem Polizeipräsidium und dem Polizeisportverein Duisburg, dem Kriminalhaus Hillesheim, der Buchhandlung Lesezeichen und dem Café Sherlock.

Das Alkohol-Kapitel wäre nicht zu bewältigen gewesen ohne die Unterstützung von Dr. Dorothee Tsallas, die nicht nur eine Reihe von fachlichen Fehlern verhinderte (ein paar habe ich garantiert noch drin, die gehen auf meine Kappe), sondern mir nebenbei auch noch honorarfrei und ungewollt über meine Wiesollichdashinbekommen-Phobie hinweghalf, indem sie sie liebevoll ignorierte. Dank auch an ihren Mann, Dr. Alexandros Tsallas, der das alles klaglos mitmachte und ebenfalls wertvolle Hinweise lieferte.

Meiner Familie. Und meiner Frau, Freundin und offiziellen Affäre Brigitte: Ihr gilt der größte Dank. Sie ist die heimliche Mitverfasserin, sie hat mit ihren Recherchen eine wesentliche Basis für alle Kapitel geliefert, sie hat sämtliche Abschnitte in allen Entstehungsstadien gelesen, Korrekturen beigesteuert – und sie hat kein einziges Mal gezürnt, wenn ihr Mann wieder einmal zum Recherchieren oder Schreiben verschwand und auch sonst über weite Strecken dieses Jahres nicht zu gebrauchen war. Außerdem ist unser gemeinsames Leben seit einem Vierteljahrhundert so wunderbar spannend, dass ich nie von dem Bedürfnis ereilt wurde, selbst einmal einen Krimi zu verfassen. Was für ein Glück. Für mich und für den Kriminalroman.

Fritz-Peter Linden, September 2011

* * *

Sämtliche Zitate entstammen, sofern nicht anders ausgewiesen, den Gesprächen, Telefonaten und Schriftwechseln für dieses Buch mit Michael Preute und den anderen darin genannten Personen.

In dieser Landschaft wollte ich etwas passieren lassen

SCHEINWERFER AN

„Mein Leben zu rekonstruieren ist ziemlich schwierig."

Michael Preute

D a hat er recht, zumal in diesem Leben so viel passiert ist, dass es selbst in der dicksten Schwarte kaum unterzubringen wäre. Also schalten wir den Strahler ein und richten ihn auf ausgewählte Stationen in den ersten 75 Jahren des Mannes, der sich Jacques Berndorf nennt. Dabei kommt schon einiges zusammen, darunter auch eine Reihe von Vorfällen und Lebensphasen, an die er sich nicht gerade mit Freuden erinnert.

Auf den folgenden Seiten berichtet er trotzdem darüber – ohne Rücksicht auf den Glorienschein des Millionenautors, dessen Fans ihm und seinen Geschichten hinterherreisen, manchmal sogar bis vor seine Haustür. Dabei zeigt sich beim Blick auf sein Leben, dass gerade die Zeit vor den Eifelkrimis, vor „Jacques Berndorf", eine besonders aufregende war, manchmal düsterer als die Plots in den späteren Erfolgsromanen. Und dass viele Geschichten, die er aus diesen Jahren zu erzählen hat, richtig abenteuerlich sind.

Wobei das nicht immer so einfach ist mit der Erinnerung: Denn gerade die ersten mehr als 40 Jahre sind ein spannendes, ein oft dramatisches und heilloses Durcheinander, ein wildes, trunkenes Rauf und Runter, das bequem für zwei oder drei immer noch genügend aufregende Leben gereicht hätte. Sie stehen für eine Zeit, die

23

Schrammen und weitere Verletzungen hinterließ, bei ihm und bei den Menschen, mit denen er zusammenlebte oder eher: nicht zusammenlebte. Jedenfalls nicht so, wie man es von funktionierenden Familien kennt.

Manch ein Wegbegleiter, beruflich oder im Privatleben, wird die Dinge anders sehen als hier geschildert und erinnert. Aber da kontern wir mit einem Satz, den uns der so wundervoll frei in den Genres räubernde Schriftsteller und Übersetzer Gisbert Haefs für dieses Buch geschenkt hat: „Das Gedächtnis eines Krimi-Autors darf ja durchaus literarisch arbeiten." Ein gutes Motto. Außerdem werden einige Gemüsemathematiker garantiert Fehler in diesem Buch finden. Wir garantieren aber gleichzeitig, dass unsere, oder notfalls meine, Fehler erheblich detailreicher sind als alles, was bisher über Jacques Berndorf erzählt wird oder auf Papier und anderen Informationsträgern kursiert. Und unterhaltsamer.

Am Anfang steht, nach kriegsbedingt verzögerter Schulzeit, nach Abitur und dem kurzen Umweg in ein schnell wieder abgebrochenes Medizinstudium, ein sehr junger Journalist namens Michael Preute, dem ein blitzschneller Aufstieg gelingt. Er lernt seinen Beruf beim *Duisburger General-Anzeiger*, baut dort nachts im Bleisatz die Seiten zusammen und verfasst neben Polizeireportagen mit knapp 25 Jahren schon einen ersten Fortsetzungsroman („Mord am Kaiserberg", 1961). Er wechselt kurz darauf zur *Neuen Ruhr Zeitung*, dann zur *Rheinischen Post*, aber auch da bleibt er nicht lange, Preute übernimmt nämlich das *Stern*-Büro für Nordrhein-Westfalen in Düsseldorf.

Allerdings auch das wieder nur für kurze Zeit: Wenig später ist er bereits Redaktionsleiter beim *DM*-Verbrauchermagazin in Stuttgart, lässt sich dann von Hubert Burda nach Offenburg locken und anschließend zur *Quick* in München, wo er nach der „Ohrfeigen-Affäre" (mehr dazu im Kapitel „Ein Journalistenleben") den Dienst quittiert und als freier Reporter unter anderem für dpa, *GEO* und den *Spiegel* arbeitet. Seine Recherchen führen ihn kreuz und quer über den Globus, er berichtet über Kriege, Konflikte, Drogenkartelle und soziale Missstände, nebenher verfasst er weitere Romane und schreibt Sachbücher.

Durch sein Privatleben navigiert er nicht so souverän. Auf die Episode mit den beiden Dauner Polizisten angesprochen, sagt Preute: „Für mein Leben damals war das normal. Das wissen die meisten nicht, wie eng das manchmal gewesen ist. Auch als ich hier anfing in der Eifel, da war es wirklich schwierig, immer die 300 Mark Monatsmiete zusammenzubekommen. Ich konnte gar nicht so schnell bezahlen, wie ich das Geld brauchte." Eine Aussage, die mancher frühere Gläubiger ihm sofort bestätigen würde. Allerdings auch mancher Schuldner: Denn er pumpte sich nicht nur Geld, er verlieh und verschenkte es auch.

Nicht das einzige Problem – und nicht das größte: Der zuverlässige, scheinbar furchtlose und bis in die letzten Ecken recherchierende Journalist Michael Preute erweist sich nicht als brauchbarer Ehemann und Vater. Zwei Familien gehen dem zeitweise stark Trunksüchtigen verloren, zu seinen drei Kindern hat er viele Jahre lang keinen Kontakt, insgesamt drei Ex-Ehefrauen schlagen, von nichtamtlichen Liebschaften abgesehen, zu Buche (seine heutige Frau, Geli, möchte er gern behalten, da ihm nichts daran liegt, mit Liz Taylor gleichzuziehen). Auch im Kreis der Freunde und beruflichen Begleiter ist mancher Flurschaden zu verzeichnen.

Da ging also vieles schief, und lange sah es nicht so aus, als würde sich diese Biografie noch einmal richten lassen. Wer heute den Mann mit Millionenauflage, den meist freundlichen, liebevoll brummigen, jedem Bitt- und Fragesteller gegenüber zugeneigten Jacques Berndorf erlebt, der kann sich daher nur schwer vorstellen, was für ein Mensch Michael Preute vorher war – und wie gering die

Wahrscheinlichkeit, dass ihm eine zweite Karriere und neben der Schriftstellerei ein zuletzt so stabiles Privatleben gelingen würden. Als habe er mit dem Zweitnamen allmählich auch eine neue Existenz übergestreift.

Natürlich hat das viel damit zu tun, dass dieser Michael Preute eines Tages in der Eifel strandete, wo kein Mensch wusste, wer er war, was er tat und was er hinter sich gelassen hatte. Dort begann dann mit der Zeit diese ganz neue Geschichte, die er selbst noch immer nicht so recht glauben mag.

Ausgerechnet in der Eifel: Wo in diesem schönen, buckligen Landstrich doch kaum etwas passiert, von dem die Republik jemals Kenntnis genommen hätte. Und wo für viele genau deshalb das Phänomen Jacques Berndorf vielleicht das wesentliche Ereignis im vergangenen Vierteljahrhundert war. „Ich wollte in dieser Landschaft, in der angeblich nichts passiert, etwas passieren lassen", sagt er. Das sei seine Motivation für den ersten aller Eifelkrimis gewesen. Und das hat er wahr gemacht, nicht nur in der Fiktion.

Aus dem abgerissenen Reporter ohne Deckungskarte, dem mehrfach erbärmlich gescheiterten Familienvater und langjährigen Extremtrinker Michael Preute ist einer der erfolgreichsten deutschen Schriftsteller geworden. Das hat sich, ein schöner Kollateralnutzen, auch auf seine neue Umgebung ausgewirkt, der heute so gebräuchliche Begriff „Regionalmarketing" hat in seiner zweiten Heimat einen ganz eigenen, blutroten Anstrich.

In der Eifel, Ende der 90er Jahre der einzigen Landschaft, „die schon jetzt mit Leichen wirbt" (Preute im Gespräch mit Ilse Rosenschild vom *Trierischen Volksfreund* 1998), gibt es einen Krimiwanderweg, Deutschlands erstes Krimihotel, das Kriminalhaus mit fast 30.000 einschlägigen Bänden – und, so scheint es manchmal, fast genauso viele Autoren, die sich ebenfalls an Eifelkrimis versuchen, längst nicht immer zum Vorteil von Region und Kriminalliteratur.

Viele Gäste besuchen die Eifel nur wegen Jacques Berndorf, fahren seine Romanrouten nach und sind begeistert, wenn sie den meist sehr nahbaren Schriftsteller in einem Café in Daun, in Hillesheim oder in einem anderen Ort sitzen sehen. Wer dann einen seiner Romane dabei hat, erhält selbstverständlich eine Widmung – als Sahnestück auf einem gelungenen Ausflug.

Nahbar, offen, unterstützend: So erleben auch die schreibenden Kollegen Michael Preute. Ein Beispiel dafür ist Ralf Kramp. Im Jahr 1993 schickte er Preute das halb fertige Manuskript seines Debütromans zu, mit der Bitte um Prüfung und ein vorläufiges Urteil. Preute bestärkte den jungen Kollegen darin, die Geschichte zu Ende zu schreiben. „Tief unterm Laub" erschien 1996, mehr als ein Dutzend Kramp-Krimis folgten, außerdem bislang vier Kinderbücher und eine Reihe von Kurzgeschichtenbänden. Heute ist Ralf Kramp Michael Preutes Verleger.

Preute und Berndorf haben aber noch weitere Spuren hinterlassen. So werden seit Beginn des 21. Jahrhunderts die Kreisstadt Daun und ihre Umgebung alle zwei Jahre zum Schauplatz einer hochprominent besetzten, nicht nur in Deutschland einzigartigen Zusammenkunft. Dann verhandelt das kriminalistische Führungspersonal aus Kino, Fernsehen und Literatur beim Festival „Tatort Eifel" über Stoffe, Formate und Verwertungsmöglichkeiten. Das Festival entstand aus der „Criminale 1999" – dem an wechselnden Orten ausgerichteten Jahrestreffen des „Syndikats", der Vereinigung deutschsprachiger Krimiautoren. Die von Berndorf mitorganisierte Criminale in der Vulkaneifel gelang so glänzend, dass man daraus „Tatort Eifel" entwickelte.

Einer der Väter des Festivals ist Michael Preute. Sein Anliegen: Für Autoren eine Möglichkeit zu schaffen, ihre Ideen an Verlage, Sender und andere Adressaten zu bringen. Das ist gelungen: Nicht wenige verdanken ihre Karriere dem Festival und seinen Urhebern.

Das Krimifest ist ein Gipfeltreffen. Produzenten, Regisseure, Redakteure, Autoren, Verlagsvertreter und viele, viele Schauspieler lassen sich an diesen zehn Septembertagen in der Eifel blicken, ob im Fachprogramm für die Branche oder bei den zahlreichen Rahmenveranstaltungen. Senta Berger, Götz George, Hannelore Hoger, Ulrike Folkerts, Dietmar Bär, Armin Rohde, Matthias Koeberlin, Miroslav Nemec, Udo Wachtveitl – die Liste der beteiligten Stars ist beeindruckend lang.

Die Region ist darüber hinaus Drehort und Schauplatz von Kinofilmen, Fernsehspielen und Serien, in denen der Begriff „Eifel" prominent eingesetzt wird. Einige Beispiele: Das ZDF verfilmte 2000 in Monschau Berndorfs „Eifel-Schnee" unter dem Titel „Brennendes Schweigen", mit Uwe Bohm in der Rolle des Ermittlers Siggi Baumeister. Im Sommer 2004 entstand bei Dreiborn in der Nordeifel die internationale Produktion „Die Bluthochzeit" mit Armin Rohde und Uwe Ochsenknecht – die erste Einstellung des Films zeigt außerdem das Totenmaar bei Daun. Im Herbst des gleichen Jahres drehte der WDR rund um die Maare den achten „Bloch"-Krimi mit Hauptdarsteller Dieter Pfaff. 2007 folgte Andreas Kleinerts Satire „Freischwimmer", ebenfalls weitgehend in Monschau gedreht, 2008 das ZDF-Fernsehspiel „Tod in der Eifel" mit Christian Redl. Im gleichen Jahr entstand der Katastrophen-Zweiteiler „Vulkan" von Uwe Janson, die Premiere des RTL-Films war 2009 beim Festival „Tatort Eifel". Der SWR produzierte 2009 mit Uwe Ochsenknecht und Diana Amft unter der Regie von Hajo Gies die Komödie „Der Bulle und das Landei" (Untertitel: „SWR-Eifelkrimi") – ein Quotenerfolg, dem 2011 bereits eine Fortsetzung folgte. Das Gleiche gilt für die 2008 gestartete und 2011 mit dem „Roland" ausgezeichnete ARD-Serie „Mord mit Aussicht" (Arbeitstitel: „Ausgerechnet Eifel") mit Caroline Peters, Bjarne Mädel und Meike Droste.

Selbst da, wo nicht „Eifel" draufsteht, steckt sie manchmal drin, wie in der Kino-Verfilmung von Andrea Maria Schenkels Erfolgsroman „Tannöd" im Jahr 2009. Darin doubelt die Eifel die Landschaft Oberbayerns.

In einem Vierteljahrhundert hat sich vieles verändert. Wenn auch nicht alles: Die Eifel, die gewiss auch ohne Krimis weiterhin ganz gut ausgekommen wäre, bleibt Provinz. Aber sie ist eine etwas stolzere Provinz geworden. Und das hat auch mit diesem Mann zu tun, der sich Jacques Berndorf nennt.

Fragen wir ihn also am besten selbst, wie das alles passieren konnte.

* * *

Wissen Sie – es hat keinen Zweck

SKIZZEN EINER KINDHEIT

„Ich habe vom ersten Tag an geschwänzt."

Michael Preute

Dieses Buch erhebt nicht den Anspruch einer Biografie. Deshalb klappern wir auch nicht die üblichen Lebensdaten akribisch ab. Trotzdem soll ein kurzer Blick in die Kindheit des Michael Preute geworfen werden, denn auch da fallen ein paar schöne Geschichten an. Und ein paar weniger schöne.

Michael Preute wächst in einem unüblichen Elternhaus auf. Kernsatz: „Ich kann von mir nicht behaupten, dass ich ein behütetes Kind war." Und wie in seinem späteren, unsteten Erwachsenenleben sind bereits die ersten Jahre geprägt von Wohnort- und anderen Wechseln. Von seiner Geburtsstadt Duisburg geht es noch während seines ersten Lebensjahrs nach Osnabrück. Weitere Umzüge folgen, sie betreffen nicht nur die Wohnadressen. Er besucht, kriegs- und verhaltensbedingt, unterschiedliche Schulen, er muss im Alter von 14 Jahren das Gymnasium verlassen, um sein Abitur mit drei Jahren Verspätung an einem Internat im hessischen Oberurff zu machen.

Der Vater: Dr. Ing. Willy Preute, im Januar 1904 geboren – „Techniker, Stahl- und Eisenmann, der mit Hochöfen groß geworden war", referiert der Sohn. „Mein Vater konnte etwas, das damals die wenigsten Ingenieure konnten: Hochöfen planen und bauen. Und das hat er sein ganzes Leben lang getan, für Klöckner. Ganze Werke hat er geplant, zum Beispiel die große Klöckner-Hütte in Bremen."

Die Mutter: Anneliese, geboren im März 1904. Sie ist Michaels frühe Verbindung zur späteren Heimat, denn sie stammt aus der Osteifel, aus Kottenheim bei Mayen. „Anneliese hat in Köln Medizin studiert, genauso wie Jahre später dann auch ich." Allerdings wurde die Mutter dann doch nicht Ärztin, genau so wenig wie ihr Sohn. „Sie lernte im Studium meinen Vater kennen. Und das war's dann."

Michael kommt am 22. Oktober 1936 als erstes Kind der Preutes im Duisburger Stadtteil Hamborn zur Welt. Die Eltern sind seit drei Jahren verheiratet, der Nachwuchs ließ ein wenig auf sich warten. Ihre Gefühle darüber beschreibt Anneliese in einer Notiz, die an Vater Willy gerichtet ist: „Mit so viel Liebe wurde unser Kind erdacht. Vielleicht, weil wir schon ein gut Stück Wegs miteinander gegangen waren, und es war nicht immer eine bunte Wiese rechts und links. Aber das Träumen und Erdenken, das war immer Glück ... Dann war er da, der Junge. Und du warst sehr glücklich und sagtest mir das auch. Da war alles vergessen, so froh war ich darüber. Dann gingst du, und du zogst deinen schönsten Mantel an, um deinen Sohn mit dem Namen Manfred-Hugo-Michael in die menschliche Gesellschaft einzuordnen. Am Abend seines ersten Geburtstages vollbrachte Manfred seine erste selbstständige Tat: Er hob das Köpfchen."

Das mit dem „Einordnen" wird Manfred Hugo Michael, der bald den Kosenamen „Icki" erhält, in späteren Jahren nicht immer leicht fallen. Das Köpfchen zu heben und auf sich aufmerksam zu machen, das passt schon eher zu ihm. Und das Widerständige: Mit 17 oder 18 Jahren, sagt Michael Preute, habe er sich von Manfred und Hugo verabschiedet. „Den Vornamen Michael fand ich gut. Alles andere fand ich Scheiße."

Bereits im Jahr nach seiner Geburt zieht die Familie um, denn der Konzern schickt den Vater nach Osnabrück, um dort im Klöckner-Werk als leitender Ingenieur zu arbeiten. Der Junge wächst heran und entwickelt sich vorerst erwartungsgemäß: „März 1939", schreibt die Mutter über ein Foto des lachenden Zweieinhalbjährigen, „Icki ist nun ein Lausejunge."

Und Icki erfährt frühe lokale Berühmtheit, denn auf Vorschlag seiner Mutter wird ein Bärenweibchen im Osnabrücker „Heimtiergarten" nach ihm benannt. Im Juli 1936 war der Tiergarten eröffnet worden. Erster Insasse sei der Dachs „Tutti" gewesen, berichtet Lisa Simon von der Pressestelle des längst in „Zoo" umbenannten Tierparks Osnabrück (der Zoo feierte, wie Preute, 2011 seinen 75. Geburtstag). Tutti erhielt bald Gesellschaft in seinem Gehege, denn im Herbst zog Braunbär Teddy bei ihm ein, als Leihgabe aus dem Zoo in Preutes Geburtsstadt Duisburg.

„Der Bär wurde nach und nach zum Liebling der Besucher", sagt Lisa Simon. Allerdings sollte er nach einiger Zeit wieder ins Ruhrgebiet zurückgeschickt werden. Der Tiergarten startete eine Spendenaktion, damit Teddy gekauft werden und bleiben konnte. Dabei brachten die Osnabrücker so viel Geld zusammen, dass es nicht nur für Teddy, sondern auch für eine Gefährtin reichte: Am 21. Juni 1938 kam die junge Bärin an. Der Tierpark lud die Bürger dazu ein, Namensvorschläge einzusenden, Anneliese Preute machte mit, gewann, und Icki Preute war Bärenpate, auch wenn der Tiergarten den letzten Buchstaben des Namens in ein „y" änderte. Teddy und Icky blieben einander treu und lebten bis zu ihrem Tod Mitte der sechziger Jahre gemeinsam in der Bärengrube des Osnabrücker Zoos. Preute, der nur von seiner Patenschaft wusste, nimmt die Geschichte und ihren glücklichen Ausgang erfreut zur Kenntnis, bedeute sie doch zu seiner Überraschung, „dass ich mit mancher Erinnerung sogar richtig liege".

Der fast 75-jährige Lausejunge beschreibt im Rückblick auf seine Kindheit seine Eltern als ein Paar, das sich selbst genügte, das wahrscheinlich auch ohne Nachwuchs – Michael und den sechs Jahre jüngeren Claus – bestens zurechtgekommen wäre. „Die haben ihre zwei Kinder nur in die Welt gesetzt, weil das so nach außen hin das Bild eines guten Bürgerhauses ausmachte. Ich habe in meinem ganzen Leben, alle 75 Jahre lang, immer über meine Eltern nachgedacht. Denn da gab es merkwürdige Einzelheiten. Zum Beispiel, dass ich ständig den Eindruck hatte, dass die nicht für ihre Kinder da waren, sondern für sich. Meine Mutter war ja Medizinerin, sie hat aber nie als solche gearbeitet, sondern ist diesem Mann gefolgt, der für mich der große Gott war. Was er zum Teil immer noch ist."

Der große Gott, der seinen Sohn meist mit dem Firmenwagen kutschieren ließ. „Da gab's Manfred, den Fahrer meines Vaters. Der musste sowas immer machen, und dann saß ich bei dem im Auto, einem Mercedes 180."

Er bezeichnet seinen Vater als einen Mann, der auch zu seinen Eltern „ein ganz merkwürdiges Verhältnis" gehabt habe, das er anhand der Geschichte seines Onkels Egon Preute zu illustrieren versucht. Egon, der ältere Bruder von Willy, war erschossen worden, „vier Wochen bevor Hitler offiziell mit dem Krieg gegen Stalin begann. Mein Onkel war damals schon an einer sehr vorgeschobenen Frontstelle, die geheim gehalten wurde. Als diese Nachricht nun zu seinen Eltern nach Hause getragen wurde, die damals im Ruhrgebiet wohnten, in Essen, passierte etwas ganz Schlimmes. Mein Vater reist da hin und hört morgens, wie seine Eltern sich im Badezimmer über diesen toten Egon unterhalten, und wie seine Mutter dann sagt: ‚Jetzt haben wir ja gar kein Kind mehr.' Das ist das Einzige, was mir mein Vater jemals darüber erzählt hat. Dass er also kein Kind war, sondern irgendetwas anderes, jedenfalls kein reguläres Kind, das geliebt wurde. Sonst würden ja solche Bemerkungen nicht fallen."

Trotz dieser eher merkwürdigen Voraussetzungen besteht Preute darauf, dass es ein gutes Elternhaus gewesen sei – die Frage, ob Anneliese und Willy ihre Kinder vernachlässigten, er weist solche Gedanken zurück: „Nein, im Gegenteil. Um Gottes Willen, kein Problem. Ich denke nur, sie waren noch nicht im Zeitalter der Pille. Sie brauchten weder mich noch meinen Bruder – schon gar nicht, um sich zu bestätigen. Aber das war überhaupt kein Makel. Wenn du denen das gesagt hättest, hätten die sich kaputtgelacht und wahrscheinlich gesagt: Ja, Recht hat er, aber er muss es ja nicht wissen."

Kein Problem? Eine gewisse Distanziertheit der Eltern gegenüber ihrem Nachwuchs ist aus seinen Worten herauszuhören, auch wenn die liebevollen, allerdings sehr auf den Vater ausgerichteten Einträge der Mutter anders wirken. Michael Preutes später deutlich hervortretende Suche nach Anerkennung im Beruf und als „guter Bürger", sein Verhalten gegenüber Arbeitgebern und Ehefrauen, das alles trägt Züge, die hier ihre Wurzeln haben könnten. Er schließt es nicht aus: „Das war nicht sehr bewusst, aber todsicher habe ich das gemacht."

Vielleicht lieferte die Atmosphäre im Elternhaus auch einen Grund dafür, dass Michael bereits als kleiner Junge durch sein Verhalten auf sich aufmerksam machte. „Ich war der, der nicht mehr zu beherrschen war, ganz früh schon. Meine Mutter hat mir einmal gesagt: Mit dir zu leben ist ja sehr schwer. Ich habe später gedacht, ich sei ein Borderline-Fall" – eine Annahme, für die sein Erwachsenenleben etliche Belege liefern wird (Borderline, Grenzlinie – Menschen mit dieser Persönlichkeitsstörung weisen, auf unterschiedlichen Ursachen basierend, eine ganze Reihe von neurotischen und psychotischen Symptomen auf. Sie reichen von Angst und Depression bis zu Sucht, Kontroll- und Realitätsverlust).

Wie schwierig das Verhalten des unbeherrschbaren Michael in der Kindheit auch gewesen sein mag, eines kam allerdings nicht in Frage: ihn deswegen untersuchen zu lassen. „Meine Eltern gehörten zu denen, die sagten: Psychiatrie gibt es nicht. Dann denken die Leute, der Junge ist nicht ganz dicht."

Andererseits aber scheinen Willy und Anneliese ihren Kindern eine funktionierende Ehe vorgelebt zu haben, was Sohn Michael zumindest bei seinen ersten drei eigenen Versuchen nicht gelingen wollte. „Ich habe oft darüber nachgedacht, wie dieses Ehepaar aufeinander wirkte und wie eingespielt es war. Unglaublich."

Von Katastrophen blieben sie jedoch nicht verschont. „Nach mir wurde noch ein Mädchen geboren, das aber diese Welt nur ein paar Atemzüge lang erlebt hat", sagt Preute. Über den Tod seiner kleinen Schwester sei daheim nie gesprochen worden.

Vater Willy hantierte für den Klöckner-Stahlkonzern mit Millionen. „Nur privat konnte er mit Geld nicht umgehen. Und das hat er voll an mich weitergegeben. Ich habe tatsächlich in meinem Leben mehr Geld verschenkt, als ich verdient habe." Michael Preute und das Geld – oder: Michael Preute und wie man nahezu jede Gelegenheit nutzt, Vermögen gar nicht erst aufkommen zu lassen – dazu an anderer Stelle mehr. Der Vater jedenfalls, glaubt er heute, habe Geld schlicht verachtet.

Stattdessen hatte er andere Talente: „Mein Vater war ein Leica-Fotograf von hohen Graden. Der ging auch abends in den Kleiderschrank und entwickelte selbst." Außerdem sei er „ein phantastischer Klavierspieler" gewesen. „Vor allen Dingen Brahms." Und noch eine überraschend musische Seite hatte Willy Preute, wie man sie vielleicht beim Stahl- und Eisenmann nicht automatisch vermutet hätte: die Liebe zum Lesen, die er mit Mutter Anneliese teilte.

Der Sohn erinnert sich an die erste Wohnung, in der die Familie nach dem Umzug 1937 nach Osnabrück lebte, in der Buerschen Straße. Dort gab es einen Raum, den alle nur „die Buchhandlung" nannten. „Da standen zimmerhoch die Schmöker." Von den Bücherwänden ließ sich der Sohn nicht abschrecken, im Gegenteil:

Er wurde zum Leser. Und zwar ohne, dass ihn die Eltern dazu hätten zwingen müssen. Nie habe es Druck gegeben, sagt er, aber den hätte es ohnehin nicht gebraucht, denn der Junge las ganz von allein, worin die Eltern ihn bestärkten. „Sie haben mich das entdecken lassen, sie haben alles sehr offen da hingestellt. Und es hieß bei keinem Buch: Das darfst du nicht lesen."

Seiner Schulkarriere, ohnehin ein Desaster, kam das allerdings nicht zugute. „Meine Eltern nahmen eines Tages meinen Bruder Claus und fuhren mit ihm nach Cinque Terre, also nach Italien. Und sie hatten mir streng aufgegeben, ich müsse jeden Tag zur Schule gehen. Ich habe vom ersten Tag an geschwänzt."

Während dieser drei Wochen war Michael bei Bekannten untergebracht und zweigte jeden Morgen nach Verlassen der Wohnung statt zur Schule direkt in die Straße an der Rolandsmauer ab, wohin die Preutes inzwischen umgezogen waren. Dort machte er es sich erst einmal gemütlich. „Es war kalt, das weiß ich noch. Ich habe immer den Backofen aufgedreht, Klappe runter, und habe gelesen. Vorm Backofen. Drei Wochen lang. Das war für mich unheimlich schön." Zur Lektüre-Ausstattung, klar, gehörte für Michael damals auch eine Taschenlampe. „Weil ich unter der Bettdecke las. Daran kann ich mich gut erinnern." Zu seinen späteren Lese-Erfahrungen gehörten Heinrich Böll, Günter Grass, Siegfried Lenz „und so weiter – da war ich sehr beeindruckt".

Das Kriegsjahr 1942: Michael Preute ist sechs Jahre alt, kommt in die Volksschule und handelt sich gleich Schwierigkeiten ein. „Das hatte einen einfachen Grund. Wir waren nämlich beauftragt, zwei Dinge zu tun: Kastanien zu suchen, weil sie zur medizinischen Versorgung der Verwundeten an der Ostfront gebraucht wurden. Und Bomben- und Granatsplitter – um zu neuen Waffen gegossen zu werden. Das war 1942 die Aufgabe von Erstklässlern." Bei dieser Aufgabe hat er allerdings versagt. Er weigerte sich, den Auftrag auszuführen. „Aus irgendeinem Grund. Ich wurde dann von meiner ersten Lehrerin ausgeschimpft: Ich sei faul. Und das hat mich empört, denn ich war nicht faul."

Man kann dem kleinen wie dem großen Michael Preute einiges vorwerfen. In diesem Fall jedoch lag die Lehrerin daneben: Faulheit gehört, wie sein weiterer Lebensweg beweisen wird, nicht zu seinen Lastern (empören kann er sich allerdings immer noch). Das Problem erledigte sich aber ohnehin bald von selbst, denn es ereignete sich etwas, das ihn von seinen unangenehmen Aufgaben erlöste – die Kinderlandverschickung. „Osnabrück wurde besonders bombardiert, weil dort die Werke waren, das Kupfer- und Drahtwerk und Klöckner-Eisen." Michael Preute allerdings wurde nicht sonderlich weit verschickt, sondern kam zum Kindermädchen der Familie: „Zu Friedel. Friedel wohnte in einem winzigen Dorf in der Nähe von Osnabrück, in Lienen. Und das war ganz toll, denn die lebten in einem kleinen Katenhof in dieser heideähnlichen Landschaft."

Zwar musste er auch im Exil bei „Tante Friedel" zur Schule gehen. Aber kein Mensch habe damals wirklich Interesse daran gehabt, „denn was am Himmel geschah, das war für uns wichtiger". Am Himmel, da gab es Flugzeuge, da gab es Menschen, die aus diesen Flugzeugen sprangen und am Fallschirm zur Erde herabsegelten: „Das war großes Abenteuer." Der größere Zusammenhang, den er „den weiteren Weg dieses Großdeutschen Reichs in die Scheiße" nennt, der interessierte Michael und seine gleichaltrigen Freunde damals natürlich nicht.

Die Lust aufs große Abenteuer habe ihn damals auch dazu gebracht, von Tante Friedel wegzulaufen. „Ich weiß das nur aus Schilderungen meiner Mutter. Da bin ich mit einer Infanterietruppe losgezogen, die von A nach B verlegt wurde. Ich habe hinten auf dem LKW gesessen, und die schmetterten wüste Lieder. Toll." Die Flucht dauerte nicht lange, schon bald wurde Michael von der Feldpolizei aufgegriffen und zu Tante Friedel zurückgeschafft.

Er erinnert sich an einen Besuch seiner Mutter in dieser Zeit – und an den Abschied. „Das war ein furchtbares Erlebnis. Denn da hat sie irgendwann sagen müssen: Sie müsse jetzt zum Zug, sie müsse wieder weg. Ich bin hinterher gerannt und brüllte Mama, Mama, und sie drehte sich um und machte eine abwehrende Handbewegung. Ich rannte hinterher und hab gelitten – na klar. Sie haute ab …"
Der Aufenthalt in Lienen dauerte insgesamt kaum länger als ein Jahr, schon 1943 war er bereits wieder in Osnabrück. „Meine Eltern müssen beschlossen haben: Wir richten uns nicht nach den behördlichen Maßnahmen, wir holen dich zurück. Ich glaube nicht, dass sich andere Eltern das getraut haben." Michael war also wieder zu Hause – „und bei der Gelegenheit habe ich zum ersten Mal in einem Bett meinen Bruder gesehen. Das war ein tolles Ding."

Mit der Geburt von Claus beginnt für Mutter Anneliese „das Buch von unseren 2 Jungens", das sie im Jahr darauf ihrem Mann widmet: „Manfred-Icki, nun 5 ½ Jahre alt, und Klaus-Josef, geboren in Osnabrück am 28. 6. 1942, zum 28. Mai 1943, meinem liebsten Mann, als ich schon 10 Jahre lang seine Frau war und 10 Jahre lang die Liebe größer wurde, als es Krieg war, und der Kamerad zur Seite um ein Vielfaches im Werte stand, als es nichts zu kaufen gab und dieses Buch in ‚Opas' Raritätenladen aufgetrieben wurde …"

Auch der jüngere Bruder trägt heute nicht den Namen, der in seiner Geburtsurkunde steht. Claus Preute erinnert sich: „Als ich sechs Jahre alt war, erzählten mir meine Eltern, dass ich eigentlich ein Claus mit ‚C' werden sollte, dass aber am Tag nach meiner Geburt – während eines Bombenangriffs der Alliierten – ein Standesbeamter in Osnabrück meinem Vater unmissverständlich klar machte, dass es im arischen Namensregister der Nazis nur einen Klaus mit ‚starkem K' gebe und dass Versuche, daraus einen romanischen, ‚weichen Claus mit C' zu machen, gegen die Vorschriften seien."

Der „arische Beamte" habe sich durchgesetzt – aber der jüngere Preute-Sohn beschloss, nachdem ihn Mutter und Vater über diesen

Hergang aufgeklärt hatten, „ab sofort ein Claus zu werden, was meine Eltern sehr stolz machte".

Claus Preute, der mit seiner Familie in Kalifornien lebt, hat diese Schreibweise in seiner zweiten Heimat legalisieren lassen. „In meinem US-Pass – ich habe die doppelte Staatsangehörigkeit – ist das ‚C' beurkundet und besiegelt, und in Deutschland gibt es einen entsprechenden Antrag auf offizielle Namensänderung." Bis dahin steht im Ausweis noch der ursprüngliche Vorname, „mit starkem, arischem K".

Ein weiterer Eintrag der Mutter ist so schön, dass er hier ebenfalls wiedergegeben werden soll: „Gewiß ist es eine friedlose Zeit, und morgen schon können wir vor dem Nichts stehen, aber wir sind noch zu zweit, und das ist alles. Und so kam es, dass wir uns sehnlichst ein zweites Kind wünschten, trotz der Bombennächte. Als ich ihn trug, den kleinen Klaus, lastete die Verantwortung oft auf mir. Aber sie hat mir nichts geschadet, die böse Zeit, du bist ein Sonnenschein, kleines Menschlein, und unser ganzes Glück, du und dein ‚großer Bruder'. Und so fängt denn das Buch an von unseren ‚Zweien', und es sollen ihm viele lustige Bücher folgen."

Lustig waren sie zwar kaum, die Bücher, die dann viele Jahre später folgten. Es wurde und wird aber auf jeden Fall viel geschrieben in der Preute-Familie. Auch Claus wurde Journalist, er fing bei der *Rheinischen Post* an, bei der auch Michael gearbeitet hatte – und startete dort in eine Laufbahn, um die ihn mancher Kollege beneiden dürfte. „Claus war jahrzehntelang ein Weggefährte von mir", sagt Helmut Markwort, Spitzenmann bei Burda, Gründer und heute Herausgeber des Nachrichtenmagazin *Focus*. „Er war bei der *Rheinischen Post* in Düsseldorf ein sehr guter Seite-Drei-Autor. Und ich habe ihn dann da abgeworben."

Markwort war seit 1966 Chefredakteur bei Burdas *Bild und Funk* und kannte Claus Preute aus der Zeit davor, als er noch beim *Mittag* in Düsseldorf gearbeitet hatte. Als bei Burda ein interessanter

Posten freigeworden sei, habe er Preute dafür empfohlen. „Ich sagte: Da gibt es einen quirligen Reporter und großartigen Schreiber." So wurde Claus Preute zunächst Korrespondent für *Bild und Funk* in Köln, leitete danach die Burda-Büros in London und New York, anschließend habe ihn Verlagschef Franz Burda in die Zentrale nach Offenburg geholt, sagt Markwort, wo er „als linke und rechte Hand" des Senators arbeitete. Er blieb bis 1974 Produktionschef für die *Bunte* in Offenburg, von 1974 bis 1976 war er Korrespondent in Los Angeles.

Das muntere Wechselspiel ging weiter. Markwort verließ Burda, wurde Chef beim *Gong* – und verlockte Claus Preute ebenfalls zum Wechsel. Er berichtete von nun an für den *Gong* aus Hollywood. „So blieben wir 20 Jahre zusammen", sagt Helmut Markwort.

„Dann hat mich Hubert Burda zurückgeholt, zur Gründung von *Focus.*" Keine Frage, dass Markwort auch dort auf Preute setzte. Claus Preute leitete als „U.S. Bureau Chief & President" der Hubert Burda Media Inc. das New Yorker Korrespondentenbüro in der Avenue of the Americas – es gibt schlechter klingende Adressen – von 1996 bis Ende 2009, als er in den Ruhestand ging. „Er lebt jetzt in Los Angeles", sagt Helmut Markwort. „Weil da seine Kinder sind."

Michael Preute spricht mit Respekt von seinem Bruder, vielleicht auch, weil dieser „im Gegensatz zu mir immer ein sehr sachlicher Typ" gewesen sei – ein Mensch, „der ziemlich präzise wusste, wo er hingehen musste".

Dieses Wissen führte den Bruder bereits früh auch im Wortsinn ganz weit nach oben. Preute schüttelt den Kopf, während er diese Geschichte erzählt: „Ich habe noch nie in meinem Leben solche Angst gehabt."

Denn als junger Reporter im Ruhrgebiet sei Claus einmal auf einen Schornstein geklettert, „das waren 129 Meter oder so. Und er hat sich da oben aufmerksam umgesehen. Er hat das genossen. Und er hat darüber eine wunderschöne Reportage in der *Rheinischen Post* geschrieben. Da war ich richtig stolz auf ihn, obwohl ich gar keinen Grund dazu hatte. Denn das hat er sich alles allein erkämpft."

Claus Preute erinnert sich natürlich ebenfalls – wenn auch ein kleines bisschen anders – an seinen ersten, luftigen Großauftritt in der Zeitung: „1965 war ich Volontär bei der *Rheinischen Post* und suchte nach starken Reportagen für den Lokalteil, um mich zu profilieren. Als ich hörte, dass im Rahmen einer neuen Müllverbrennungsanlage der Stadt Düsseldorf der höchste Schornstein Nordrhein-Westfalens gebaut wurde und dort schwindelfreie Arbeiter in einer Höhe von über 120 Metern ihr Geld verdienten, holte ich mir das ‚Okay' des Leiters der Lokalredaktion, ohne ihm wirklich zu sagen, was ich beabsichtigte."

Zusammen mit Uli Horn, „dem damals besten Zeitungsfotograf in Düsseldorf", wurde Claus Preute mit einer „Dahlbuschbombe", die im Bergbau zur Rettung verschütteter Kumpels eingesetzt wird, im Innern des Schornsteins per Drahtseil nach oben gezogen.

Die Reise ging bis hinauf auf die Plattform, auf der die Arbeiter die nächste Reihe an Backsteinen auflegten. „Der Blick von dort oben war atemberaubend. Ein Thriller. Wir hatten uns an die Grenze der eigenen Courage begeben. Die Reportage war ein großer Erfolg, und Chefredakteur Dr. Herbert Kremp soll in der Redaktionskonferenz gesagt haben, so etwas würde er gerne häufiger im Blatt sehen – aber die Reporter müssten entsprechend versichert sein – beim nächsten Mal. Die Story war der Aufmacher vom nächsten Morgen – und Micha hat die Veröffentlichung bei meinen Eltern gesehen. ‚Mein kleiner Bruder macht Karriere', hat er meiner Mutter gesagt. Er kannte das Gefühl, etwas Außergewöhnliches im Blatt zu haben."

Alles allein erkämpft, das galte auch für die beeindruckende Karriere des Bruders, sagt der ältere Preute. „Ich habe Respekt vor dieser Lebensleistung, die er da hingelegt hat." Der Respekt vor der Leistung verhinderte allerdings nicht, dass sich die Brüder immer wieder entzweiten, wofür Michael Preute die Hauptverantwortung übernimmt. Dabei hat er genügend Gründe, Claus dankbar zu sein: „Irgendwann war er der Mann im Hintergrund, der dafür sorgte, dass sein Bruder nicht allzu große Zusammenbrüche hatte, der mir immer mit Geld und Rat zur Seite gestanden hat. Das ging verloren, denn irgendwann habe ich zu viel gesoffen. Ich habe oft gedacht: Um Gottes Willen, warum hast du dir deinen Bruder aus dem Leben geschnitten? Aber das passierte ja nicht gewollt. Das passierte im Laufe dieser Jahre, in denen ich nichts taugte."

Diese Jahre, über die noch ausführlich zu berichten sein wird, sind lange vorbei. Das Verhältnis zwischen den beiden Preutes blieb jedoch lange ein gebrochenes, das immer wieder neu gekittet werden musste und immer wieder Risse zeigte. Inzwischen aber reden sie wieder miteinander.

Claus Preute kommt übrigens mehrfach zu Wort in Marina Zenovichs empfehlenswertem Dokumentarfilm „Roman Polanski – wanted and desired" aus dem Jahr 2008, der sich mit den Ermittlungen gegen den Regisseur nach der Vergewaltigung eines 13-jährigen Mädchens im Haus von Jack Nicholson befasst. Preute, der 1977 als Hollywood-Korrespondent für die *Gong*-Gruppe über den Polanski-Skandal berichtete, ist einer der Zeitzeugen, die für den Film befragt wurden. Michael Preute wusste nichts davon, er erfuhr erst während der Gespräche zum Buch von diesem Film und dem Gastauftritt seines engsten und für lange Zeit so fernen Verwandten. Er lächelt und freut sich offenbar darüber, als er davon hört.

Zurück in die Kindheit: Vom Muttertag 1943 (Sonntag, 9. Mai) datiert die vermutlich älteste dokumentierte schriftliche Äußerung des späteren knallharten Krisenreporters: „Mütterchen, ich hab dich lieb, alle Unart mir vergib, will dir immer Freude machen, sorgsam sein mit meinen Sachen, helfen dir zu jeder Zeit, dir ersparen alles Leid! Und an deinem Ehrentag', ich für dich die Arbeit mach. Und dies Sträußchen schön und frisch stell ich dir auf deinen Tisch!" Das Ganze inklusive eines selbst gezeichneten Bilds mit Tisch, Blumen, Kerzen, Kuchen. Auf einer im Postamt von Lienen an einem 20. März abgestempelten Glückwunschkarte (das Jahr ist nicht erkennbar, möglicherweise 1944) gratuliert „dein Manfred" der Mutter herzlich zum (sic) *„Geburstag"*.

Im Frühling des Jahres 1945 zieht Familie Preute aus Osnabrück hinaus in den kleinen Vorort Atter, wo der achtjährige Michael die Volksschule besucht. Der Umzug, berichtet er, „hatte auch damit zu tun, dass im Hüttenwerk nichts mehr lief." Vater Willy war zwar im Werk mit der Aufsicht betraut, aber viel geschah dort nicht mehr: „Die Engländer, die dann zuerst bei uns einzogen, waren scharf auf Bestrafung. Mein Vater musste nach dem Krieg die Fertigung von Milchkannen überwachen. Der ist schier verrückt geworden. Vorher hatten sie Gleise gezogen für die Reichsbahn auf dem Weg nach Osten."

Die Familie lebte nun also in Atter. „Busch in Atter hieß die Adresse. Busch war ein sehr bekannter Ausflugsort. Das hieß für die Osnabrücker: Sie fahren da hin und essen Schinkenbutterbrot. Nun kann man das so wunderschön umdrehen – sie fahren nicht nach Busch in Atter, sondern nach *Arsch in Butter*." Das Butterbrot hat er 1989 in „Eifel-Blues" verewigt: „Es war ein sehr ordentliches, schmuckes Dorf, die Kneipe hieß *Zur Linde* und hatte ein Schild in den Butzenscheiben hängen: Schinkenbutterbrote. Es war alles so sauber, dass man die Schinkenbutterbrote vom Gehsteig essen konnte." (Seite 202)

Das Ausflugsziel in Atter war ein großer Bauernhof mit Gastwirtschaft, Karussell und dem einzigen Saal im Ort für Kirmes, Schützenfest und andere Feiern. „Ich bin heute noch verblüfft, aus wie vielen Alltäglichkeiten wir Kinder damals Abenteuer gemacht haben. Man musste einen Groschen zahlen fürs Karussell, aber es war viel spannender, unterwegs draufzuspringen und dann kostenlos zu fahren."

Der Krieg war vorbei, Deutschland am Boden: „Niemand kann sich vorstellen, was das für verrückte Jahre waren nach dem Krieg", sagt Claus Preute. „Meine Eltern haben wüste Feste gefeiert, bis zur Besinnungslosigkeit. Weil sie überlebt hatten."

Wie Anneliese und Willy Preute damals zur nationalsozialistischen Diktatur gestanden hatten, das hat Sohn Michael nie erfahren. „Ich weiß nur, dass mein Vater immer behauptet hat, sie hätten die Ermordung der sechs Millionen Juden nicht mitbekommen. Da war ich 18 und erpicht darauf, das zu erfahren. Ich weiß aber, dass ich im Alter von 23 oder 24 Jahren nach Osnabrück gefahren bin und das Haus festgestellt habe, in dem wir gelebt hatten, in der Buerschen Straße." Im Umfeld dieser Straße hatte es vor dem Krieg einige Geschäfte gegeben, die von Juden betrieben worden waren. „Die waren 1942 alle aufgehoben und die Besitzer im Lager. Das kann meiner Mutter nicht entgangen sein und schon gar nicht meinem Vater. Ich denke, er hat gelogen. Heute kann ich ihm das verzeihen. Wahrscheinlich war er völlig verunsichert. Er war nicht vorbereitet auf mich 18-Jährigen, der plötzlich kam und sagte: Jetzt mal Butter bei die Fische, was war damals? Sie hatten nichts gehört, nichts gesehen. Das war wie in tausenden dieser Familien."

Nach der Volksschule wechselt Michael Preute zum Gymnasium Carolinum in Osnabrück. Die Schule ist eine der ältesten in Deutschland und verweist auf ihre Gründung im Jahr 804 durch Kaiser Karl den Großen. Den Junggymnasiasten Michael Preute beeindruckte das nicht, er hatte andere Sorgen: „Das war für mich schlimm. Denn ich war ein Typ, der gar nicht gern von zu Hause weg war."

Zur Schule in Osnabrück gelangte er jeden Morgen mit dem Zug, zusammen mit hunderten Arbeitern, Angestellten und anderen Schülern. „Ich musste bis zum Bahnhof erstmal drei Kilometer laufen. Und abends zurück. Es war unbeschreiblich, aber auch schön." Und es war die Zeit der englischen Besatzung. „Die Kampfgruppe, die uns erobert hatte, war amerikanisch, aber dann rückten sofort die Engländer nach. Und die fuhren immer auf Urlaub nach Hause. Dann saßen die in den Zügen und schmissen Kippen raus, halbe Zigaretten, die wir dann im Sturzflug aufsammelten, ausdrückten und nach Hause brachten zu unseren Vätern. Das war völlig normal."

Völlig normal – und deutlich attraktiver als das Carolinum – waren für Michael zu dieser Zeit auch die regelmäßigen Besuche auf dem Schwarzmarkt am Augustenburger Platz in Osnabrück. „Das werde ich nie in meinem Leben vergessen. Ich glaube, die haben mich 14 oder 18 Mal verhaftet. Das behauptete meine Mutter jedenfalls." Was Michael nicht daran hinderte, immer wieder zum Handeln auf den Platz zurückzukehren: „Anfangs konntest du schon ein Stück Streuselkuchen gegen zwei Zigaretten tauschen. Du konntest auch 20 Zigaretten gegen ein Pfund selbstgemachte Butter kaufen. Das war eine wirre Zeit, und ich bin meinem Vater dankbar, dass er mich niemals dafür kritisiert hat. Er hat nur gesagt: Wenn du das so erledigen willst, dann machst du das. Das war natürlich ein ungeheurer Vertrauensbeweis. Es gab Tage, da bin ich morgens nach Osnabrück rein gefahren, auf den Schwarzmarkt gegangen und habe gehandelt, gemacht, getan und meine Erwerbungen meinen Eltern gebracht. Die haben mich sehr gelobt."

Auf dem Schwarzmarkt gelangte man auch an etwas, „das damals lebenswichtig war: Tabakpflanzen." Da dauerte es nicht lange, bis Michael ein ganzes Feld zusammengetauscht und bestellt hatte. Preute Senior kam die Anbautätigkeit seines ältesten Sohns sehr gelegen: „Mein Vater hat zwei, drei Jahre lang meine landwirtschaftlichen Erzeugnisse sehr genossen."

Willy Preute schenkte seinem Sohn eines Tages auch eine Zigarette. „Da war ich zwölf. Und das war ganz ernst gemeint. Er sagte: ‚Wenn du die rauchst, dann hast du weniger Hunger.'" Das Geschenk des Vaters bedeutete aber auch noch etwas anderes für den Sohn: Er fühlte sich erwachsen. „Von Stund an." Der rauchende Zwölfjährige passte natürlich den Lehrern auf dem Gymnasium nicht. „Wenn die irgendwas sagten, habe ich geantwortet: Gehen Sie doch zu meinem Vater und erzählen Sie dem davon. Sie werden schon sehen, wie weit Sie damit kommen."

Die erste Zigarette mit zwölf Jahren – eine interessante Variante väterlicher Zuneigung. Willy Preute muss seine Fähigkeiten im Umgang mit Kindern ähnlich beurteilt haben. Sohn Michael erinnert sich, dass sein Vater einmal gesagt habe: „Ich eigne mich zum Erzieher wie ein Igel zum Arschwischen."

Auf dem Gymnasium sei er der Beste in Deutsch gewesen, sagt Michael Preute, was er vor allem seiner Leselust verdankte. Anders sah es in Mathematik, Physik und Chemie aus: „Da war ich der Schlechteste. Und ich hatte ein paar ganz beschissene Pauker. Das war die Generation, die aus dem Krieg gekommen war. Die hatten den Krieg hinter sich, die hatten Gefangenschaft hinter sich, sie waren verbitterte Männer. Und sie versuchten natürlich, diesen Frust abzulassen. Prügelnde Lehrer waren für mich damals normal. Die schlugen manchmal zu, nur weil du die Schnauze aufgemacht und etwas gefragt hattest."

Erfreulich für Michael war jedoch die Reaktion des Vaters auf diese Lehrer: „Ich hatte Griechisch, Altgriechisch, und eigentlich mochte ich die Sprache. Aber ich mochte den Lehrer nicht, der war widerlich. Ein völlig verbitterter Mann, ich weiß heute noch, wie der aussah, der muss so 38, 40 gewesen sein. Mit dieser meiner Sorge und meinem Kummer bin ich dann zu meinem Vater gegangen, und er sagte mir etwas, das ich in meinem ganzen Leben nicht vergessen habe. Er sagte: ‚Du wirst immer jemanden treffen, den du überhaupt nicht magst. Und das musst du als normal ansehen. Das passiert dir nämlich oft. Wenn du den Lehrer nicht magst, dann magst du ihn nicht, und du musst dann auch in dem Fach nicht gut sein.' Erstaunlich für diese Zeit. Aber so war er."

Die Rückendeckung durch das Elternhaus konnte jedoch nicht verhindern, dass Michaels Schullaufbahn am Carolinum jäh zu Ende ging, weil der dem Gymnasialpfarrer übel mitspielte, einem päpstlichen Geheimrat – Äppelken genannt, weil er kugelrund gebaut war „und einen Kopf wie einen Apfel hatte. Äppelken war der Mann, der uns immer am ersten Schultag nach den Ferien das Hochamt zelebrierte." Während eines dieser Hochämter platzierten Michael und seine Freunde einen Sack Konfetti auf einem Abluftschacht der Kirchenorgel. „Unten standen der Chor und Äppelken, alles war sehr freundlich, und dann kam *Großer Gott wir loben dich*. Da ging dieses ganze Konfetti los ... Es war furchtbar. Ich weiß noch, wie ich da unter den ganzen Jungen stand und mich vor Lachen nicht einkriegen konnte. Aber es kam natürlich raus. Und dann haben ein paar Lehrer meinem Vater gesagt: Wissen Sie, es hat keinen Zweck. Und dann kam ich auf ein Internat."

Bei diesem Internat handelt es sich um die Christophorusschule im hessischen Oberurff, „einem winzigen Nest im Kellerwald zwischen Fritzlar und Marburg". Die Schule, die er von 1951 an besucht, ist für den Weg des späteren Journalisten, Sachbuch- und Romanautors Michael Preute von entscheidender Bedeutung. Zum ersten Mal fühlt er sich, wenn auch fern von den Eltern, richtig aufgehoben. Preute erinnert sich an Sommerferien, in denen er und seine Kameraden gar nicht nach Hause fuhren, sondern sich lieber zum Handlangerdienst meldeten, wenn in der unterrichtsfreien Zeit beispielsweise eine neue Heizung eingebaut werden sollte: „Es war eine traumhafte Zeit. Und gleichzeitig war es die Loslösung von meinen Eltern."

Die Christophorusschule ist eine der ersten Einrichtungen des Christlichen Jugenddorfwerks Deutschlands (CJD). Die gemeinnützige und ökumenisch ausgerichtete Organisation wurde 1947 gegründet vom evangelischen Theologen Arnold Dannenmann (1907 – 1993), der bis 1985 auch ihr Präsident war. Dannenmanns Motto ist bis heute das Leitbild des CJD: „Keiner darf verloren gehen." Mittlerweile betreut das CJD mit seinen etwa 8.000 Mitarbeitern laut Eigenauskunft an mehr als 150 Standorten in der gesamten Bundesrepublik jährlich 150.000 Menschen. Die Einrichtungen des CJD bilden unter anderem Jugendliche mit Beeinträchtigungen aus, beschäftigen Behinderte in speziellen Werkstätten, fördern Hochbegabte, leisten Suchtprävention und unterstützen die Integration jugendlicher Migranten.

„Wir waren Kinder von Arnold Dannenmann", sagt Michael Preute. „Ein phantastischer Mann." Das für Preute entscheidende Verdienst des CJD-Gründers: „Er wollte uns fit machen für die Demokratie. Der brachte uns bei, Fragen zu stellen. Er sagte: Nichts ist heilig. Und wir nahmen das wörtlich. Für die Pauker war das richtig schwierig."

Wobei die Frage „Warum kriegen wir hier so ein Scheißessen?" noch eine der harmloseren war. Denn die jungen Neu-Demokraten, allen voran Michael Preute, nahmen wenig Rücksicht auf die oft gebrochenen Charaktere, denen sie mit ihren Fragen zusetzten: „Wir haben Lehrer manchmal völlig kaputt gemacht, bis sie nur noch wimmerten. Wie einen Pauker, der 1946 oder 48 völlig zermürbt aus russischer Kriegsgefangenschaft gekommen war, dann zehn Jahre später bei uns aufschlug und nicht über diesen Krieg reden wollte. Der war natürlich an dieser Stelle angreifbar: Gehörten Sie auch einem Exekutionskommando an? Stell mal so eine Frage vor 38 Schülern. Das sind so die Figuren, die ich heute in meinen Krimis nachzuzeichnen versuche. Wie schwierig das ist, mit tiefer Schuld und tiefer Scham weiterzuleben."

Die Atmosphäre an der Schule ist auch seinem Klassenkameraden Ulrich Utsch in bester Erinnerung geblieben, für Michael Peute „einer der verlässlichsten Freunde, die ich je hatte". „Diese Jahre im Gymnasium Oberurff – das war für mich die schönste Zeit in der Jugend", sagt der 1937 geborene Utsch. „Und mit dem demokratischen Verhalten, da hat er völlig recht." Auch Gemeinschaft habe man in Oberurff zu leben gelernt: Wenn ein Schüler Schwierigkeiten hatte, warum auch immer, dann sei dieser nicht abgelehnt oder links liegen gelassen worden. „Dann hat man sich um den gekümmert. Es war in allen Belangen eine sehr gute Zeit, sehr wichtig."

Ungetrübt ist auch die Erinnerung an seinen Schulkameraden Michael Preute: „Er war ein sehr verlässlicher Freund, auf allen Gebieten. Den konntest du nachts um drei aus dem Bett holen. Das war sehr schön." Zum Beispiel dann, wenn ihn der Kumpel auf seinem kleinen Moped zu einer weiblichen Bekanntschaft kutschierte.

Für ihn und die Mitschüler stellte Preute aber noch mehr dar: „Er war „immer so eine Art Vordenker", sagt Utsch, „ein bisschen schneller als alle anderen. Und er war auch musikalisch sehr begabt." Was wiederum zu frühen Bühnenerfahrungen führte: Wir hatten ein Gesangstrio", erzählt Ulrich Utsch. „Die drei Bambinos." Die Besetzung bestand aus Michael Preute an der Gitarre, Ulrich Utsch und dem mittlerweile verstorbenen Schulkameraden Jochen Domhardt am Gesang. Das Repertoire: Schlager, zu denen Preute neue Texte verfasste. „Das kam immer sehr gut an", sagt Utsch. Und zwar so gut, dass es die Bambini beinahe ins Fernsehen geschafft hätten. „Wir haben einmal sogar in Düsseldorf bei Peter Frankenfeld vorgesungen. Und zwar für seine Sendung ‚Wer will, der kann'. Das waren tolle Erfahrungen und eine sehr schöne Zeit."

Schöne, demokratische Zeiten. Dem Internatsleiter (Preute: „Ein unglaubliches Arschloch") allerdings ging das freidenkerische Verhalten seines Zöglings Preute so gegen den Strich, dass er ihn von der Schule warf. Preute rief Arnold Dannenmann an und teilte diesem mit, dass er genug von der Christophorusschule habe: „Ich fahr jetzt nach Hause, ich mach mein Abitur woanders."

Der „Vater der Jugenddörfer" jedoch fand eine andere Lösung. Er pfiff Preute zurück, befahl ihm an Ort und Stelle zu bleiben und reiste zwei Tage später in Oberurff an. Dannenmanns Lösung: „Du nimmst dir ein Zimmer beim Bauern, gehst jeden Tag von dort in die Schule und vertrittst sämtliche Schüler, die von draußen kommen." Mit dieser neuen Verantwortung ausgestattet, blieb Michael bis zur Reifeprüfung in Oberurff: „So war Dannenmann."

Mit zwei Jahren kriegsbedingter Verspätung macht er 1958 auf der Christophorusschule sein Abitur, „so ganz nebenbei. Ich habe das nie im Sinne einer strengen Prüfung begriffen."

Nach der bestandenen Prüfung hätten ihn auch Anneliese und Willy Preute zum ersten Mal seit sechs Jahren wieder in Oberurff besucht: „Ich sehe mich noch in einem VW Käfer, den ich geliehen hatte, meine Eltern um das Internat herumfahren. Die haben noch nicht einmal eine Versammlung mitgemacht oder den Abiturball. Die sind einfach wieder nach Hause gefahren."

Das Kapitel Oberurff war zu Ende. Oder? Im gleichen Jahr kam ein Kind zur Welt. Wer sein Vater ist, wurde nie geklärt. Allerdings habe der Bauer, auf dessen Hof sich Michael Preute im letzten Schuljahr eingemietet hatte, später zu ihm gesagt: „Der Junge sieht aus wie du." Preute weiß „nicht definitiv", ob dieser mittlerweile mehr als 50-jährige Junge sein Sohn ist. „Aber wenn er mir ähnlich sieht, könnte es ja sein."

Obwohl Michael mit Bestnote in Deutsch abschnitt und es in den Naturwissenschaften nie weit brachte, entschied er sich zunächst für ein Medizinstudium an der Universität in Köln. Warum? „Ich habe lange darüber nachgedacht. Mir sind Ärzte begegnet in meinem jungen Leben, die hielt ich für Halbgötter. So ein Halbgott wollte ich wohl auch werden. Und ich hatte sehr klare Vorstellungen: Erstmal das Allgemeine Medizinstudium durchpauken, schnellschnellschnell, und dann Kinderarzt. Das klappte von vorn bis hinten nicht, weil mein Vater noch in meinem ersten Semester sagte: Hör mal, dann hast du ja acht, neun Jahre vor dir! Und dann habe ich gesagt, nein, das mache ich nicht. Das ist ja der Wahnsinn auf Rädern." Ein Wahnsinn zudem, der ihn zu lange in finanzieller Abhängigkeit vom Vater gehalten hätte. Konsequenz: Nach dem dritten Semester stieg er aus – und bewarb sich sofort um ein Volontariat beim *Duisburger General-Anzeiger.*

Arnold Dannenmann, die Christophorusschule – das alles behielt er in guter Erinnerung. „Dieses Internat hat mich stark geprägt." Wie auch die tiefen Freundschaften, die er dort geschlossen hatte – nicht nur mit Ulrich Utsch, sondern auch mit dessen beiden jüngeren Brüdern Wieland und Raimund, 1939 und 1940 geboren und ebenfalls von den Eltern nach Oberurff geschickt.

Raimund Utsch promovierte nach dem Studium und saß später im Vorstand der Ruhkohle AG. Ulrich Utsch gründete 1974 in Siegburg ein Unternehmen für Automobilzubehör, spezialisiert auf Lüftung und Klimatisierung. Die „Utsch Autokühler GmbH" wird heute von seinen Söhnen geleitet. Er hat fünf Kinder und 17 Enkel.

Zu Wieland, sagt der älteste Utsch-Bruder, habe Michael Preute ein besonders enges Verhältnis gehabt. Ihre Freundschaft aber durften die beiden nicht fortsetzen: „Als ich Abitur hatte, als ich zurück war aus Köln, weil ich von Medizin die Schnauze voll hatte und zur Tageszeitung gegangen war, da rief Wieland mich an und fragte, ob wir uns nicht einmal sehen könnten. Und ich habe gesagt: na klar. Aber dann kam es nicht dazu."

Er sah seinen Freund Wieland nicht mehr wieder. Aber er las von ihm, ausgerechnet in der Zeitung, für die er inzwischen arbeitete: „Da passierte dieses Unding, dass ich einen Artikel in den Seitenspiegel brachte. Überschrift: *Wieland U. und zwei seiner Freunde tot.* Da war Wieland volle Kanne mit einem Opel Admiral in einer Kurve geradeaus gefahren. Alle tot. Das hat mich geschmissen."

* * *

Familie Preute war Mitte der 1950er Jahre zurück nach Duisburg gezogen, weil der Klöckner-Konzern Vater Willy ins Direktorium berufen hatte. Dort blieb er bis zu seiner Pensionierung. Anneliese Preute starb 1970 im Alter von 65 Jahren, wenige Monate nach Willy Preutes Eintritt in den Ruhestand. Claus Preute berichtet, dass der hilflose und tieftrauernde Vater mit seinen liebsten Möbelstücken und Bildern zunächst zu Sohn Michael und dessen erster Familie nach Oberammergau gezogen sei.

Im Jahr darauf ging er nach Bad Breisig in der Eifel, wo auch Willy Preutes Eltern gelebt hatten.

„Er hatte eine große Wohnung gemietet und verkam", sagt Michael Preute. „Das heißt, er hat seine Drecksklamotten in die Ecke geschmissen und die nächsten immer wieder drauf. Er war ein Mann, der sich nicht einmal ein Butterbrot schmieren konnte."

Stattdessen aber fand Willy Preute dort seine zweite, 17 Jahre jüngere Frau Elisabeth, „eine Malerin, die seit ewigen Zeiten in diesem Bad Breisig saß", sagt Michael. „Und dann haben die beiden geheiratet. Übrigens in Maria Laach." Die Hochzeit war 1973, Willy Preute starb 1989 – in dem Jahr, als sein Sohn Michael den ersten Eifel-Krimi veröffentlichte. Elisabeth Preute, 15 Jahre älter als Michael, starb im Januar 2009 mit 87 Jahren.

Und dann direkt zur Zeitung

EIN JOURNALISTENLEBEN

„Sie war eine sehr erwachsene, nachdenkliche Frau.
Sie war ganz anders, als man sie kannte.
Das andere war der Zweifel am Leben,
der mich natürlich volle Kanne traf.
Das Faszinierende, dass da ein anderer Mensch war,
der vielleicht ähnlich wie ich dachte. "

Michael Preute

D er Name dieser nachdenklichen Frau wird im Verlauf dieses
Kapitels preisgegeben. Sie war eine der vielen prominenten
Bekanntschaften, die Michael Preute während seiner Journalisten-
zeit machte, vielleicht die prominenteste von allen, ein wirklicher
Weltstar und das Gegenteil von all den Halb- und Minutenpromi-
nenzen, mit denen heute Seitenraum und Sendezeiten gefüllt werden. Wobei klar gesagt werden muss: Ein „Gesellschaftsreporter"
war Michael Preute nie. Es sei denn, man versteht darunter einen
Journalisten, der sich lieber mit den schattigen Seiten der Gesellschaft befasst.

Zunächst gehen wir zurück zum Anfang. 1958: Abitur in Oberurff,
Medizinstudium in Köln, Abbruch nach drei Semestern – „und
dann direkt zur Zeitung", sagt Preute. Der knapp 22-Jährige
beginnt seine Ausbildung beim *Duisburger General-Anzeiger* (die Zei-

tung existierte bis 1966) und startet kurz darauf durch, immer weiter fort und immer weiter nach oben. Die nächsten zehn Jahre zeugen von einem beneidenswert rasanten beruflichen Aufstieg bei den größten Verlagshäusern der Republik, aber auch von vielen und überraschend schnellen Wechseln – bis zum abrupten Abschied aus allen festen Verpflichtungen und dem Schritt in die freie Reportertätigkeit in seinem persönlichen Revolutionsjahr 1968.

Vielleicht hat Michael Preute, abgesehen von seinen späteren Erfolgsjahren als Krimi- und Thrillerautor, beruflich nie wieder so schöne und erfüllende Zeiten erlebt wie zu Beginn seiner Laufbahn. Die Erinnerung an die frühen Zeitungsjahre lässt ihn schwärmen: „Ich habe das richtig genossen. Das ist durch nichts zu ersetzen, das ist einfach toll. Ich habe etwas gelernt, es war Praxis, es war der Job, den ich wollte, und es war das Leben, das ich wollte. Es waren gute Leute da, skurrile Leute. Und wir lernten alles, von der Fotografie bis hin zu Lektoratsarbeiten – alles, was man sich vorstellen kann. Und ich lernte auch die Stadt kennen, diese komischen Typen darin, diese Politiker. Das war richtig gut."

Seine Lehrzeit beim *General-Anzeiger* beginnt in Oberhausen. Die Zentrale ist zwar in seiner Geburts- und nach dem Studienabbruch auch wieder Heimatstadt Duisburg, im benachbarten Oberhausen aber befindet sich die gesamte Technik der Zeitung. Dort werden die Seiten gebaut, die Anzeigen gesetzt, hier stehen auch die Druckmaschinen. Mittendrin steht Michael Preute: Seine Lehre umfasst die Ausbildung zum Schriftsetzer und zum Metteur – der französische Begriff steht für „Seiteneinrichter". Der ist für den sogenannten Umbruch verantwortlich, dabei bringt er alle Elemente auf der Zeitungsseite zusammen und arrangiert sie zu einem Layout. Was heute längst am Computerbildschirm geschieht, wurde damals noch alles von Hand auf der Metallseite erledigt.

Zu Beginn schreibt er noch nicht, erst ein knappes Jahr später erscheinen seine ersten Artikel. Spaß hat er trotzdem: Die Zeitung, das sei schließlich „auch dieses Baby, das du jeden Tag auf die Welt bringst. Und bei mir kam ja noch dazu: Ich war ja auch technisch für das Baby verantwortlich."

Jeden Nachmittag fährt er mit dem Zug von Duisburg nach Oberhausen, tritt gegen 18 Uhr seinen Dienst an, „und irgendwann morgens zwischen fünf und sechs Uhr kam ich heim". In der Nachtschicht beweist er offenbar so großes Geschick, dass die Redakteurskollegen schnell auf ihn aufmerksam werden und ihn mit Arbeit eindecken. Auch am Wochenende: „Dann machst du die Zeitung von Montag, sagten sie. Und mir machte das Spaß. Ich war froh über die Chance, die ich da kriegte."

Nach dem Anfangsjahr folgen die ersten Reportagen. So glamourös, wie sich das für den Jungschreiber gehört: „Karnickelzüchter, Karnevalsvereine, alles, was man sich so vorstellt." Michael motorisiert sich, kauft einen gebrauchten Lambretta-Roller und stottert ihn ab, mit 35 Mark im Monat. Seitdem ist er ständig auf Achse, um neue Geschichten zu machen, „vom äußersten Norden Duisburgs bis zum äußersten Süden, das sind 32 Kilometer".

Für Michael Preute bedeutet die Arbeit die pure Wonne: „Ich war in Redaktionen zu Hause. Ich war jemand, der gelernt hatte, im Team zu arbeiten. Zu einer Zeit, als kein Mensch von Teams sprach. Ich war ja auch froh, wenn ich Weihnachten Dienst hatte. Da konnte ich am zweiten Feiertag die Redaktion schmeißen, und mein Chef war von Herzen dankbar. Ja, das war einfach so: Ich war in Redaktionen zu Hause. Aber eigentlich", schiebt er dann nach, „war ich nirgendwo zu Hause." Seine Wohnung habe er praktisch nur zum Schlafen gebraucht.

Lieber war er permanent auf Achse für neue Geschichten – und schon bald auch für lange Geschichten: Der gerade erst 25-Jährige schrieb bereits beim *General-Anzeiger* seinen ersten Roman, „Mord am Kaiserberg". Andere Journalisten fragen sich hingegen ein Leben lang, ob in ihnen nicht in Wirklichkeit auch ein Schriftsteller steckt, ohne je den Versuch zu wagen (und manche, die den Schritt dann doch wagen, hätten es vielleicht besser gelassen).

Die Zeitung druckt das Werk umgehend, das Manuskript aus dem Jahr 1961 ist verloren. Für Preute ist dieser frühe Roman nichts Außergewöhnliches, keine große Leistung, eher eine Selbstverständlichkeit, die sich aus der täglichen Arbeit ergibt.

„Du findest beim Zeitungmachen ein Thema und sagst: Da mach ich was draus", erzählt er. Danach werde das Ergebnis eben gedruckt – am besten in dem Blatt, für das man ohnehin arbeitet. So war es auch beim „Kaiserberg"-Roman. „Ich schrieb das Ding nachts, wenn ich aus dem Umbruch nach Hause kam. Und das erschien auch im *General-Anzeiger*. Mein Verleger, Gerd Wohlfahrt, lachte sich kaputt. Mein Chef, Erich Heck, eine legendäre Figur unter den Lokaljournalisten (später Duisburg-Chef der *Westdeutschen Allgemeinen Zeitung*, Anm.), lachte sich auch kaputt und sagte: Ja klar, machen wir Samstag."

Für die erste Folge sei damals eine komplette Seite freigeräumt worden. „Und ich wurde überhaupt nicht darauf aufmerksam gemacht, dass ich eventuell dafür auch bezahlt würde."

„Mord am Kaiserberg" war ein Polizeiroman und basierte auf den Erfahrungen, die er in der täglichen Reporterarbeit gemacht hatte: „Das hat mich natürlich auch gereizt, denn zum ersten Mal in meinem Leben hatte ich Realität vor mir. Es gab den Kriminalrat Woltersdorf in Duisburg, der gleichzeitig Leiter der Kripo war und Leiter der Mordkommission, wenn sie denn notwendig wurde. Der brachte mir bei, wie man so eine Mordgeschichte aufklärt, die ganz merkwürdig und geheimnisvoll ist."

Andererseits ließ sich Günter Woltersdorf aber auch von seinem Lehrling inspirieren: In „Mord am Kaiserberg" schildert Preute, wie ein Auto mehrere Treppenstufen zu einem Denkmal hinabfährt. Der Kriminalrat beschloss, die Szene mit zwei VW-Käfern der Polizei nachzustellen. Ergebnis: Es funktionierte. Allerdings waren danach die Federbeine der Polizeiautos im Eimer.

Zu Preutes „Polizeischule" gehörte auch die praktische Anschauung. Eines Tages habe ihn Günter Woltersdorf gefragt: „Hast du jemals einen Mordverdächtigen reden hören?" Preute hatte nicht, also nahm ihn der Kriminalrat kurz darauf mit in ein Kellergeschoss und führte ihn in den Zellentrakt: „Und dann saß da einer." Sekunden später hockte der Lokalreporter neben dem Untersuchungshäftling in der Zelle. Heute unvorstellbar, für den jungen Preute aber eine aufschlussreiche Erfahrung, denn dabei habe er gelernt, wie so ein Verdächtiger mit Worten umgehe. Welche rhetorischen Schleifen dieser ziehe, „vor und zurück", und dabei immer den entscheidenden Punkt, die Tötung, zu umgehen wisse: „Das war wie ein großer Kasten. Der fing da und da an, erzählte auch rückwärts, aber an den Kasten ging er nie ran. Und wenn wir mit so einer dämlichen Frage kamen wie: ‚Ja, warum haben Sie denn da zugestochen?', dann war der völlig verblüfft: ‚Das habe ich doch gar nicht gesagt!' Diese uralte Merkwürdigkeit in der Sprache eines Mörders – herumzutanzen, mal hier und mal da, und anzugeben wie ein Sack Seife: ‚Bei den Frauen da hatte ich's ja immer einfach. Die wollten ja alle mit mir ins Bett ...'" (Eine Bemerkung, die sich über weite Strecken seines Lebens auch auf Michael Preute anwenden lässt, wie die folgenden Jahrzehnte zeigen werden.)

In einem anderen Fall habe ihn Woltersdorf angerufen und zur Rekonstruktion eines Mordes nach Duisburg-Meiderich bestellt. Dort, in einer dunklen, von einer „schlunzigen Straßenlaterne" matt ausgeleuchteten Ecke, hatte ein Mann einen Bekannten umgebracht, mit einem Messerstich ins Herz. Beim Ortstermin, erzählt Preute, sei er unter anderem auf einen Richter, einen Staatsanwalt und den Leiter der Mordkommission getroffen. „Und die hatten da einen gebückten, kleinen Mann. Dann sagte einer der Kripoleute: ‚Zeigen Sie das doch mal.'" Der Beamte habe seinen Mantel ausgezogen, sich draufgelegt und das Opfer gespielt, begleitet von den

Anweisungen des Verdächtigen. Preute beobachtete die Szene zunächst ungerührt, bis ihm die Gefahr bewusst wurde, in der sich alle befanden: „Da rauschte mir vor die Pupille: Der lag da unten und hatte seine 38-er im Gürtel. Ganz offen. Dieser Verdächtige bückte sich und sagte: ,Neenee, die Beine musst du anders legen ...' Und er ging nicht an die Waffe. Diese ganze Chose hätte schief gehen können. Er hätte bloß das Ding zu ziehen brauchen: 38-er Spezial, der übliche Colt, der damals sehr beliebt war, weil in den ersten Fernsehserien diese Waffe immer benutzt wurde. Und ich dachte nur: Jetzt ist der Ofen aus. Wenn er dieses Ding nimmt und anfängt, damit zu ballern ... aber er machte es nicht. Er machte es nicht. Unbegreiflich."

Der Mordverdächtige machte keinen Ärger, das übernahmen andere, die allerdings zum Glück nur mit Worten schossen: „Wir hatten Krach mit dem Vorsitzenden vom Kleingartenverein, weil wir etwas anders ausgedrückt hatten, als er es gesagt hatte. Da war Remmidemmi. Denn ich wurde dafür verantwortlich gemacht, dass es so in der Zeitung stand." Für Preute damals genauso eine Unverschämtheit, wie sie es für viele Kollegen heute immer noch ist: Wer lässt sich schon seine Artikel gerne vorschreiben oder gar diktieren.

Ein anderer Preute-Kritiker war von größerem Kaliber und ließ den jungen Journalisten noch einmal an der ebenfalls noch recht jungen deutschen Demokratie gehörig zweifeln: Konrad Adenauer (1876 – 1967), von 1949 bis 1963 erster Kanzler der Bundesrepublik. Der Anlass: ein Artikel, den Michael Preute im Zusammenhang mit der 1955 gegründeten Bundeswehr im *General-Anzeiger* veröffentlicht hatte. „Da habe ich eine Frage gestellt, die mir hinterher selbst die Schuhe auszog, aber sie war durchaus berechtigt."

Es ging dabei um die Ehemaligen aus dem Zweiten Weltkrieg, die nun zur Bundeswehr eingezogen werden und dazu ihre Wehrpässe mitbringen sollten. „Und ich beschäftigte mich 30 Zeilen lang mit der Frage, was denn einer macht, der zu Hause gar keinen Wehrpass mehr hat. Weil er ihn weggefeuert hat." Also empfahl Preute den ehemaligen Wehrmachts-Angehörigen, die aus sowjetischer Gefangenschaft heimgekehrt waren, doch vielleicht lieber „die Krücken aus sibirischem Steppenholz statt eines Wehrpasses mitzubringen".

Auf welchem Weg dieser sarkastische Satz nach Bonn gelangte, bleibt im Dunkeln. Das Ergebnis war jedenfalls ein Anruf beim Verleger. Am Telefon: ein aufgebrachter Felix von Eckardt, unter Adenauer Leiter des Presse- und Informationsamts der Bundesregierung. Von Eckardt verlangte Konsequenzen. „Das war einfach eine Beleidigung, was ich da gemacht hatte. Ich wurde nicht einmal verhandelt. Kein Mensch hörte sich meine Argumente an. Ein Richter verknackte mich zu 300 Mark Geldstrafe. Ich verdiente damals 165 Mark im Monat oder so etwas. Das war kaum zu fassen, ich war nun kaum bei der Zeitung eingestiegen, da wurde ich schon verknackt. Das muss einer doch fragen dürfen: Was macht das Arschloch da mit uns? Ja, Scheiße." Erich Heck, sein Chef in der Lokalredaktion, sei von einem Entsetzen ins andere gefallen: „‚Dieser Mann ist der Bundeskanzler! Da fragt man doch so was nicht!' Es war schlimm. Und meine Mutter – ach, großer Gott, einen kriminellen Sohn hatte sie plötzlich. Für zwei, drei Tage." Der auffällig gewordene Sohn erhielt jedoch Rückendeckung von oben: „Und dann kam mein Verleger und sagte: ‚Wir müssen alle Demokratie lernen, ich schenke dir diese 300 Mark.'"

Mit dem Motorroller kreuz und quer durch die Heimatstadt, unterwegs Geschichten auflesen, nebenbei einen Bundeskanzler gegen sich aufbringen – ein Spaß, der immer so hätte weitergehen können. Und ein Job, der im 21. Jahrhundert längst unter erheblich schwierigeren Bedingungen ausgeübt wird. Glücklich, wer heute eine Ausbildung bei der Zeitung ergattert, vor allem, wenn sie nicht unter Auflagen- und Anzeigenschwund leidet – und der danach zu angemessener Honorierung bleiben darf, während um ihn herum die Umsonst-Reporter (und -Leser) immer zahlreicher werden. Preute blieb nicht, er ging 1962 zur Konkurrenz: der *Neuen Ruhr Zeitung* in Duisburg, wo er vor allem Gerichtsreportagen verfasste. Aber auch dort hielt er es nicht lange aus. „Nein, ich wurde schnell versaut, weil ich ja wusste – *Stern*, *Spiegel* –, dass es da noch ganz andere Möglichkeiten gab. Reisen, Naturkatastrophen, Kriege, Krisen. Und ich wollte da auch hin."

Sein erstes, nun ja, Krisengebiet: Der Niederrhein, bis 1964, inzwischen bereits für die *Rheinische Post*. Trotzdem: „Ich habe leidenschaftlich gern anderthalb Jahre da gemacht", sagt Preute.

Diese Leidenschaft bei der Arbeit für das Düsseldorfer Blatt fiel auch einem sieben Jahre jüngeren Kollegen auf. „Er war so eine Art stilles Vorbild", sagt der 1943 geborene Siggi Weidemann, der seit 1987 für die *Süddeutsche Zeitung* schreibt und bis 2008 ihr Korrespondent in den Niederlanden war. „Ich erinnere mich an ihn als anständigen Kollegen. Ich weiß, dass er in der Redaktion sehr geschätzt war und dass man damals schon sagte: Aus dem wird mal was. Er war wirklich ziemlich aktiv, immer auf der Suche nach neuen Themen, und er hat immer die großen Geschichten gemacht."

Nicht nur das: Weidemann erinnert sich daran, dass Preute auch ziemlichen Schlag bei den Redaktionssekretärinnen hatte. „Die gehörten damals ja noch richtig mit zum Team. Meist waren sie auch sehr gutaussehend. Und manche von denen waren besser als die Redakteure."

Aber auch die Attraktivität der Sekretärinnen hielt Preute nicht zurück: Denn bald begegnete er „einem gewissen Henri Nannen auf einem Kongress in Hamburg. Und einem Gert von Paczensky." Womit wir beim *Stern* angelangt sind: Henri Nannen (1913 – 1996) war Verleger, Herausgeber und zeitweise Chefredakteur des Hamburger Wochenmagazins, Gert von Paczensky, 1925 geboren, war 1963 und 1964 stellvertretender *Stern*-Chefredakteur, später

Chefredakteur bei Radio Bremen und der erste Redaktionsleiter und Moderator der ARD-Sendung „Panorama".

Eine entscheidende Begegnung. Denn die beiden stießen 1964 dem jungen Lokalreporter die Tür zur bundesweiten Pressewelt auf: „Sie sagten: Junge, du musst nicht den Scheiß machen bei der Zeitung. Komm zu uns. Und damit war's passiert." Wie kamen die Hamburger dazu, den knapp 28-jährigen Lokaljournalisten anzuheuern? Gert von Paczensky, den ich dazu befragte, weiß es nicht mehr: „Ich habe da keine Erinnerungen", sagt er.

Michael Preute hingegen erinnert sich deutlicher – wir sind also in diesem Fall allein auf seine Schilderung angewiesen, die dafür umso lebhafter ausfällt: „Nannen hatte sich leider auf einen amerikanischen Verleger eingelassen, von dem er der Meinung war, er hätte viel Ahnung vom Zeitungmachen", erzählt er.

Dieser Verleger begab sich auf eine Vortragsreise durch Europa, eines seiner Referate hielt der Amerikaner in Hamburg. „Wir wurden von der Lokalzeitung da hingeschickt. Und dieser Verleger erzählt in dieser naiven Weise, die nur Amerikaner haben: ‚Ihr müsst aufhorchen! Ob Geschichten um euch herum sind! Ob du nicht eine wunderbare Geschichte in dem Menschen dir gegenüber entdeckst.' Das weiß ich noch wie heute."

Anschließend sei die Diskussion eröffnet worden. Und Michael Preute beteiligte sich daran: „Ich stand auf und sagte: Sagen Sie mal, sind Sie so naiv oder tun Sie nur so? Das ist doch Scheiße, was Sie uns hier erzählen. Da war was los. Großer Gott."

Frechheit siegt – auch wenn er sich nicht mehr erklären kann, woher er den Mut für seine Tirade hatte. Vermutlich hatte er sich über die bestens honorierten Binsenweisheiten des Referenten so aufgeregt, dass ihm alles andere egal war: „Ich habe nur gedacht: Wie kommt eigentlich so ein Mann dazu, uns einen Vortrag darüber zu halten, worauf wir Journalisten achten müssen – etwas, das wir sowieso jeden Tag tun? Und ich sehe heute noch Henri Nannen da vorne an dem Tisch sitzen, ganz verkniffen. Dann neigte er sich nach vorne, weil niemand mitkriegen sollte, dass er sich gerade kaputtlachte."

Der junge Mann aus der letzten Reihe hatte also die Aufmerksamkeit der *Stern*-Chefs erregt: „Hinterher kam Gert von Paczensky und sagte: ‚Komm, Junge. Du bist zu schade für sowas.' Meine Krise bei diesem Vortrag war, wenn man so will, der Anschub für eine Karriere. Anders kann man das nicht sagen. Vollkommen verrückt."

Einmal das Maul aufreißen, schon landet man beim *Stern*? Heute klingt das nahezu unglaublich. Preute widerspricht: „Das war normal! Wenn ich damals in einer Redaktion in Düsseldorf, Hamburg oder München angerufen habe, dann hatte ich am nächsten Tag einen neuen Job. Und das galt nicht nur für mich, sondern für jeden."

„Das war alles ziemlich einfach", bestätigt Siggi Weidemann, dessen Laufbahn ähnlich viele Stationen aufweist wie die von Michael Preute: Auf die *Rheinische Post* folgten unter anderem *Bild und Funk* und *Bild am Sonntag*, er arbeitete für die *Zeit* und die *Frankfurter Allgemeine Zeitung*, er schrieb ebenfalls eine Reihe von Büchern (und wurde mehrfach für seine Arbeit ausgezeichnet).

Journalist zu sein in jenen Jahren: „Das war eine sehr spannende Zeit", sagt Weidemann. Man habe problemlos irgendwo anheuern und immer wieder woanders unterkommen können. In der Rückschau und im Vergleich zur Gegenwart erstaunt es ihn, „wie leicht und nonchalant" das alles abgelaufen sei, noch bis in die 1980er Jahre. „Geld spielte auch noch gar keine Rolle. Wir haben alle sehr gut verdient." Selbst als er nach seiner Kündigung bei Burda zu einem Verlag ging, der kurz darauf in eine Krise geriet, war das kein Grund für Existenzängste: „Burda hat damals gesagt: Sie können gleich wieder hier anfangen", sagt Weidemann. Er schlug das freundliche Angebot aus: „So leichtsinnig war man damals noch."

Die spannende Zeit begann für Weidemann, als er einem spontanen Impuls folgte, kurz nach bestandener Abiturprüfung: Damals sei er in der Düsseldorfer Schadowstraße am Verlagshaus der *Rheinischen Post* vorbeigekommen. „Und da dachte ich: Das wär was." Er ging hinein, fuhr mit dem Paternoster hinauf zu Roland Schmidt, dem Chef vom Dienst, und stellte sich vor: „Ich bin der Weidemann, ich habe Abitur, ich will Journalist werden." Schmidts Antwort: „Das ist ja prima, wir suchen gerade jemanden." Schmidt nahm ihn anschließend mit zum Chefredakteur Herbert Kremp (später Chef bei der *Welt*), es folgten ein paar Stunden Warterei, danach ein Besuch im Büro von Verleger Anton Betz, „und am Abend war ich Volontär".

Michael Preute war ein paar Jahre später bereits einen großen Schritt weiter: Die *Stern*-Männer unterbreiteten ihm, so erzählt er, ein Angebot: „Wir würden Sie gerne einsetzen, Herr Preute." Herr Preute sagte gerne zu und saß wenig später als Korrespondent in der nordrhein-westfälischen *Stern*-Zentrale in Düsseldorf. Dort blieb er allerdings auch nur bis Ende 1964 – und hatte einen sehr bekannten Nachfolger.

„Er war mein Vorgänger", erinnert sich Helmut Markwort. „Ich bekam ein Angebot vom *Stern*, sie sagten zu mir: Kommen Sie doch zu uns, unser Düsseldorfer Büro wird frei." Der heutige *Focus*-Herausgeber erbte allerdings nicht nur das von Michael Preute geräumte Büro: „Er zog weg, und wir haben von ihm auch die Wohnung übernommen."

Warum der erneut schnelle Abgang? Das lag unter anderem an Preutes Problemen mit Hamburg: „Es gab damals in der Zentralredaktion den Norbert Sakowski", erzählt er. „Der hatte was gegen die Außenredaktionen. Unter anderem dann auch gegen mich. Es war furchtbar. So furchtbar, dass ich nach einem Jahr aufgehört habe. Ich habe damals mit Gert von Paczensky gesprochen und gesagt: Das geht schief. Der Mann ist ein Arsch." Von Paczensky habe erwidert: „Aber er macht hier gute Arbeit. Und dass er euch schurigelt, das weiß ich auch. Das ging aber jedem so, auch den Leuten in Washington oder Moskau." (Auch dazu habe ich Gert von Paczensky befragen wollen. Seine Antwort: „Das ist mir alles unbekannt.")

Helmut Markwort allerdings kann diese Einschätzung immerhin teilweise bestätigen: „Der Sako hat mich zum *Stern* geholt. Er war der Vater aller *Stern*-Korrespondenten, alle Geschichten liefen über Sakowski. Er war ein Tag- und Nachtmensch, ein absolut schwieriger Hyper-Aktivist. Aber ich bin mit ihm immer glänzend ausgekommen." Zumindest bis zu Markworts Wechsel als Chefredakteur bei Burdas *Bild und Funk*: „Ich bin im Herbst 1966 vom *Stern* weg. Und als ich ging, da hat er Gift und Galle gespuckt und mir wütende Briefe hinterher geschrieben." Sakowski wechselte später ebenfalls zu Burda und war zeitweise stellvertretender Chefredakteur der Illustrierten *Bunte*. Er nahm sich 2009 im Alter von 74 Jahren im Elsass das Leben.

Dass Preute schnell mit der Zentrale Stress bekam, überrascht Markwort wenig. Er sei, sagt er im Widerspruch zu Preutes Selbsteinschätzung, „nicht gerade ein Teamplayer" gewesen, eher ein Einzelkämpfer und damals durchaus ein schwieriger Mensch. Ähnlich wie der frühere *Bunte*-Chef Franz Josef Wagner, der heute in der *Bild*-Zeitung seine tägliche „Post von Wagner" an die Leser schickt: „Eine Hochbegabung. Ein Genie als Einzelkämpfer und Matador. Aber als Chefredakteur der *Bunte* ein Problemfall." Umso besser findet es Markwort, dass auch Michael Preute inzwischen „alleine vor sich hindampfend" seine Romane schreibt: „Ich habe das aus der Ferne beobachtet – das ist doch schön."

Die frühen Jahre im Journalismus: „Das waren Sturm- und Drangzeiten im wahrsten Sinne des Wortes" sagt Michael Preutes Bruder Claus. „Das ist es auch, was Helmut Markwort, Michael und Claus Preute indirekt miteinander verbindet: Dass wir drei sofort nach dem Abitur angefangen haben mit dem Journalismus. Heute würde wahrscheinlich niemand mehr in den Beruf einsteigen, ohne studiert zu haben. Damals war man froh, wenn man Talent hatte und ging darauf zu."

Wobei auch Claus Preute zunächst einen sehr kurzen Umweg nahm: Er habe damals von einem Onkel drei Apotheken erben sollen, dann aber schnell festgestellt, dass er lieber schreiben als „Pillen verkaufen" wollte.

Michael Preute hatte in seiner Düsseldorfer Zeit nicht nur mit seinem Vorgesetzten Stress, sondern handelte sich weiteren Ärger ein, ausgerechnet wieder mit einem Bundeswehr-Thema – wie ja auch sein späterer Serien-Erstling „Eifel-Blues" im Grunde ein Bundeswehr-Krimi ist. Er nennt einen Namen: von der Heydte.

Dabei handelt es sich um den ehemaligen Fallschirmjäger und Brigadegeneral Friedrich August von der Heydte (1907 – 1994), im Jahr 1962 Auslöser der „*Spiegel*-Affäre": Nach Erscheinen eines Artikels über den Zustand der Bundeswehr unter dem Titel „Bedingt abwehrbereit" witterte der rechtskonservative von der Heydte Landesverrat und zeigte den *Spiegel* an. Der damalige Verteidigungsminister Franz Josef Strauß (CSU) ließ die Redaktionsräume durchsuchen, Herausgeber Rudolf Augstein und einige Mitarbeiter wurden verhaftet. Strauß musste kurz darauf zurücktreten, als seine Verwicklung in die Aktion bekannt wurde.

Nun, etwa vier Jahre darauf, drohte von der Heydte, der in Würzburg wohnte, wieder in die Schlagzeilen zu geraten. Preute: „Ich kriege also einen Anruf. Ich glaube, von Vic Schuller (Victor Schuller war seit 1965 stellvertretender *Stern*-Chefredakteur, Anm.). Ich solle mich sofort nach Würzburg bewegen: Von der Heydte stehe in dem dringenden Verdacht, dass er sich sein Haus von Bundeswehrsoldaten habe bauen lassen. Ich fuhr da hin, ich armes Würstchen, klein, schäbig, mit dieser ungeheuerlichen Aufgabe. Mein Gott, da habe ich gezittert."

Sein Muffensausen hinderte Preute jedoch nicht daran, dem Reservegeneral Fragen zu stellen und ihn damit in die Enge zu treiben. „Und zwar so in die Enge, dass er wütend wurde und den *Stern* in Hamburg anrief. Die sollen mich sofort abziehen, andernfalls könne er seine jungen Kameraden nicht davon abhalten, mich für diese Fragen zu bestrafen. Das hatte zur Folge, dass ich sofort ausgewechselt wurde. Ich wurde zurückbeordert nach Düsseldorf, lieferte meine Recherche, sagte, an welchen Punkten es noch mangele und an welchen Punkten es offensichtlich stimmte, und dann ging das seinen Weg dergestalt, dass sie jemanden von Hamburg da runterschickten. Das ist heute noch bei Magazinen eine völlig normale Kiste. Erst macht's einer, dann schreit der plötzlich nach Hilfe, dann sind hinterher drei oder vier andere da."

General von der Heydte machte übrigens drei Jahrzehnte später noch einmal in unangenehmer Weise auf sich aufmerksam: Denn in den 1980er Jahren wurde bekannt, dass das von ihm geleitete „Institut für Staatslehre und Politik" zur Geldwäsche missbraucht worden war – für Parteienspenden an CDU und FDP.

Aus dieser Geschichte wurde also nichts, eine andere trug ihm immerhin gleich einen Orden ein. Es war eine Mordgeschichte, und zwar eine, wie man sie sich damals in Deutschland noch kaum habe vorstellen können: In Wuppertal waren zwei junge, aus Griechenland eingewanderte Männer ermordet worden. „Keiner wusste, warum. Die Mörder waren unbekannt. Alles fragte sich, was das ist, was das soll. Dann schellte es bei mir, es meldete sich ein Presse-Attaché von der griechischen Gesandtschaft und sagte: Ich möchte Sie darüber informieren, wer die zwei umgebracht hat."

Dieser „schmale Mann mit wenigen Haaren und sehr zutraulichen braunen Augen" erzählte Preute von Sippenkriegen, die in vielen Regionen Griechenlands noch geführt würden. „Und dass wir in Deutschland jetzt damit geschlagen seien, so etwas erleben zu müssen. Die reisten ein, brachten die um, drehten sich und verschwanden wieder. Es waren im Grunde genommen unlösbare Morde, wenn man diesen Hintergrund nicht kannte. Und die griechische Botschaft war damals offensichtlich bemüht, solche Kisten genau zu beschreiben, damit es zwischen den beiden Ländern nicht zu Schwierigkeiten kam."

Preute erfuhr in diesem Gespräch, dass der Fall zwar gelöst sei, aber bislang niemand darüber und über seine Hintergründe berichtet habe: „Da trugen also Griechen auf deutschem Boden ihre Sauereien aus. Und das war für den *Stern* eine phantastische Story: Sieh mal an, da holen wir uns Leute von da, dann kommen neue Leute und bringen die um. Und verschwinden wieder. Das war eine archaische Nummer. Und es gab damals viele archaische Nummern: Sippen, die irgendwo auf der Welt aufeinanderhängen und sich schon seit Jahrzehnten hinmetzelten. Und darauf musste man einfach hinweisen."

Er schrieb die Geschichte und machte damit die deutschen Leser mit dem Thema bekannt. „Da hat mich der Nannen sogar in einem handgeschriebenen Brief gelobt, denn ich konnte im *Stern* zeigen, wie die Leute hier ihre Scheiße ausgetragen haben. Und dann wurde ich von der griechischen Regierung belobigt und kriegte einen Orden. Ich bin also Inhaber irgendeines Verdienstordens der Griechen."

Die Geschichte „war meine einzige Großtat für den *Stern*", sagt er. Danach folgten keine Reportagen mehr, denn er verließ das Magazin nach weniger als einem Jahr und räumte Büro und Wohnung für Helmut Markwort.

Dabei war es wohl nicht allein der Stress mit Norbert Sakowski, der ihn endgültig in Düsseldorf die Segel streichen ließ. Michael Preute glaubt, dass er den *Stern*-Posten ohnehin verloren hätte: „Und zwar wegen einer Schraube."

Henri Nannen besaß eine Yacht, mit der er „auf allen möglichen Meeren herumdümpelte" (die „Positano III", die er 1964 gekauft hatte, Anm.). Eines Tages rief der *Stern*-Chef bei Preute in Düsseldorf an und meldete sich vom Niederrhein: „Hör mal, ich bin hier in Wesel, und ich erwarte eine Schraube." Nannen schien das Ersatzteil unbedingt zu benötigen, um mit der Positano III weiter den Rhein hinab schippern zu können. Seine Anweisung an Preute: Zum Flughafen Düsseldorf zu fahren, gegen Mitternacht eine Frachtmaschine aus London abzupassen und eine Tüte entgegenzunehmen. „In dieser Tüte ist eine Schraube, die brauche ich, um morgen früh weiterzufahren." Preute aber lag fiebernd im Bett und kam nicht aus der Horizontalen hoch. Am nächsten Morgen habe Nannen, hörbar verärgert, wieder angerufen. „Wo bleibt meine Schraube?" Die Schraube kam nicht, stattdessen aber bald darauf ein Anruf von Gert von Paczensky: „Ich glaube nicht, dass der Ihren Vertrag verlängert."

Michael Preutes Abgang beim *Stern* war zumindest kein endgültiger Abschied: Er veröffentlichte dort später mehrere Fortsetzungskrimis und, als gekürzten Vorabdruck, „Der Mörder aus Köln" (im Dezember 1969, der Roman erschien 1970 bei C. Bertelsmann unter dem Titel „Magnetfeld des Bösen"). Sein *Stern*-Fortsetzungsroman von 1972, „Der Monat vor dem Mord", liegt inzwischen bei KBV als Taschenbuch vor.

Mittlerweile war er verheiratet, Vater einer Tochter – und Alkoholiker. Die Karriere ging weiter voran, während der private Michael Preute in eine erste Krise schlitterte: „Der nächste Schritt war, dass ich mit vollkommen besoffenem Kopf eine Stuttgarter Redaktion übernahm. Das war das für mich gefährlichste Unternehmen, das ich je in meinem Leben gemacht habe. Ich war völlig kaputt, ich hatte keinen Mut, und mein Bruder Claus hat mich dann nach Stuttgart gefahren, weil ich selbst nicht dazu in der Lage beziehungsweise so voller Angst war. Das war ein permanenter Zustand. Das kriegte ich nicht in den Griff, und ich habe mich immer gefragt, warum ich das nicht in den Griff kriegte. Und ein

Jahr später war ich bei derselben Zeitung schon Chef vom Dienst. Weil dann die Angst wieder ging."

Dabei handelte es sich um das 1961 gegründete *DM-Magazin* (später *Euro*, 2004 eingestellt), das als erste Publikation im Land verbraucherorientierte Berichte veröffentlichte und auch die heute üblichen Produkttests eingeführt hatte. Preutes Vorgesetzter hieß Siegfried Dinser: „Der war Chefredakteur und machte mich zu seinem Vize. Meine Familie kam aus Düsseldorf nach. Ich war in einem fürchterlichen Zustand. Ich kippte Alkohol kannenweise, anders kann man das gar nicht ausdrücken." Er blieb knapp zwei Jahre in Stuttgart. Und erinnert sich zumindest an eine Geschichte mit prominenter Besetzung und alkoholbedingt fröhlichem Ausklang: „Ich habe einmal Hildegard Knef interviewt. Das war in der Zeit, als sie eine Platte raus brachte. Hilde ... Ach Gott, hab ich gelacht. Ich war mit der Fotografin Christiane von Maydell da. Wir sind in einem Volvo da runter gefahren. Hildchen saß am Starnberger See in irgend so einem alten Häuschen, und als erstes erzählte sie mir: Sie habe heute endlich eine Hausbar bekommen. Und dann steht da eine alte Kanzel aus einer katholischen Kirche. Das war die Hausbar. Eine Stunde später waren wir alle besoffen."

Dass aus dem daraus resultierenden Interview „kein Meilenstein in meinem Gewerbe" wurde – er geht mit einem Lachen darüber hinweg.

Die nächste Station: München. „Ich wollte nach München, weil ich da in den Heinrich Bauer-Verlag rein kam und mehr Geld verdiente." Preute nennt Bauer – Hauptsitz ist Hamburg – einen Verlag, „der allen möglichen Scheiß" machte. Der Satz stimmt immer noch: Heute veröffentlicht die „Bauer Media Group" unter anderem *Adel exklusiv, Astro Woche, Auto Zeitung, Bravo, Freizeit Woche, Das Neue Blatt, tina* und andere mehr oder weniger ernstzunehmende Magazine. Damals gehörte zum Programm auch die *Neue Revue,* ein sogenanntes People-Magazin, das allerdings in den Folgejahren vornehmlich auf entkleidete, weibliche People setzte und 2008, nach einem züchtigeren Neustart 2005 unter dem halbierten Titel *Revue*, eingestellt wurde.

Groß bewerben musste Preute sich wieder einmal nicht, ein Anruf genügte, schon landete er beim nächsten Blatt, in der nächsten Redaktion: „Das kann man sich gar nicht mehr vorstellen, aber es war so." Es scheint beinah, als habe damals ein großer Mangel an brauchbaren Journalisten bestanden, so schnell und einfach konnte man von jetzt auf gleich bei einem neuen Arbeitgeber unterkommen – Preute hat es in seinen ersten zehn Jahren als Reporter immer wieder gezeigt. Diese Zeiten sind vorbei. Auch aus einem anderen Grund, wie Preute findet: „Es gibt ganz große Arschlöcher. Und ich habe den Eindruck, die Zahl der Arschlöcher steigt ständig. Aber das war damals noch nicht so. Ich hatte die Möglichkeit anzurufen und zwei Stunden später einen neuen Job."

Manchmal musste er gar nicht selbst die Initiative ergreifen: Denn kaum in München angekommen und bei Bauer installiert, erhielt er einen Anruf von Hubert Burda, „heute der Chef vom Ganzen". Dieses Ganze ist wiederum ein ziemlich großes Ganzes: *Bunte, Focus, Freizeit-Revue, Cinema,* Fernsehzeitschriften und andere Magazine, insgesamt rund 70 Publikationen allein in der Bundesrepublik.

„Dann hab ich mit dem in irgendeinem Hotel gesessen, in der Halle, das weiß ich noch sehr gut." Dort habe ihn Hubert Burda gefragt, „ob ich nicht Lust hätte, nach Offenburg zu kommen und die Nachrichtenredaktion für seine Magazine zu übernehmen. Das war furchtbar viel Holz." Aber die neue Aufgabe reizte ihn, zudem sei Burda „ein sehr gesundes Unternehmen" gewesen. „Und die bauten ja nun auch keinen Scheiß."

Ab nach Offenburg also (branchenintern: „Burdapest") und zum stellvertretenden Chefredakteur Karlheinz Schönherr, den er als einen „wirklich netten Kerl" in Erinnerung behalten hat. Der freundliche Schönherr habe allerdings keine leichte Aufgabe gehabt: „Der Alte mischte sich ja dauernd ein." Dieser Alte, Senator Franz Burda, „stand einem Riesenreich vor. Ohne Gewerkschaftsvertretung. Der weigerte sich. Er sagte: Ich bin die bessere Gewerkschaft."

Eines Tages sei Karlheinz Schönherr mit einem Titelentwurf zum Chef hinaufgegangen. Das Foto zeigte Beatrix, die künftige Königin der Niederlande, in einem blauen Kleid: „Und der Chef sagte: Mach das bitte rosa." Die Grafiker im Haus hätten den Auftrag ausgeführt, natürlich noch von Hand, und so sei die Thronfolgerin dann in rosa auf dem Titel gelandet. „Worauf dann Beatrix anfragen ließ, wo sie denn das Kleid kriegen kann."

Trotz der Einmischungen von ganz oben: „Ich habe den Alten wirklich gemocht", erzählt Preute. „Und wir haben ein paar gute Sachen gemacht. Ich bin heute noch stolz auf das Buch zu Adenauers Tod (erschienen 1967, Anm.). Das habe ich unter Schönherr durchredigiert. Und ich habe die Dokumentation gemacht."

Noch eine positive Erinnerung fällt ihm ein: Denn sein Bruder sei in dieser Zeit ebenfalls nach Offenburg gekommen. Und während Michael schnell wieder verschwand, blieb Claus, abgesehen von seinen Jahren beim *Gong*, deutlich länger beim Verlag – bis zum Ende seiner Burda-Dienstzeit als US-Bürochef im Jahr 2009. Seitdem, ergänzt Claus Preute, habe er „zwar noch nichts Neues vorzuweisen, aber ich sehe das nicht als Ende meiner beruflichen Tätigkeit". Claus Preute arbeitet unter anderem an einem Roman, in dem er seine Hollywood-Erlebnisse aufbereiten will.

Bruder Michael, mittlerweile kaum noch überraschend, hielt es wieder nur gut ein Jahr aus, die Rastlosigkeit trieb ihn weiter – sowie ein zusätzlicher Grund, den Leser aus Baden-Württemberg lieber überspringen sollten: „Offenburg war viel, viel schlimmer als die Provinz in der Eifel. Es war alles so schrecklich anständig. So normal. Nur Redakteure mit Bausparverträgen. Ich wollte da weg. Mir gefiel das Ländle nicht, ich war nicht mit mir im Reinen. Ich habe dem Alten fristlos gekündigt."

Preute stopfte also in Offenburg seine kaum richtig ausgepackten Koffer und ging nach München, zurück zum Bauer-Verlag und der Illustrierten *Quick*, die später ähnlich herunterkam wie die *Neue Revue*: „Als ich bei der *Quick* anfing, war das noch ein richtig gutes Magazin. Die machten tolle Geschichten. Da hatte ich mich gemeldet und bekam einen Job als Reporter. So bin ich auch im Impressum geführt worden." Den Eintrag im Impressum erwähnt er nicht ohne Grund, wie die folgenden Passagen darlegen werden.

Kaum ist er jedenfalls in München angekommen, da winkt im ohnehin bereits studentenbewegt spannenden Jahr 1968 die Weltgeschichte. Die Rede ist vom brutalen Ende des „Prager Frühlings", dem im April des Jahres eingeleiteten Prozess der vorsichtigen Liberalisierung in der Tschechoslowakei und der Emanzipation von der übermächtigen Sowjetunion: Die kommunistische Partei unter ihrem im Januar 1968 zum 1. Sekretär berufenen Alexander Dubček hatte damals mehr Freiheiten für ihre Bürger, die Presse und die politische Landschaft einführen wollen, doch die Bestrebungen wurden in der „Operation Donau" gewaltsam zunichte gemacht: Rund 300.000 Soldaten aus der Sowjetunion und den sozialistischen Nachbarstaaten marschierten am Abend des 20. August ein und beendeten alle zart sprießenden Hoffnungen auf einen „Sozialismus mit menschlichem Antlitz". Etwa 500 Menschen wurden getötet.

Michael Preute erfuhr davon im heimischen Wohnzimmer in München-Stockdorf, wo er gerade eingezogen war – und erteilte sich sofort selbst den journalistischen Marschbefehl: „Das Fernsehen brachte plötzlich eine Eilmeldung: Die Russen rücken in die Tschechoslowakei vor, alle Nato-Staaten sind im Alarmzustand. Ich habe gar nicht mehr auf einen Befehl aus der Redaktion gewartet.

Ich habe mich ins Auto gesetzt und bin nach Waidhaus in der Oberpfalz gefahren." Vom Grenzort wollte er ins Nachbarland – zu diesem Zeitpunkt bereits unmöglich. „Wir standen am Grenzübergang und konnten nicht rüber. Da standen zwar ein paar Tschechen herum, aber wir konnten nicht herausfinden, was das für eine Truppe war." Michael Preute traf auf einen Kollegen, den Amerikaner Jerry Leigh, der für *Time* von den Ereignissen berichten und deshalb ebenfalls über die Grenze wollte. Die beiden stiefelten gemeinsam los, um sich an einer anderen Stelle in die ČSSR hineinzuschleichen.

„Wir sind dann 500 Meter vom Grenzübergang in Waidhaus entfernt in die Wälder gegangen. Die Grenze wurde da markiert von einem Flüsschen. Mannstief. Und dann stoßen wir auf einen Turm, einen dieser Wachtürme, die an den Ostgrenzen normal waren. Dieser Turm war nicht besetzt, und wir dachten: wie das denn? Da haben wir völlig richtig geschaltet: Die Tschechen haben sich zurückgezogen."

Der Rückzug verschaffte den beiden Reportern natürlich die Gelegenheit, unbemerkt ins Land zu gelangen. Sie setzten sich in Bewegung. „Wir sind durch diesen Bach, ich habe mir den rechten Fuß krumm getreten, und dann sind wir hinkend rein in dieses wunderschöne Land und diesen wunderschönen Wald." Wunderschön und hochgefährlich: Rasch wurden sie von einer Polizei-Patrouille ausfindig gemacht, angekündigt durch wildes Gebell. „Ich bin mit Jerry in einen Buchenstamm geklettert, so hoch es ging. Dann standen da auch schon sehr bald die Hunde und verbellten uns. Und dann kam tschechische Gendarmerie."

Die Polizisten verfrachteten die Journalisten auf die Rückbank eines Jeeps und fuhren los. „Jerry sagte bloß: um Gottes Willen die Schnauze halten. Und ich habe gesagt: Dann haben wir keine Chance. Wir müssen denen sagen, weshalb wir hier reinwollen." Leigh und Preute klärten die Gendarmen über ihre Absichten auf, dann wurden sie zu einer Anlage gebracht. „Da lag tschechisches Militär. Und die Leute, die uns festgenommen hatten, sagten: Ihr habt Schwein, dass ihr uns getroffen habt. Wir machen das mit dieser Besetzung durch die Russen nicht mit." Die beiden wurden gefragt, ob sie denn auch einmarschierte DDR-Truppen gesehen hätten. Hatten sie nicht, „so weit sind wir ja nicht gekommen. Dann gaben uns die Tschechen Bilder von einrückenden DDR-Panzern. Und ein General der Tschechen, Jiří, den werde ich mein ganzes Leben lang nicht vergessen, der saß vor uns, grinste und sagte: Wir schicken euch jetzt mit einer guten Story zurück. Und heute Nacht schmuggeln wir euch über die Grenze."

Wo diese auf den Bildern zu sehenden Panzer der Nationalen Volksarmee (NVA) wirklich fotografiert wurden, bleibt unklar: Tatsächlich ist bis heute nicht belegt, dass die damals im Süden der DDR an der Grenze zur Tschechoslowakei stationierte 7. Panzerdivision und die 11. Motorisierte Schützendivision ins Nachbarland eingedrungen sind. Laut Bundesarchiv standen die beiden Divisionen zum Einmarsch bereit, überschritten die Grenze jedoch nicht. Dennoch habe die DDR-Propaganda damals den Eindruck erweckt, sie seien am Einsatz in der ČSSR beteiligt gewesen. Während diese Kampfverbände also nicht ausrückten, sollen sich jedoch andere NVA-Soldaten, hauptsächlich zur Nachrichtenübermittlung, während der Operation tatsächlich auf tschechoslowakischem Gebiet aufgehalten haben.

Die Tschechen jedenfalls brachten die beiden Journalisten in einem Jeep zurück und ließen sie im Niemandsland zwischen den Grenzübergängen aussteigen. Auf der deutschen Seite: „Sämtliche Westleute mit Fernsehkameras", sagt Preute. Aber noch jemand erwartete die beiden Männer: die Geheimdienste. „Während Jerry mit den CIA-Leuten verhandelte, wurde ich dem BND übergeben, und der BND fragte: Was haben Sie denn da getan? Und ich sagte: Was soll ich schon getan haben, ich bin Journalist, ich arbeite für die *Quick*."

Daraufhin setzten sich die Geheimdienstler mit der Redaktion in Verbindung, um Michael Preutes Behauptung zu überprüfen: „Sie riefen den Chefredakteur Siegfried Aghte an. Und Siegfried Aghte war der Meinung, er hätte meinen Namen noch nie gehört. Das war ganz schlimm. Es hätte sein können, dass sie mich festsetzen und durch die Mangel drehen." Warum der Chefredakteur bestritt, Preute zu kennen, hat er nie erfahren.

Allerdings dürfte Aghte auch nach der nächsten Begegnung mit seinem Reporter nicht mehr viel Lust auf Erklärungen verspürt haben: „Ich bin nach München gefahren, bin zu ihm rein und habe ihm eine in die Schnauze gehauen. Aber wirklich volle Kanne. Und seinem Sekretariat habe ich erklärt, ich sei ab sofort nicht mehr für irgendjemand zu erreichen."

Während sich der Chefredakteur vermutlich noch die Wange rieb, humpelte sein ehemaliger Mitarbeiter schmerzenden Fußes heim, las aber unterwegs noch einen Tschechen auf, dem die Flucht in den Westen gelungen war. „Er hieß auch Jiří und hat noch zwei Monate bei uns zu Hause gelebt. Er kriegte sogar einen Job. Und die Geschichte, die ich erlebt habe, habe ich dann an den *Spiegel* geliefert. Für viel Geld."

Es war natürlich zugleich das Ende seiner kurzen Tätigkeit für *Quick* in München. Kein Wunder: „Wenn du dem Chefredakteur eine in die Schnauze haust, dann kannst du das vergessen."

Schluss mit Festanstellungen: Ein weiterer Bruch in Michael Preutes Leben. „Ich war nicht mehr fähig, in einem Redaktionskollektiv zu arbeiten."

* * *

In den späten 60er Jahren lernte Preute auch den Fotografen Axel Springer jr. kennen, den Sohn des Verlegers Axel Cäsar Springer und späteren Chefredakteur der *Welt am Sonntag*. „Axel Springer jr.

war ein Freund, und zwar einer der eindrucksvollsten, die ich jemals hatte. Ein wunderbarer Mensch. Axel war ein unheimlicher Kumpel. Und er hatte Mut."

Axel Springer jr., 1941 geboren, wurde unter dem Pseudonym Sven Simon einer der erfolgreichsten und renommiertesten Fotografen in Deutschland, seine Bilder erschienen weltweit, er gewann zahlreiche Preise.

„Mit Sven Simon habe ich mal in der Bronx Weihnachten und Neujahr verbracht. Da war die Bronx noch diese unglaubliche Ansammlung von Verbrechern beiderlei Farben, weiß wie schwarz."

Am 3. Januar 1980 fand eine Passantin Axel Springer jr. in Hamburg tot auf einer Parkbank an der Alster, er hatte sich erschossen. „Als ich diese Nachricht erfuhr, bin ich tagelang wie betrunken durch die Gegend gegangen", sagt Michael Preute.

Ein Freund und zu Zeiten ihrer gemeinsamen Bildagentur auch Geschäftspartner von Axel Springer jr. war Kurt Kühne, später Bildchef und leitender Redakteur bei einer Reihe von Magazinen und Zeitungen wie *Quick*, *Bunte* oder *Bild*. Michael Preute erinnert sich im Zusammenhang mit Kühne, der 1991 im Alter von 56 Jahren starb, an eine Geschichte, „für die ich mich furchtbar schäme".

Eines Tages habe Kühne von einem Kriegsverbrecher erzählt, „der nachweislich in seiner Laufbahn als Soldat Juden erschossen hat". Der Mann war in der Nähe von Osnabrück zu lebenslänglicher Haft verurteilt und jetzt, so lautete die Nachricht, auf freien Fuß gesetzt worden. „Ich kann mich deshalb so gut daran erinnern, weil diese Geschichte immer noch auf mir lastet", sagt Preute.

Kurt Kühne erteilte Preute und einem Fotografen den Auftrag: „Stellt mal fest, ob diese Geschichte stimmt. Versucht mal, an den ranzukommen."

Die Journalisten fuhren von München aus nach Norden, taten sich um und fanden heraus, dass der Mann jeden Sonntag in seinem Heimatort ins Hochamt ging. „Und dass dieser Mann noch immer sagte: Ich habe viel zu wenige Juden umgebracht, eigentlich hätten wir mehr Seife gebraucht."

Preute fragte beim Leiter der Haftanstalt, warum dieser Kriegsverbrecher vorzeitig entlassen worden sei. Die Antwort: „Da haben sich besondere Umstände ergeben." Mehr erfuhr er nicht. Preute und der Fotograf trieben den Mann auf und lockten ihn in eine Falle, für die sie einen Freund des ehemaligen Soldaten einspannten: einen Bauern, der mit seinem Hof pleite gegangen war. Sie überredeten den Bauern „mit Hilfe von ein paar hundert Mark" dazu, seinen Freund einzuladen. Dieser kam vorbei und wurde in einen Raum geführt, der nur mit zwei Kerzen beleuchtet gewesen sei. Preute verstrickte ihn in ein Gespräch, während der Fotograf unbemerkt Bilder schoss. Irgendwann habe der Mann zugegeben: „Das war eben so, wir haben die Juden hassen gelernt." Und manchmal, wenn er betrunken sei, führe er tatsächlich diese Reden.

Kurz darauf habe der Mann, bereits stark angetrunken, sich verabschiedet, um nach Hause zu gehen. Der Fotograf lief zum nächsten Telefon, um die Redaktion zu benachrichtigen, während Preute sich dazu entschloss, mit dem Kriegsverbrecher nach Hause zu laufen. „Es schneite, die Wiesen waren weiß, auf den Zäunen saßen Schneehauben." Auf einem Feldweg zwischen zwei Zäunen habe sich der Mann in den Schnee gesetzt. Preute hockte sich daneben und unterhielt sich weiter mit dem Betrunkenen. Dann sei dieser wieder aufgestanden, habe den Gürtel seiner Hose gelockert, auf seinen Bauch gezeigt und gesagt: „Fass mal da rein." Preute fasste hinein und ertastete am Unterbauch „eine Riesennarbe". Auf seine Frage, was das denn sei, habe sein Gegenüber geantwortet: „Die haben mich nach Hause geschickt, damit ich sterben kann. Ich bin voller Krebs."

Der Artikel über den Mann und die Fotos seien anschließend veröffentlicht worden, sagt Michael Preute. „Aber die Geschichte mit dem Krebs, die stand nicht drin. Da stand nur, dass ein ehemaliger Wehrmachtssoldat sich heute wie ein Schwein aufführt. Wenn ein Mann nach Hause geschickt wird, weil man weiß: In den nächsten acht Wochen ist er im Arsch, dann solltest du keine Geschichte über ihn machen. Das ist Leichenfledderei."

„Er kam mühsam schnaufend hoch, machte den Gürtel seiner Hose auf, ließ die Hosen auf die Füße sacken, hob das Hemd und deutete theatralisch auf eine kleine rote, quer über seinen Unterbauch laufende Narbe. ‚Die haben mich aufgemacht, verstehst du? Diesen Frühling. Sie haben mich wieder zugemacht und gesagt, alles wäre in Ordnung. Aber ich habe den Doktor an den Kanthaken genommen und gesagt: Mit mir nicht, Doktor, mit mir nicht. Was ist los? Und dann hat er zugegeben, dass ich Krebs habe und dass eigentlich nichts mehr zu machen ist. So ist das.'"

Eifel-Blues, Pahl-Rugenstein/Grafit 1989, Seite 220/221

Eine andere Geschichte hingegen wurde nicht veröffentlicht – weil sie keine war. Allerdings ist die Geschichte dahinter beispielhaft: „Es war Redaktionsversammlung, plötzlich taucht Kurtchen Kühne auf und sagt: Es gibt in Hamburg einen Admiral der Bundesmarine. Der hat einen Sohn. Dieser Sohn dealt, und zwar in großem Maße, mit Heroin und mit Kokain." Sofort seien die Reporter ausgeschwärmt und nach Hamburg geflogen, um den Admiral ausfindig zu machen. „Und da hat sich dann herausgestellt: Der Admiral war ein Bootsverleiher auf der Binnenalster. Und der Sohn war ein vorbestrafter, kleiner Dieb."

Dieser journalistische Rohrkrepierer änderte nichts an Preutes Respekt gegenüber Kurt Kühne: „Kurtchen Kühne war ein journalistisches Juwel. Der hatte so eine unglaubliche Gabe, sich in Geschichten, die noch gar keine sind, einzufühlen."

* * *

Preute begann nach dem Aghte-Eklat als freier Journalist zu arbeiten und ließ seine Arbeit von einem Agenten vermarkten. Nicht von irgendeinem Agenten, sondern von Josef von Ferenczy, dem 1919 geborenen und im Mai 2011 gestorbenen Medien-Manager und Filmproduzenten, dem gern das Attribut „legendär" angehängt wird. Der aus Ungarn stammende Ferenczy erwarb 1954 die Filmrechte an der Fußball-Weltmeisterschaft und landete mit der Dokumentation über das Turnier seinen ersten großen Erfolg.

Preute schreibt, Ferenczy verkauft: Für zahlreiche Redaktionen reist er durch die Welt, berichtet über Krisen, Kriege und das Drogengeschäft. Das Motto des in diesen Phasen von Selbstzweifeln kaum gebremsten Reporters: „Ich mach alles besser als ihr! Wenn ihr mich nach Vietnam lasst, werde ich euch was bringen."

Er bringt, er liefert, und er verschwindet wieder in die nächste Recherche. Seine persönliche Droge: der Alkohol. Der vernebelt ihm auch weitgehend die Erinnerung an viele seiner Aufträge. Wo er tatsächlich überall gewesen ist, er bekommt es nicht mehr zusammen.

In den Phasen ohne Job – und ohne Suff – arbeitet Michael Preute weiter an fiktiven Geschichten. „Ich hatte einen Roman geschrieben: Ich fand den Stoff ganz gut, aber ich wusste nicht, wie ich an die Leute herankommen sollte, die den eventuell drucken würden."

Joseph von Ferenczy hingegen wusste, wie man das macht: „Er nahm diesen Roman mit skeptischem Blick entgegen – und hatte ihn 24 Stunden später an Henri Nannen beim *Stern* verscheuert. Das war natürlich eine Großtat. Der lief in 18 Folgen. Und ich kriegte für jede Folge unverschämt viel Geld. Das war überhaupt nicht nachzuvollziehen."

Der Agent verstand auch, wie er seinen Autor zum Schreiben bringen konnte: „Manchmal hat er zu mir gesagt: ‚Du tust dir jetzt mal einen Gefallen, klemmst deine Schreibmaschine unter den Arm und fährst ins Tessin.' Das ging dann auch tatsächlich noch mal gut. Da kam dann Vic Schuller eines Tages nach München geflogen. Wir sprachen über einen möglichen neuen Stoff. Das war dann nicht weiter schwierig, weil ich einen hatte: ‚Der Monat vor dem Mord‘.“

Die konzentrierte Arbeit an einem Roman, sie gelang ihm immer wieder, Ferenczy sorgte für Vermarktung und Geld – ein perfektes Zusammenspiel. „Wenn man das so betrachtet, fragt man sich, warum ich damals nicht einfach umgestiegen bin und Bücher geschrieben habe. Es ist unverständlich. Ich kann nicht sagen, warum das damals so lief, keine Ahnung.“

Dabei hätte er sogar noch mehr Geld verdienen können, denn auch andere waren auf ihn aufmerksam geworden: „Ich habe fürchterliche Scheiße gestrickt, als ich beschlossen habe, mich nie für eine Verfilmung bereit zu halten. Mich haben Leute von Produktionsfirmen bekniet: Ich möchte doch bitte ein Treatment machen. Das sei doch eine tolle Geschichte. Wie dem auch sei, ich bin nicht darauf eingestiegen. Ich war mehr daran interessiert, eine völlig fremde Frau zu vögeln und mich damit zufriedenzugeben, mich als Macho zu statuieren. Völlig unverständlich.“

Bei der folgenden, erheblich zarteren Geschichte kam er ganz ohne Machogetue aus. Er weiß nicht mehr, von wem er damit beauftragt wurde und wann genau sie sich zugetragen hat. In einer Veröffentlichung resultierte sie nicht. Schön – und schön verrückt – ist sie trotzdem: „Ich hatte mal den Auftrag, Romy Schneider zu interviewen“, sagt Michael Preute.

Romy Schneider war Ende der 1950er Jahre nach Frankreich umgezogen, weil ihr das „Sissi“-Gekasper in der Heimat zu viel geworden war und sie sich als ernsthafte Schauspielerin etablieren wollte. Und natürlich, weil sie 1958 an ihren französischen Kollegen Alain Delon geraten war und sich im Jahr darauf mit ihm verlobt hatte.

„Sie war eine sehr erwachsene, nachdenkliche Frau", sagt Michael Preute über die Schauspielerin, die 1938 als Rosemarie Magdalena Albach geboren wurde und in ihrer Karriere 61 Filme in Deutschland, Großbritannien, den USA und vor allem in Frankreich drehte. Dabei gelang es ihr, das Sissi-Image (und die Sissi-Fans) hinter sich zu lassen und ein ganz anderes Publikum zu gewinnen: Sie arbeitete mit Regisseuren wie Luchino Visconti, Claude Sautet, Bertrand Tavernier, Otto Preminger, Orson Welles, Helmut Käutner und Fritz Kortner, mit Schauspielern wie Delon, Anthony Perkins, Michel Piccoli, Yves Montand oder Harvey Keitel. Auch ihr jedoch glückte das Privatleben nicht: Was Romy Schneider beruflich gelang, war jenseits der Leinwand von Verlusten und Tragödien begleitet. Die Beziehung mit Delon ging 1964 in die Brüche, ebenso die Ehen mit dem deutschen Regisseur Harry Meyen, dem Vater ihres Sohns David, und mit ihrem französischen Sekretär Daniel Biasini, mit dem sie 1977 die gemeinsame Tochter Sarah bekam. Meyen nahm sich 1979 das Leben, im Sommer 1981 verunglückte der 14-jährige David tödlich, während seine Mutter an ihrem letzten Film arbeitete: Der Junge wollte die Eltern seines Stiefvaters besuchen, das Tor vor dem Haus war jedoch verschlossen, und beim Versuch, über das geschmiedete Gitter zu klettern, rutschte David ab und wurde von den Gitterspitzen so schwer verletzt, dass er kurz darauf im Krankenhaus starb. Seine Mutter überlebte ihn nur um etwa zehn Monate: Romy Schneider wurde im Mai 1982 tot in ihrer Wohnung gefunden. Sie starb an einem Herzinfarkt, an den viele damals nicht glauben wollten.

Zu dem Zeitpunkt, als er den Auftrag für das Interview hatte, lebte die Schauspielerin im Norden von Paris, „ziemlich auf dem Land", sagt Preute. Er fuhr zu ihrer Adresse, stellte sich vor und wurde von Romy Schneider mit dem Vorschlag empfangen, ein Stück hinauszufahren, um irgendwo etwas essen zu gehen. „Dann haben wir uns in meinen Wagen gesetzt und sind über die Lande geeiert."

Sie gondelten um die französische Hauptstadt herum, ohne festes Ziel und ohne sich für ein Restaurant entscheiden zu können. Stattdessen redeten sie miteinander. „Und irgendwann haben wir uns angeguckt und gesagt: Ach, du lieber Gott, was machen wir hier eigentlich?"

Was sie da machten, nahm jedenfalls nicht den Verlauf, den Preutes nähere Begegnungen mit Frauen üblicherweise nahmen: „Es war völlig klar, dass sie in einer ganz anderen Welt lebte als ich. Und sie war auch nicht die Frau, die ich mir vorstellte, wenn ich alleine im Bett lag." Er habe damals wenig Ahnung von ihr gehabt, erzählt er, sein Wissen habe hauptsächlich auf Archivmaterial beruht.

Jetzt aber war er schnell von ihr beeindruckt: „Tolle Frau. Aber die wollte gar nicht mit mir sprechen." Jedenfalls nicht in der Weise, wie es Künstler sonst mit Journalisten zu tun pflegen. Irgendwann habe er dann zu ihr gesagt: „Jetzt müssen wir aber mal langsam einkehren. Und sie sagte: Willst du denn irgendwo einkehren?"

Preute wollte nicht, genau so wenig wie seine Beifahrerin. Also rollten die beiden einfach weiter in den Abend, in die Nacht: „Wir sind gefahren, gefahren und gefahren. Und dann sagte ich: Pass auf, ich bin der Meinung, wir machen gar nichts mehr. Wir suchen uns ein Bett."

Sie suchten sich natürlich zwei Betten in getrennten Zimmern, saßen aber in der Nacht dann doch wieder zusammen. „Sie kam rüber, und wir haben geschwätzt. Sie fing an über Freundschaft zu reden. Und dass die meisten ihrer Freundschaften irgendwie kaputt waren. Ich erinnere mich daran, dass sie eine unglaublich gereifte Person war. Sie war ganz anders, als man sie kannte. Das Andere war der Zweifel am Leben, der mich natürlich volle Kanne traf. Das Faszinierende, dass da ein Mensch war, der vielleicht ähnlich wie ich dachte."

Sie sprachen über Liebe, Zärtlichkeit, Zuneigung, Kinder. Sie redeten über alles, was zwei mehrfach im Privatleben havarierte

Menschen einander erzählen können – und über nichts, was der Reporter anschließend hätte verwerten können.

„Und eigentlich hatten wir beide keine Zeit. Ich musste in der Redaktion anrufen und sagen, dass alles gut gelaufen ist, und sie musste irgendwen anrufen und sagen, dass alles wunderbar ist. Und dann guckten wir uns an und fingen wieder an zu lachen", erinnert sich Michael Preute. „Wir haben beide eine Auszeit genommen. Da treffen sich zwei, jeder hat so seine Welt, jeder gibt Auskunft, aber was der andere nun ist, ob Journalist oder Schauspielerin, ist eigentlich völlig scheißegal. Es gibt so Geschichten im Journalistenleben, dass man sehr tief mit jemandem redet und überhaupt nichts Berufliches damit verbindet."

Am nächsten Morgen beschlossen die beiden, ihren Termin noch ein wenig auszudehnen und nach Süden zu fahren, „einfach so". Sie zogen weiter, und je länger die Fahrt dauerte, desto lockerer sei Romy Schneider geworden. „Sie war wohl froh, nicht bedrängt oder ständig um Auskünfte gebeten zu werden. Und sie benahm sich streckenweise wie ein Kind: Einmal hat sie einen Blumenstrauß gepflückt. Und wir hatten keine Vase ..."

Irgendwann habe sich Romy Schneider dann aber doch wieder ihrer Verpflichtungen erinnert. Die Auszeit, die sich beide genehmigt hatten, ging zu Ende: „Dann telefonierte sie, und sie hatte einen Flug. Der Flug ging von Nizza." So saß er nun mit diesem Weltstar in seinem Auto, und so fuhr er mit Romy Schneider immer weiter. „Erst den Abend, dann die Nacht, und am nächsten Tag waren wir dann da unten", erzählt er. „Einmal sagte sie: Lass mich doch mal das Auto fahren! Da habe ich geantwortet: Bist du verrückt, du bist doch betrunken!" Daraufhin schaute ihn Romy Schneider an und fragte zurück: „Und du?"

In Nizza unfallfrei angekommen, trennten sich der Reporter und die Schauspielerin: „Und ich musste den ganzen Weg wieder zurück. Ohne Romy."

Und ohne Interview. „Ich hatte einen Riesenzoff in der Redaktion."

Mit Romy Schneider losfahren und an der Côte d'Azur wieder aussteigen – nein, keine Besonderheit, keine große Sache, er spielt es regelrecht herunter: „Das war damals erstens eine andere Zeit, und zweitens war es nicht so ein Hype. Das war ein Auftrag", sagt Michael Preute, der ohnehin als Glamour- und Gesellschaftsreporter eine Fehlbesetzung gewesen wäre. „Du warst froh, wenn du bei Hildchen einen Termin hattest oder bei Romy, und das war's dann aber auch." Damals sei das alles „nicht so bekloppt" gewesen wie heute, „und es war auch nicht so schnell". Zwar habe es natürlich auch in jenen Jahren bereits das mediale Brimborium um Schauspieler und andere Stars gegeben. Aber eben in einem erträglicheren Umfang: „Damals war der Hype viel kleiner."

Heute, sagt er und gerät dabei so richtig in Fahrt, werde alles und jeder hochgeblasen, man sei schon völlig überfordert, „wenn du irgendeinen bekannten Menschen situieren musst. Du weißt schon gar nicht mehr: Ist das nun Bollywood oder ist es Hollywood, ist der in England was Großes oder hier auf dem Festland? Und alles wimmelt von Namen, die angeblich irgendeine Bedeutung haben, und ich sitze da manchmal vor meinem Fernseher und denke: Was soll denn der Scheiß? Ich kenne weder den Mann noch die Frau, ich habe überhaupt keine Ahnung, die setzen aber anscheinend voraus, dass ich die kennen muss. Und genau das war damals nicht so."

Nicht alle seine Bekanntschaften waren so flüchtig, und nicht alles in seiner Zeit in München war schlecht, auch wenn er sich bis heute über manche Künstlichkeit von Herzen aufregt: „Ich hatte halt keinen Zugang zu dieser ehrenwerten Gesellschaft, die du in jedem Bierkeller findest, die sich streng dran hält: zwei Maß und das war's dann. Die natürlich darauf achtet, Loden Frey zu tragen, und die alle genau wissen, wie die Welt läuft. Diese sogenannte gute Gesellschaft. Es war so furchtbar. Es war grauenhaft. Ich habe es immer gehasst, aber ich habe es nie zugegeben."

Das Beste, was er aus seinen Münchener Berufsjahren in die Eifel mitnahm, war vermutlich die Erinnerung an den Leiter der Mordkommission: Hermann Schmitt (zu Schmitt und seiner entscheidenden Rolle in Michael Preutes Leben später noch mehr). Eines Nachts rief Schmitt bei ihm an, direkt aus der Pathologie, und fragte ihn, ob er schon einmal eine Wasserleiche gesehen habe. „Wir haben hier ein Mordopfer. Hat vermutlich 14 Tage im Wasser gelegen, 24 Jahre alt, Prostituierte. Wir stehen am Tisch, und wir brauchen jetzt deine Meinung." Es sei Schmitt dabei nicht um die Expertise des Reporters gegangen, er wusste ohnehin alles, was man über Gewaltverbrechen wissen konnte. Aber er habe vermutlich einfach einen Vertrauten dabei haben wollen – vielleicht, weil dieser mit einer eventuell wichtigen Nebensächlichkeit habe helfen oder ihn in seiner Einschätzung bestätigen können. Und weil er längst gelernt habe zu denken wie die Polizisten. „Das hat aber etwas damit zu tun, dass die meisten Schreiber niemals eine Leiche gesehen haben geschweige denn bei einer Leichenöffnung dabei gewesen sind. Ich bin dann im Trainingsanzug und mit Vollgas in die Pathologie gefahren." Dort teilte ihm der Mediziner mit, wie die Frau zu Tode gekommen sei: „Schlageinwirkungen jede Menge, stumpfes Gerät." Doch ihrem Mörder habe das noch nicht gereicht: Er habe ihr zusätzlich mit kaum fassbarer Brutalität „in den Unterleib gefasst und das mit aller Gewalt aufgerissen." Preutes Reaktion: „Ihr müsst den Mann finden, der sie hasst. Und der Mann, der sie hasst, hat sie wahrscheinlich geliebt. Drei Tage später ruft mich Schmitt an und sagt: Du hattest Recht."

Erheblich angenehmer als solche Erlebnisse waren die Begegnungen mit einem ganz besonderen Bekannten: Hermann Prey. Der 1929 geborene und 1998 an einem Herzinfarkt gestorbene

Bariton wohnte in Gauting im Kreis Starnberg ein paar Häuser weiter als Preute. Die beiden freundeten sich an. Mit großer Sympathie erinnert sich Preute an den weltberühmten Nachbarn, der ein großartiger Mensch gewesen sei – und ein Mann, mit dem man Spaß haben konnte: „Mit Hermann Prey habe ich immer rumgemacht. Da gibt es eine wunderschöne Aufnahme: Prey, dieser blonde Hüne, mit einer Maschinenpistole und in schwarzer Lederkluft."

Der Fotograf heißt Michael Preute, das Bild entstand aus einer Laune heraus: „Wir machten uns einen Spaß: Es ging um einen Titel für *Hörzu*. Und dann habe ich gesagt: Pass auf, lass uns einen Titel machen, der so blöde ist, dass ihn jeder nimmt. Du siehst klasse aus, du hast die Statur, du hast das breite Kreuz, also drück ich dir jetzt die Maschinenpistole in die Hand. Und dann haben wir das gemacht. Völlig idiotisch. Dann habe ich das einem Freund, der Redakteur bei der *Hörzu* war, geschickt: Schöne Grüße, da könnt ihr mal sehen, was man aus einem Bassbariton alles machen kann."

Der *Hörzu*-Redakteur fand die Aufnahme gut – allerdings für einen Abdruck in der Fernsehzeitschrift nicht gut genug. „Der hat gesagt: Das wollen wir machen, du fotografierst nur nicht gut. Und Hermann Prey lachte sich kaputt. Gerade der, mit seinen lyrischen Liedern, großer Gott. Wir haben unheimlich viel Fez gehabt. Dieser Fez war notwendig, um Ideen umzusetzen ... Na klar singt der wunderbare Lieder. Natürlich ist der bei Schubert erste Klasse, phantastisch. Aber mit Maschinenpistole, das ist auch schon was. An solchen Dingen habe ich wochenlang gestrickt. Es ist hinterher wenig dabei herausgekommen. Aber das war noch eine völlig andere Art, den Job zu begreifen. Das war nicht: Ich muss jetzt Zweifünf oder Dreisieben im Monat verdienen, um weiterzukommen. Das war völlig scheißegal." Während er also als Fotograf nicht reüssierte, brachte er 1970 bei der Fernsehzeitschrift immerhin einen Fortsetzungsroman unter, mit programmatischem Titel: „Auf eigene Faust."

Andere Geschichten wurden bereits in den Redaktionen gestoppt, wenn er damit ankam. Deshalb soll hier noch einmal eine der kuriosesten erzählt werden: Die Kanaldeckelstory. Sie stammt aus der Zeit, als die DDR noch existierte, der Kalte Krieg herrschte und sich im Westen alle davor fürchteten, dass „der Russe kommt". Eines Tages, sagt Michael Preute, steckte ihm jemand, dass die Bundeswehr entlang der gesamten Zonengrenze tausende Sprengsätze unter Brücken und in Kanalschächten angebracht habe, damit man im Fall eines drohenden Einmarschs alles in die Luft jagen und die Truppen des sozialistischen Klassenfeinds hätte stoppen können.

„Diese Kanaldeckel waren für diese Detonationsschächte ein bisschen anders, ein bisschen simpler. Wir haben die überall gefunden, sogar am Holstentor. Scheinkanaldeckel, darunter ein mit Plastik ausgeschlagener, kreisrunder Schacht. Wir haben, glaube ich, 2.000 Stück gezählt. Die ganze DDR-Grenze lang. Es gab sogar Einheiten, die sich über Jahrzehnte mit nichts anderem beschäftigt haben. Das sind dann so die Geschichten, die einen richtig heiß machen."

Heiß, nahezu unglaublich – und deshalb auch nicht gedruckt: „Die Story hat mir der *Spiegel* abgelehnt. Wäre toll gemacht, aber Augstein wollte nicht." Er brachte den Artikel bei *Konkret* unter. „Da war ich natürlich wieder mal der Nestbeschmutzer."

„Ich dachte daran, dass ich in Hamburg anrufen sollte, um meine Geschichte anzukündigen. Ich musste irgendetwas für meine Rente tun, auch wenn ich Arbeit im Moment nicht mochte. Also legte ich mich auf das Bett und rief Hamburg an. Ich erwischte Wolfram Bickerich, der gerade zusammen mit einem Freund eine Kohl-Biographie veröffentlicht hatte. Er war einer der besten Stilisten, die ich kannte, und er war von gnadenloser Ironie."
Die Nürburg-Papiere, Seite 118. (Die Biografie über Helmut Kohl, 2010 bei Rowohlt Berlin erschienen, schrieb Bickerich zusammen mit seinem früheren *Spiegel*-Kollegen Hans-Joachim Noack.)

Wolfram Bickerich, 1942 geboren und zu Zeiten von Preutes Mitarbeit beim *Spiegel* Chef des Politik-Ressorts, erinnert sich daran, wie der Reporter zum ersten Mal bei ihm aufkreuzte: „Eines Tages in den Achtzigern kam ein mittelalter Mann mit wirren Haaren und freundlichem Gesicht in die Hamburger *Spiegel*-Redaktion, Abteilung Politik, und bot seine freie Mitarbeit an", sagt er mit gnädig zarter Ironie. Preute war ihm bereits ein Begriff: „Ich kannte seinen Namen von der Lektüre des *Stern*, wo er mir als begnadet guter Schreiber aufgefallen war".

Preute, in Finanznot, erzählte Bickerich auch von seiner privaten Situation – „und ich habe keine Ahnung, was davon stimmte, denn er war damals schon ein toller Geschichtenerzähler: Er habe, was in diesem Beruf fast alle haben, ein klitzekleines Problem mit dem Alkohol; und weil darunter seine Ehe gelitten habe, müsse er nun für die Ex aufkommen, – und die habe auch noch Zugriff auf sein Gehaltskonto. Wenn der *Spiegel* ihm also, bitte, eine Geschichte abkaufe, könne dieser Text vielleicht bar bezahlt werden? Natürlich sind alle Zeitungs-, speziell Zeitschriftenhäuser bürokratische Behörden, in denen leider keine Kasse herumsteht, aus der noch so elegante Schreiber bezahlt werden können. Aber irgendwie gelang eine Lösung des Preute-spezifischen Problems."

Wie genau diese Lösung aussah, weiß Bickerich nicht mehr. Der Dank des freundlichen Mannes mit dem wirren Haar blieb ihm jedoch erhalten: Seitdem singe Preute auch als Krimiautor Berndorf, wie das Zitat aus den „Nürburg-Papieren" beweist, „freundlicher-, aber unverdienterweise das Hohelied des kleinen Redakteurs aus Hamburg. Dabei war eigentlich nur er zu loben: Er wirkte, als sei er süchtig nach Themen und süchtig nach Schreiben."

„Ungefähr als erste Tat" hatte Preute dem *Spiegel* seine Geschichte über den geheimen Regierungsbunker im Ahrtal angeboten. „Ein toller Stoff, aus dem später ein Buch wurde und um den sich damals noch unzählige Gerüchte rankten: etwa jenes, der Bunker sei über einen riesigen Tunnel mit dem Bonner Regierungsviertel verbunden. Oder: Einmal im Jahr käme der Kanzler persönlich in den (scheußlich möblierten) Tunnel, um für den Notfall Amtsgeschäfte zu üben. Richtig daran war, dass im Übungsfall Beamte oder Staatssekretäre das hohe Amt stellvertretend auszuüben hatten. Und deshalb war einmal der Regierungssprecher Klaus Bölling zu seinem grenzenlosen Stolz der ‚Kanzler üb.‘"

Bickerich erinnert sich auch an Preutes Reportage über Altersarmut in Deutschland: „Er fürchtete wohl, so arm und alt enden zu müssen, wie er damals recherchiert hatte. Es ist sein Verdienst, dass es so nicht kam."

Apropos Recherchieren: Wolfram Bickerich bestätigt, dass Michael Preute in dieser Beziehung nichts zu wünschen übrig ließ. Er sei, „wie blasierte *Spiegel*-Heinis es nennen würden, der typische *Stern*-Autor" gewesen: „fleißig, ein wenig eitel-beredt, immer auf der Suche nach einem Platz für seine Texte. Zugleich wirkte er ungemein seriös, was wir nicht von allen Berufskollegen sagen können – man glaubte ihm, dass stimmte, was er schrieb."

Wobei es beim *Spiegel* jedoch nie gereicht hätte, einem Autor etwas zu glauben. Stattdessen werde jeder Text von Kollegen in der Abteilung Dokumentation auf Realitätsgehalt und Plausibilität geprüft. „Wenn dabei ein Verdacht oder ein Mangel aufgetaucht wäre, hätte es der Autor schwer gehabt. Aber diese Hürde hat er immer leicht genommen: Er wusste unheimlich viel über das, was er schrieb."

So viel wie über die nur auf den ersten Blick wahnwitzige Geschichte mit den Sprengsätzen unter Kanaldeckeln, an Kanälen und Brücken entlang der Zonengrenze: Sie führte in Preutes Zusammenarbeit mit dem *Spiegel* zur ersten, wie Bickerich sagt, „kleinen Krise", weil Rudolf Augstein sie bekanntlich ablehnte, obwohl sein Politikchef die Story angesichts der damaligen Nachrüstungshysterie „für äußerst wichtig und richtig" hielt. Er erklärt, wie es dazu kam, dass *Spiegel*-Leser nichts erfuhren über die geplanten Detonationen, sofern „der böse Feind aus dem Osten darüber hinweg rollen wollte: Rudolf Augstein persönlich wandte sich gegen einen Druck, weil er fürchtete, Sicherheitsbehörden könnten darin einen Hauch von Landesverrat erkennen. Als – jedenfalls vermeintlicher – Landesverräter wollte aber nur er in die deutsche Geschichte eingehen. Das sollte Preute nicht auch noch dürfen."

Und so sei Michael Preute damit zu *Konkret* gewandert, wo man zwar niedrigere Honorare gezahlt habe als beim *Spiegel*, „aber dafür kam das Geld – wie wir heute wissen – direkt aus Kassen der DDR, die *Konkret* jahrelang alimentierten. Und so hat sich Preute, indirekt und nur ein bisschen, doch des Landesverrats schuldig gemacht – indem er unseren Brüdern im Osten Dinge aufschrieb, die diesen natürlich längst bekannt waren."

Damals sei man von Verfassungsschutz bis Bundesnachrichtendienst der festen Überzeugung gewesen: „Wenn der Russe will, kommt der mit seinen Panzern so schnell, dass er in ein, zwei Stunden in Hamburg ist", sagt Michael Preute. „Und das Verrückte ist: Das haben alle geglaubt." Dabei sei den wenigen besser Informierten längst bekannt gewesen, „dass mindestens jeder zweite Panzer überhaupt nicht lief – Motor kaputt, Chassis im Arsch, Ketten im Eimer." Zu diesen wenigen Eingeweihten habe auch Rudolf Augstein gehört: „Ich weiß das aus einer Bemerkung, die er in Bonn bei einer Pressekonferenz mir gegenüber machte." Der *Spiegel*-Herausgeber habe damals zu ihm gesagt: „Die Geschichte da mit den Kanaldeckeln – das konnte ja nichts werden. Bei denen läuft ja kein Panzer."

Bickerich, Preute und *SZ*-Autor Siggi Weidemann sind inzwischen übrigens beinahe wieder Kollegen: Alle drei verfassten Bücher für den Piper-Verlag, die in der Reihe der „Gebrauchsanweisungen" erschienen sind: Bickerich über seinen Zweitwohnsitz Mallorca,

Kindheit in Osnabrück:
Michael Preute und
seine Eltern, Willy und
Anneliese Preute

Mit seinem 1942
geborenen Bruder Claus

„Icki ist jetzt
ein Lausejunge":
der zweieinhalbjährige
Michael Preute

Kindheit in und
um Osnabrück:
Natur- und
Stadtkind Michael

Der Bruder – und bald auch
Kollege – Claus Preute

Portrait links und Mitte: Der Gymnasiast

Schlittenfahrt in
Oberurff mit seinem
Freund Ulrich Utsch

Der angehende Autor
schiebt die ersten Figuren
hin und her.

Mit Mutter
Anneliese auf
Landpartie hoch
überm Rhein

Fast schon berühmt:
„Die drei Bambinos"

(von links):
Jochen Domhardt,
Michael Preute und
Ulrich Utsch.

Nächste Seite:
Nicht sein erster
Roman – aber der
erste im *Stern*
(Dezember 1969)

„Die drei Bambinos"

Christophorus-Schüler aus Oberurff haben sich bereits einen Namen gemacht / Einladung vom Rundfunk

Mehr als eine Lernschule ist die Christophorus-Schule in Oberurff im Kreis Fritzlar-Homberg, obwohl die meisten Schüler sagen, daß hier mehr gearbeitet werden muß als an den früher von ihnen besuchten Schulen. Die neunstufige höhere Lehranstalt wird von 230 Schülern und Schülerinnen besucht, die aus dem ganzen Bundesgebiet kommen. Ein Internat ist der Schule angeschlossen.

Die Oberschule ist aus der Idee der Jugenddörfer erwachsen, die sich die freie, eigenverantwortliche Entwicklung der Jugendlichen zum Ziel gesetzt haben. Dem Betätigungsdrang der Schüler und Schülerinnen auch auf außerschulischen Gebieten wird daher weiter Raum gegeben, soweit der der Persönlichkeitsbildung dient und die eigentliche Aufgabe des Lernens dabei nicht zu kurz kommt.

Arbeitsgemeinschaften in Kunst, Literatur, Musik, insbesondere Orchestermusik, aber auch in einigen ausgesprochenen Lernfächern wie Mathematik und Sprachen werden besonders gepflegt. Den sieben Preisträgern in diesen Arbeitsgemeinschaften winkt jetzt im

Arbeitsgemeinschaften ist der älteste Lehrer Hessens, Zeichenlehrer Erich Scheuermann, der keine Gelegenheit versäumt, einen Schülern das Neueste der bildenden Kunst zu zeigen.

Darüber hinaus aber gibt es bei einigen Schülern Begabungen, die nichts mit dem Schulbetrieb zu tun haben, und gemußt — wenn auch in ihnen eine besondere Eignung allenfalls — nicht einen verstärkten Ruf der Anstalt beanspruchen vermögen.

Obwohl bei aber seine Tätigkeit als Lehrer der Anstalt hinaus bekannt gemußte Musiklehrer E. von Szandos aus amerikanischen Rhythmen in den Gesangsbarden seiner drei Schüler Jo-

chen Domhardt, Manfred Preute und Ulrich Utsch nicht licht, haben es die drei Rheinländer unter den von ihnen gewählten Firmierung „Die drei Bambinos" doch zu einiger Kreisgebiet hinausragenden Berühmtheit gebracht. Sie singen selbst gedichtete aktuelle Schlager in Baß, Bariton und Tenor nach amerikanischen Melodien zur Gitarre, die von Manfred Preute gespielt wird, der auch Kurregiebühnchen für Zeitschriften schreibt.

„Die drei Bambinos" haben keine Mühen und Kosten gescheut, sich mit ihrem Können zur Geltung zu bringen.

Sie haben fast 300 Mark für ihre Ausstattung ausgegeben und spielen ausgewählte Musik, zu Ehren ihrer Schule ohne eigenes Gewinnstreben.

Vor wenigen Tagen erst spielten sie bei der Funk- Phono- und Fernsehausstellung in Düsseldorf vor der Prüfungskommission und haben daraufhin eine Einladung vom Hessischen Rundfunk bekommen.

Die besondere Attraktion, mit der „Die drei Bambinos" ihre Kameraden bei dem Sporttreffen der Jugenddörfer in Alfeld überraschen, ist der von ihnen selbst verfaßte amerikanische Song „Erlebnisse eines Superspezialisten (110-m-Hürdengesang). Aber das Arbeiten für die Reifeprüfung wird dabei nicht vergessen.   rs

Peter Frankenfeld vom Nordwestdeutschen Rundfunk hat den „Drei Bambinos" noch eine erfolgversprechende Laufbahn als Gesangskünstler vorausgesagt. Es sind die Schüler Jochen Domhardt, Manfred Preute und Ulrich Utsch.   (Foto: Peters)

DER MÖRDER

Michael Preute

AUS KÖLN

**Kraft, der Mörder, ist tot.
Sein einziger Fehler in dem so
perfekt ausgeklügelten und
durchgeführten Mord an dem
Fabrikanten Schumacher
wurde ihm zum Verhängnis: die
Mittäterschaft seines Schwieger-
sohnes Andreas. Der Junge
verlangt fünf Millionen,
eine Million sofort, und da Kraft
sie ihm nicht geben will,
treibt Andreas ihn mit Hilfe eines
manipulierten Geständnisses,
das er auf Tonband aufge-
nommen hat, zu einer Kurz-
schlußhandlung: Kraft erschießt
sich. Seine Frau Rita und
seine Tochter Chris sind
fassungslos. Und Andreas?**

Michael Preute, Jahrgang 1936, ge-
bürtiger Duisburger, begann seine
Karriere als Gerichtsreporter bei einer
Tageszeitung. »Der Mörder aus Köln«
ist sein erster Roman. Die ungekürzte
Originalausgabe des Romans erscheint
im Januar unter dem Titel »Magnetfeld
des Bösen« im Verlag C. Bertelsmann,
Gütersloh, und kostet 18 Mark, 223 S.

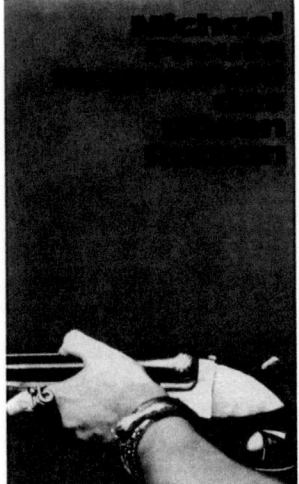

Andreas benahm sich ruhig
und gefaßt bis auf Zeit-
punkte, an denen er gezwungen war, nicht nur den Alltag der Fabrik zu steuern, sondern
selbständig schwerwiegende Entschei-
dungen zu treffen. In diesen Perioden
scheute er sich nicht, die jeweils zuständigen Direktoren zu Rate zu ziehen, und er begann mit dem Satz:
„Ich bin einfach zu jung, ich brauche
jetzt Ihre Hilfe . . ." Eine psychologisch
geschickte Einstellung, die ihm schnell
die Sympathie aller Büros brachte.
Auch zu den Arbeitern fand er sofort
den richtigen Weg. Er lud den Be-
triebsrat noch am Montag, also knapp
24 Stunden nach dem Selbstmord
Krafts, zu einer Besprechung ein, bei
der er lapidar und schnoddrig erklär-
te: „Ich muß den Laden jetzt schmeißen, ob ich will oder nicht. Und ich
kann es nicht, wenn Ihr mir nicht dabei helft. Laßt die Gewerkschaftsflau-
sen aus dem Kopf und gebt mir Hilfe-

stellung. Ich habe von vielen betrieb-
lichen Dingen noch keine Ahnung.
Wenn einer von euch mich sprechen
will, soll er reinkommen und nicht
erst lange fragen, ob ich Zeit habe.
Ich habe keine Zeit für Kinkerlitzchen."
Es war der Ton, den sie mochten.
Innerhalb einer Woche hatte er die
Fabrik buchstäblich in die Tasche ge-
steckt.
Am Montag, dem 21. August, neun-
zehn Tage nach Schumachers Tod und
acht Tage nach Krafts Tod, begann
der dritte Mörder seine Arbeit, und
das dritte Opfer begann zu trudeln
wie ein abstürzendes Flugzeug.
Rita wachte bereits gegen sieben
Uhr früh auf und fuhr sofort zum
Friedhof. Sie war sich nicht darüber
im klaren, wie ihr Leben in Zukunft
aussehen würde, aber sie wollte Andreas danach fragen. Und sie wollte
zu Chris gehen, um einige Dinge zu
besprechen, die geklärt sein mußten.
Sie blieb nur drei Minuten vor dem
Grab ihres Mannes stehen und fragte
sich, ob es einen Sinn habe, diesen
Toten dauernd zu besuchen, der so
entsetzlich und unwiderruflich tot war.
Sie war ein Kind der Altstadt Kölns,
ein waches, unsentimentales Kind.
Sie ließ sich in die Fabrik fahren
und ging mit großer Selbstverständlichkeit durch die Halle an den Lift.
Sie war erst zweimal in dieser Fabrik gewesen, und der Gedanke, daß
die Hälfte dieses Haufens aus Stein
und Stahl nun ihr gehörte, nahm ihr
den Atem. Im dreizehnten Stockwerk
stieg sie aus und fragte sich, ob ihr
beim Anblick des Schreibtisches
schlecht werden würde. Aber sie gab
sich keine Zeit, darüber nachzudenken.
Sie klopfte an und ging hinein. Die
fünf jungen Sekretärinnen betrachteten sie sekundenlang und begriffen
sofort. Annelie öffnete die Tür zu
Andreas' Zimmer. "Frau Kraft, bitte."
Andreas stand auf und kam um den
Schreibtisch herum auf sie zu. "Es ist
gut, daß du kommst."
"Wie geht es dir?" Sie sah sich um.
"Es ist ein komisches Gefühl zu wis-

Preute über seine zweite Heimat Eifel, Weidemann über Amsterdam sowie über Brüssel und Flandern.

Als Nestbeschmutzer betrachtete man Preute auch, nachdem im *Spiegel* seine Reportage über alte Menschen in der Wormser Straße in der Kölner Südstadt erschienen war („Dat Leben lohnt nich mehr", Ausgabe 14/1985). Es war in seiner Anfangszeit in der Eifel, er hatte sich jedoch für seine Recherche ein halbes Jahr in der Wormser Straße einquartiert: „Da gibt es vier-, fünfgeschossige Bauten, Arbeiterwohnungen, sehr viele alte Leute. Und ich hatte dort so ein paar Figuren ausgemacht, die ich typisch fand."

Er beschreibt in dem Beitrag unter anderem ein Ehepaar mit so wenig Rente, dass es sich teilweise von Hundefutter ernährt. „Und die päppelten sich das mit Pfeffer und Salz hoch. Dabei war das gar nicht so selten. Es gibt viele alte Menschen, von denen wir nie glauben würden, dass das so läuft. Die Geschichte damals in Köln für den *Spiegel*, die hatte was ganz Typisches: Diese beiden Alten, die erschienen draußen auf der Straße völlig normal. Keine alten, abgetragenen Klamotten, sondern Kleidung, die immer sauber war und gut aussah. Ich hätte das damals nie geglaubt. Aber das war so. Ich denke, dass auch heute alte Leute noch so leben. Der Alte sagte zu mir, da kann ich mich heute noch dran erinnern: Junge, wir haben nach dem Krieg noch ganz andere Sachen gefressen! Und es gab ja auch Leute, die damals plötzlich ihre Hunde vermissten ..."

Ein ernstes Thema mündete in eine Reportage, die ihre Leser hätte aufrütteln müssen. Das tat sie auch – aber in ganz anderer Weise, als sich Preute das vorgestellt hatte: „Damals erschien die Geschichte, ein paar Leute hatten dann den *Spiegel*, dann machte der SWR noch irgendwas mit mir, das haben sie alle gehört, und da waren sie echt böse: Sowas macht man nicht. Wenn Oma und Opa das schon tun, dann guckt man weg. Aber das schreibt man nicht. Ich habe das anfangs gar nicht verstanden. Wenn du dich als Journalist ein bisschen im sozialen Bereich tummelst, dann kommen solche Geschichten vor, aber du kämst nicht auf die Idee, dass alle Leute sauer sind, weil du das schreibst."

„Provinz verschweigt immer", sagt er auf Seite 13 in „Eifel-Täter", dem Sonderband des Grafit-Verlags zu Preutes 65. Geburtstag im Jahr 2001. Wobei sie natürlich kräftig tuschelt, die Provinz: Der lokale Nachrichtendienst funktioniert bestens, jeder weiß Bescheid, alles unter dem Motto. „Aber das hast du nicht von mir!" Dabei lagen ihm solche Sozialreportagen ganz besonders (mehr dazu im Kapitel Berndorf und die Eifel). Wer seinen Beitrag über die Wormser Straße im *Spiegel*-Archiv noch einmal liest, stellt fest, dass er bei solchen Geschichten mit spürbar mehr Herzblut am Werk war als bei allem, was man unter „People-Journalismus" verstehen kann. Deshalb, so bekennt er, sei ihm auch eines nie gelungen: Schöne, leichte, aufbauende Geschichten zu schreiben. „Die habe ich nicht einmal zu Weihnachten hingekriegt."

Vielleicht lag es am ersten Impuls, der ihn zum Schreiben brachte, und an dem Autor, dem er ihn verdankt: Ernest Hemingway. „Den habe ich kopiert, da hatte ich noch kein Abi. Die ,49 Stories', die haben mich sehr geprägt. Weil ich ahnte: Da ist einer, der kann in drei Minuten eine Welt aufstellen, einfach so. Das ist schon hohe Kunst. Und jetzt, kurios, fange ich wieder an, solche Stücke zu schreiben. Ganz kurz, Dreiminutenstücke, eine Seite. Da kommt's auf jedes Komma an. Auf jeden Buchstaben." (Die Hemingway-Parallelen hören nicht beim Schreiben auf: Die Pose des harten Hunds, die zahlreichen Umzüge und fluchtartigen Absprünge, die vier Ehefrauen und vor allem die Trunksucht, auch darin folgte er seinem frühen Idol.)

Den harten Hund gab Preute beispielsweise auch in Südamerika: „Da habe ich Erinnerungen an den Drogenkrieg in Kolumbien. Das war zu Ferenczy-Zeiten." Das Land entwickelte sich damals, nach dem Marihuana-Handel in den 1960er Jahren (vor allem in die

Vereinigten Staaten) zum Weltzentrum des Kokainschmuggels: Aus den ersten Anpflanzungen Anfang der 1970er Jahre wurde eine Milliarden-Industrie mit bestens vernetzten Syndikaten und Kartellen in Städten wie Cali und Medellín, die den globalen Kokainhandel weitgehend unter sich ausmachten.

Der Staat hatte den Organisationen und ihren extrem brutalen Anführern kaum etwas entgegenzusetzen, zumal sich Militär, Polizei und Politik immer wieder „kooperationsbereit" zeigten. Und weil die Drogenbosse wussten, wie man sich beliebt machte: „Die großen Dealer waren in Kolumbien öffentliche Götter. Sie machten Armenspeisungen, sie ließen Fußballplätze bauen, sie machten Kinderfeste. Sie waren für ihre Leute und die Bevölkerung da. Dieser Sozialtouch, der war nicht künstlich. Der war so. Das soziale Ansehen dieser Leute war enorm. Sie waren richtige Helden."

Er erinnert sich an einen dieser „Helden": Pablo Escobar, einen der Anführer des Medellín-Kartells, den er dort – nicht ohne Angst um sein Leben – traf und der stets einen katholischen Priester im Schlepptau gehabt habe. „Und der hatte ausschließlich die Aufgabe, aufzuschreiben, was zu tun sei, um Kinder, Eltern und ältere Leute glücklich zu machen."

Über den 1993 bei einer Razzia getöteten Escobar schreibt er auch in seinem Buch „Drogen Markt Schule" (C. Bertelsmann, München, 1991), zum Beispiel auf Seite 307: „Einer der reichsten Männer der Welt, Pablo Escobar, Kokainkönig im kolumbianischen Medellín, 1983 bereits auf fünf Milliarden Dollar Privatvermögen geschätzt, bekam von dem Kardinal Alfonso Lopez Trujillo zwei Priester als ständige Begleiter gestellt. Das machte Sinn, denn Escobar ist ein treuer Sohn der Kirche und spendet riesige Summen an den sehr konservativen und für seinen opulenten Lebensstil bekannten Kirchenmann."

In diesem Buch geht er auch den Verstrickungen des Vatikans in den Drogenhandel nach – und den Profiten, die damit gemacht werden. Sein Fazit: „Der Vatikan hat alle diese Geschäfte gebilligt, und dass Millionen in Banken verschwanden, bei denen der Heilige Stuhl die Mehrheit hielt, steht außer Zweifel." (Seite 309) Ein Dealer als Wohltäter, unterwegs mit einem Priester – „das war unglaublich kurios. Außerdem: Bring mal einem Kokabauern bei, dass das Zeug, das er da produziert, andere Leute in den Tod treibt. Da lacht der sich kaputt und spuckt seine Kokablätter in die Gegend. Das ist genauso irrsinnig wie heute die Bundeswehr in Afghanistan direkt neben den Mohnfeldern."

Während der immer härter ausgetragenen Konflikte zwischen den von den Drogenbossen finanzierten paramilitärischen Einheiten, kolumbianischer Armee und Guerillatruppen geriet auch Michael Preute zwischen die Fronten. „Es gab dieses kolumbianische Militär – völlig verseucht, weil korrupt. Es gab die Seite der Kokshändler, die ja damals noch nicht Europa, sondern fast ausschließlich die USA belieferten. Die Koksanbauer, Händler und Helfer hatten einen Talkessel, wo ursprünglich mal Steine abgebaut wurden. In diesen Kessel führte ein Tunnel, 200 Meter oder so. In dem Tal befand sich ein Logistikzentrum dieser Dealer. Ich kam mit einem Fotografen dort an, weil uns mitgeteilt worden war, man könne mit den Leuten reden. Wir haben wie üblich einen Toyota bestiegen und sind da hingefahren", erzählt Michael Preute.

Den Toyota-Jeep bezeichnet er übrigens als „das Auto meines Lebens: Weil sämtliche Autovermietungen dort und in ganz Asien immer Toyotas hatten. Die Dinger sind nicht kaputtzukriegen. Und je älter, desto verlässlicher. Wir sind dahingefahren, um mit den Leuten Kontakt aufzunehmen und treffen vor dem Tunnel auf eine motorisierte Einheit der kolumbianischen Militaria. Die wollten stürmen. Und ich wollte reden."

Das Militär habe versuchen wollen, den Talkessel zu erobern, „an Unterlagen heranzukommen und möglichst viele Leute zu töten. Da habe ich gesagt: Ihr habt ja nicht mehr alle Tassen im Schrank, lasst mir vorher Zeit, damit ich mit denen schwätze." Die Soldaten hätten sich geweigert, ihn passieren zu lassen – auch mit dem Hinweis, dass die Dealer schwer bewaffnet seien. „Da habe ich gesagt: Doch, ich kann weitergehen. Die wollten mich zurückhalten, natürlich. Sie zogen dann ein Gewehr oder eine Pistole. Und du sagst: Ja, wenn Sie Lust haben zu schießen, dann schießen Sie mal, guter Freund." Preute rechnete nicht damit, dass jemand wirklich auf ihn anlegen würde. Das passiere höchstens „im heißen Gefecht", dann könne es durchaus sein, „dass du dann gnadenlos und für ewig umgenietet wirst." Aber die Kolumbianer schossen nicht. „Also wir sind da rein in den Kessel, und ich habe mit ein paar Leuten reden können." Anschließend gab er ihnen einen Hinweis auf die vor dem Tunnel positionierten Soldaten. Kurz darauf waren der Kessel geräumt und die Männer über einen selbstgebauten Klettersteg getürmt. „Und als sie dann da reingeschossen kamen durch den Tunnel, habe ich gesagt: Die sind weg. Da habe ich dann zwei Tage im Gefängnis gesessen."

Ein Fall von sinnlosem Haudegen-Verhalten: „Diese Tunnelgeschichte hätte genau so gut schief gehen können. Das war für mich wieder typisch, so eine Geschichte, bei der ich mich heute frage: Mann, du Arsch, wieso konntest du nur so einen Scheiß machen? Und so einen Scheiß habe ich ziemlich häufig gemacht."

Einige Jahre später war er wieder in Kolumbien. Allerdings in einem völlig anderen Zusammenhang – und mit einem Auftrag, den er sich selbst gegeben hatte. Sein Gastgeber: Der Unternehmer Herbert Hillebrand.

Der 1940 geborene Hillebrand war bis in die 1990er Jahre einer der größten Bauunternehmer und Immobilienhändler im Land. Bekannt wurde er auch als Besitzer zahlreicher Burgen und Schlösser, die er in Deutschland und weiteren europäischen Ländern erwarb, sanierte, weiterverkaufte oder an seine 14 leiblichen oder adoptierten Kinder verschenkte. Auch Moderator Thomas Gottschalk ist Kunde: 2004 kaufte er von der Hillebrand-Gruppe das Schloss Marienfels bei Remagen.

Hillebrands Unternehmen hatte Ende der 90er Jahre, nach der Übernahme und der erfolglosen Sanierung von vier Glas- und Porzellanmanufakturen in Ostdeutschland und nach einer vom Finanzamt geforderten Steuernachzahlung in Millionenhöhe, Insolvenz anmelden müssen. Er wurde vom Landgericht Köln wegen Betrugs zu zwei Jahren Haft auf Bewährung verurteilt. Heute arbeitet er wieder im Immobilien-Unternehmen seiner Kinder im nordrheinwestfälischen Kerpen.

Michael Preute nimmt Hillebrand in Schutz, von Betrug will er nichts wissen, das habe er auch dem *Spiegel* geschrieben, der damals über die Insolvenz und den Prozess berichtete: „Der Mann ist ein Opfer von Helmut Kohl. Der hat ja die Geschichte mit den blühenden Landschaften erzählt. Und Hillebrand ist hingegangen und hat da drei, vier Fabriken gekauft und ist mit allen pleite gegangen."

Hillebrand beschenkte aber nicht nur seine eigenen Kinder, sondern auch andere, die weit entfernt unter erbärmlichen Bedingungen leben mussten: In ganz Kolumbien unterstützt er unter anderem sieben Waisenhäuser, in denen einige tausend Kinder betreut und geschult werden. Auch deshalb ist Preute jederzeit dazu bereit, Hillebrand zu verteidigen: „Ein guter Mann, ein eigenwilliger Mann. Ich denke, wir würden heute mit solchen Leuten gar nicht mehr umgehen können. Wenn du dich von der Masse abhebst, bist du sofort in irgendeiner Schublade. Im Grunde genommen ist es schade: Wir verlieren so unglaublich viele gute Köpfe dadurch. Die werden einsortiert und kommen dann nicht mehr hoch. Es wird ausgegrenzt, es wird kaputtgemacht. Typen, die man noch vor 30 Jahren goutiert und als ein bisschen verrückt eingestuft hat, die verschwinden. Leider."

Ein solcher Typ sei auch Hillebrand gewesen, und deshalb habe er ihn Anfang der 80er Jahre porträtieren wollen, „kurz bevor ich aus München abhaute". Hillebrand zeigte sich dazu bereit und lud den Reporter kurzerhand zu einer Reise nach Südamerika ein: „Er sagte: ‚Wenn Sie Lust haben, kommen Sie mit, ich habe in Bogotá viel zu tun.‘ Das wollte ich beschreiben."

„Wir betreuen diese Häuser seit etwa 40 Jahren", sagt Herbert Hillebrand, der sein Engagement in Kolumbien jedoch richtig eingeordnet wissen will: „Das ist keine Einzeltat von mir." Viele Menschen und Organisationen seien an der Finanzierung der Heime und der Betreuung der Kinder beteiligt, allen voran die „Schwestern vom armen Kinde Jesu", die unter anderem auch dafür sorgen, dass die Kinder Schulunterricht erhalten. (Der Orden wurde 1844 in Aachen gegründet, Anm). „Das ist unbeschreiblich, was dort geleistet wird", sagt Hillebrand. „Für mich ist es immer wieder ein Wunder, wie solche Frauen ihr ganzes Leben für andere Menschen hingeben."

Preute erzählt eine Episode, die er mit Hillebrand in der Nähe von Bogotá erlebte: Während einer Rundfahrt in einem Jeep gab der Wagen in einem Elendsviertel plötzlich seinen Geist auf. „Wir hatten kein Telefon, weil es noch keine Handys gab. Hillebrand steht auf, legt mir seine Brieftasche auf den Schoß und sagt: Ich lass das mal hier." Der Unternehmer verschwand auf der Suche nach Hilfe, Preute hatte die Brieftasche auf dem Schoß und sah beim Blick nach draußen, wie sich die ersten Bewohner des Orts auf den Wagen zu bewegten. „Dann mache ich die Brieftasche auf, und da liegen ein paar tausend Dollar drin." Während Hillebrand die Sache mit der Brieftasche bestätigt, gehen die Schilderungen des Vorfalls anschließend auseinander: Preute ist der Meinung, auf der Rückbank hätten zwei Ordensschwestern gesessen und die Gefahr durch Singen abzuwenden versucht („Meerstern, ich dich grüße"), Hillebrand sagt, da seien weder Nonnen noch gefährliche Dorfbewohner gewesen, alles halb so wild.

In einem allerdings sind sie sich einig: der gegenseitigen Hochachtung. „Ich schätze ihn persönlich sehr", sagt der Unternehmer über den Journalisten. „Das ist kein 08/15-Mensch." So sei er eines Tages mit Preute an einer Müllkippe vorbeigekommen, auf der eine Gruppe von Kindern in den angefahrenen LKW-Ladungen nachgeschaut habe, „ob da noch was drin ist. Ich habe gemerkt, wie ihn das ergriffen und ziemlich belastet hat. Das ist nicht irgendein Zeitungsschreiber, sondern auch ein Mensch, der sieht, was um ihn herum geschieht und der das auch mitfühlt."

Wie bei der Geschichte mit dem kleinen Jungen auf einem verlassenen Hof in Israel: „Ich saß hinten in einem Jeep, vor mir zwei israelische Soldaten, wir kamen aus einem Dorf heraus, und da lag linker Hand ein größeres Anwesen mit einer Mauer-Umfriedung", erzählt Michael Preute. Er ließ die Soldaten anhalten, stieg aus und ging durch das Hoftor. „Und dann sitzt da ein Junge. Ganz schmal, klein, zehn, vielleicht elf Jahre alt. Ich kann mich erinnern, dass er einen dunklen Trainingsanzug trug. Ich sage hallo, gehe auf den Jungen zu, er dreht sich um und hat einen Revolver in der Hand. Und ich denke: Oh Scheiße."

Er sprach den Jungen an, dieser aber zeigte keine Reaktion. „Der hatte dieses Ding in der Hand, ich war vielleicht zwei Meter weg und ich dachte: Großer Gott, vielleicht ist er völlig verwirrt, schließlich ist Krieg. Das kam mir vor wie Ewigkeiten. Aber dann drehte der sich wieder zurück, legte dieses Ding neben sich hin, und ich habe mich daneben gesetzt. Dann habe ich mir diese Waffe angeguckt. Die war natürlich leer, außerdem war sie völlig verzogen."

Preute wollte den Jungen mitnehmen, aus der Gefahr bringen. Einer der Soldaten habe dann mit dem Kind gesprochen und erfahren, dass der Junge bleiben wollte, weil er auf die Rückkehr seiner Familie wartete. „Das war so eine ganz stille Geschichte, die viel

mit Gewalt zu tun hatte und überhaupt keine Gewalt erzeugte –
aber typisch ist für Kinder in einem unbefriedeten Land. Ich muss
immer an den Jungen denken, wenn heute davon die Rede ist, dass
sie heute am Horn von Afrika schon wieder Kinderkrieger einset-
zen. Die sind fürs Leben im Arsch." Auch vom Vietnamkrieg hat er berichtet. „Da gab es in Deutschland den Trend, auf die Amis einzuhauen. Wobei man wissen muss,
dass die Amerikaner sehr viele Schweinereien angerichtet haben",
sagt er und erinnert an das Kriegsverbrechen in My Lai: Im März
1968 löschte eine US-Einheit das gesamte Dorf aus und massa-
krierte dabei etwa 500 wehrlose Bewohner, von Säuglingen bis zu
alten Menschen. Das Verbrechen wurde erst im Jahr darauf von
dem amerikanischen Journalisten Seymour Hersh aufgedeckt.

„Aber die Nordvietnamesen waren auch nicht gerade zimper-
lich", sagt Preute. „Es war wie in allen Kriegen. Jede Seite baut
furchtbare Schweinereien. Aber ich habe viele Sauereien gesehen,
die schlicht und ergreifend die Nordvietnamesen angerichtet
haben." Zum Beispiel in einem Dorf, in das er von einem US-Pla-
toon mitgenommen wurde, um plötzlich vor einem rauchenden
Scheiterhaufen aus Menschen zu stehen. Auch dort waren alle
Bewohner ermordet worden – nur eben von der Gegenpartei: „Da
haben die Nordvietnamesen einen Einfall gemacht, das ganze Dorf
ausgelöscht, etwa 20 Leichen aufeinander geschichtet und sie ange-
steckt. Hinterher wurde gesagt, das Dorf sei verseucht gewesen
von westlich-imperialistisch geprägten Menschen. Was Quatsch ist,
sowas gab es in Vietnam nicht."

Damals habe man als Berichterstatter „unter der Hand" bei amerikanischen Einheiten mitgehen können. „An den unglaublichsten
Stellen tauchte dann plötzlich ein Fernsehteam auf. Heute kennt
man das als *embedded journalism*. Damals war die Intention: Wir zeigen der Welt, wie wir die Nordvietnamesen in Stücke hauen. Wie
Amerika so was macht. Bumms."

Als Journalist habe man sich von den Amerikanern auch in Militärmaschinen an den Kriegsschauplatz mitnehmen lassen können: „Da hast du hinterher drei Tage lang deinen Arsch nicht mehr gespürt. Ich erinnere mich an einen Fotografen, der ist mit dem amerikanischen Militär rübergeflogen, wieder nach Hause gekommen und hat sich von einem Caterer der Lufthansa eine Quittung besorgt über den Flug nach Vietnam und zurück. Der hat das zwei, dreimal gemacht: Mit den Amis hin, und danach hat er der Redaktion die Spesenrechnung gezeigt. Der hat sich davon ein Haus gebaut. Und er war richtig stolz, dass er auf die Idee gekommen ist. Das sind so Leute, die trifft man dann. Aber diese Gabe fehlt mir völlig."

Viele dieser Reportagen aus der ganzen Welt, etliche davon für Nachrichtenagenturen verfasst und deshalb ohne Autorenkennung, sind verloren oder nicht mehr auf ihn zurückzuführen: Die Kisten mit seinen gesammelten Unterlagen wurden 1999 weitgehend vernichtet, nach einem Kurzschluss unterm Dach verbrannten sie mit seinem Haus in Brück.

Journalist zu sein: „Das ist der schönste Beruf der Welt", sagt Claus Preute. Sein Bruder blieb dem Job auch in seiner Eifeler Zeit treu, er verfasste dort weiterhin Sachbücher und baut auch seine Romanplots immer an der Wirklichkeit entlang.

Die Freude am Schreiben geht ihm nicht aus. „Es bringt unheimlich viel. Aber das hat einfach damit zu tun, dass ich mir ständig vornehme, den Leuten Geschichten zu erzählen, die es wert sind, nachgelesen zu werden", sagt Michael Preute.

Das gilt genau so für seine Romane: „Für Heyne bereite ich den vierten BND-Thriller vor (um den Agenten Karl Müller, Anm.). Da will ich eine bestimmte Situation haben. Diese Situation sieht so aus, dass ich mich auf die neuesten Ängste vor Terroristen stürze:

Das ist also dieser Selfmade-Terrorist, der eigentlich unabhängig ist. Der aus welchen Gründen auch immer Geld hat. Und der zunächst einmal ohne ideologische Unterfütterung darauf aus ist, möglichst viele Menschen zu töten. Und vor zwei Tagen, in der Nacht, habe ich mir so vorgestellt: Was passiert denn, mein Junge, wenn der Karl Müller eine Tür aufmacht und weiß, dahinter sitzt ein Terrorist? Was passiert, wenn er durch die Tür geht, und es ist eine Frau? Wir wissen, dass es solche Frauen gibt. Ich will herauskriegen, ob er es dann wagen würde zu schießen." Was ist für ihn das Beste an diesem Beruf? „Dauernd neue Situationen. Dauernd neue Menschen. Die Möglichkeit, in andere Leben hineinzukriechen. Teilzunehmen am Leben. Ich betrachte Journalismus, wenn er gut gemacht wird, als Gnade. Er ist natürlich gefährlich, wie wir alle wissen. Die Gefahren sind einfach so, dass das alles ja nun entschieden lockere Vögel sind. Das ist ja auch so etwas, das nach außen durchschimmert: Lockere Vögel, Kneipe, das ist so der Prototyp. Aber der Journalismus ist auch einfach toll. Manche dieser Themen waren schwer zu greifen, zu recherchieren. Aber ich habe da nie aufgegeben. Da konnte ich meine Miete nicht zahlen, zu fressen hatte ich auch nichts mehr. Aber wenn die Geschichte gelaufen war, dann war's gut. Da hatte ich auch zu fressen. So etwas macht Spaß. Und das kann einem keiner nehmen. Das ist einfach dieses Gefühl: Du bist drin im Leben. Volle Kanne."

„Ich weiß nicht, was sich die Menschen unter dem Beruf des Journalisten vorstellen. Wahrscheinlich unentwegte Reisen in die hintersten Winkel dieser Erde, unglaublich interessante Menschen in nicht zu verdauender Schnelligkeit kennenlernen, das Wahnsinnsabenteuer in einer gleichförmigen Welt."
Eifel-Blues, (Pahl-Rugenstein/Grafit, 1989), Seite 153

Michael Preute, Reporter

EINE VERLUSTANZEIGE

„Die Zeit damals lässt sich nicht teilen in Tag und Nacht,
nicht in Perioden der Ruhe und Betriebsamkeit.
Die Zeit war fiebrig ... Es ist schwierig, im Schmutz zu leben,
ohne darin umzukommen. Ich bin wohl verbittert.“

Michael Preute, „Der Reporter“, Seite 5

Dieses Kapitel war nicht vorgesehen. Es sollte auf diesen Seiten hauptsächlich um Michael Preutes Erinnerungen gehen und weniger um seine Bücher, zumal gerade seine Eifel-Krimis der großen Leserschaft nicht noch einmal lang und breit vorgekaut werden müssen.

Aber dann ließ ich mir aus Neugier im Kriminalhaus Hillesheim ein Paket mit alten und vergriffenen Preute-Werken in die Hand drücken. Ich wollte sehen, was für ein Reporter dieser Mann gewesen war, denn man hört ja immer nur, dass er in aller Welt herumgereist ist und von allerlei Krisenherden berichtet hat – aber jenseits einiger im *Spiegel*-Archiv gefundener Artikel fehlte es mir zu diesem Zeitpunkt meiner Preute-Recherche schlicht noch an weiteren Beweisen für seine vielbeschworenen Qualitäten. Ich sackte die Bücher ein, packte sie daheim wieder aus und entdeckte eine Fundgrube.

In dem Paket befanden sich einige alte Romane aus den 1970er Jahren wie sein kaum verhohlenes, düsteres und desillusioniertes Selbst-

porträt mit dem Titel „Der Reporter" (C. Bertelsmann, 1971) und –
ein herrlich schmieriger Titel – „Der Verführer mit dem goldenen
Herzen" (Der kleine, 1973 bei Bastei Lübbe veröffentlichte Roman
ist übrigens besser, als es Titel und Aufmachung vermuten lassen).

„Der Reporter", sagt er heute, zeige sehr gut, wie er damals gedacht, gelebt, gearbeitet habe. Wie er mit den Extremen nicht mehr
zurechtgekommen sei, zwischen denen er sich bewegt habe, mit
den Zweifeln an seiner Tätigkeit. Zitat aus dem ersten Kapitel: „Es
war eine trostlose Geschichte, wie die meisten Geschichten, die ich
damals machte oder jemals gemacht habe. Aber was willst du tun?
Du bist stolz, Reporter zu sein. Du jagst hinter dem Mann her, der
sein Geschlechtsteil irgendwelchen Schulkindern zeigt, bis du
begreifst, dass er nichts als krank ist, auf eine trostwürdige, gemeine Art krank. Und trotzdem schreibst du ‚Strolch', ‚Sittenstrolch',
‚Unhold', und natürlich willst du insgeheim den Leser schreien
hören: ‚Hängt das Schwein auf!' Aber mit deinen ersten Zweifeln
beginnt deine Krankheit." (Seite 5)

Der Roman habe durchaus Furore gemacht – und Naserümpfen
hervorgerufen, weil ihm der Ruch der Nestbeschmutzung angehängt worden sei. Aber es war eben manchmal ein schmutziges
Nest, in dem er saß, und aus dem heraus er die schlimmsten
Geschichten zu schreiben hatte, auch wenn es zahlreiche Kollegen
gibt, die diese moralischen Probleme nicht kennen, die kräftig aus
dem Nest herauskoten und mit dem nächsten „Skandal" vielleicht
wieder einen Menschen öffentlich hinrichten.

So, wie es ihm einmal passierte – mit dem Beitrag über den tod-
kranken Kriegsverbrecher. Nicht erst seit jener Erfahrung, aber danach umso mehr, galt für ihn das Prinzip: Keinen Menschen kaputt-
schreiben, egal für welches Blatt, immer gründlich arbeiten und
dabei niemals einen Wehrlosen der Öffentlichkeit ausliefern: „Weil
ich weiß, dass du mit einer leichtfertigen Aussage im *Spiegel* unheimlich schnell einen Familienvater mit zwei Kindern killen kannst."

Schmutzig, traurig, grausam: Er erinnert sich an die Geschichte von „Fini", die sich zu seiner Zeit bei *Quick*, vermutlich im Jahr 1968, ereignet habe: „Fini war ein 19-jähriges Mädchen, das im Kleinwalsertal als Bedienung arbeitete und eines Tages erschlagen aufgefunden wurde." Er sei erst spät an den Tatort gekommen, Mordkommission, Spurensicherung und die Journalisten in ihrem Gefolge seien längst fort gewesen. Die junge Frau hatte man tot an einem Hang gefunden, in einer Wiese. Und wie es so seine Art war – und heute noch die Art von Siggi Baumeister ist – sei er um den Fundort herumspaziert und habe dabei versucht, „Finis letzte Blicke zu rekonstruieren. Und bei diesem Herumkraxeln habe ich einen Teil ihrer Hirnschale gefunden."

Er habe zunächst nicht darüber reden wollen, nicht in der Redaktion und nicht zu Hause. „Und wahrscheinlich habe ich mir eine Flasche an den Hals gesetzt." Die Mordkommission allerdings bedankte sich für das Stück Schädeldecke. Polizei und andere Journalisten waren ebenfalls um den Fundort herumgelaufen, aber sie hätten eben nicht überall und vermutlich nicht genau genug hingeschaut: „Es gibt ja Leute, die drehen schnell genug den Kopf weg. Das mache ich nie. Ich kann nicht weggucken, das kann ich auch heute noch nicht."

„Jetzt war ich in der Lage, einigermaßen nüchtern hinzuschauen, um herauszufinden, was geschehen sein könnte. Mein ganzes Leben lang habe ich in Krisen und Krieg so reagiert. Erst wie das Sensibelchen, das ich nun einmal bin, und dann durchaus fähig, bis zu einer an Zynismus erinnernden Grenzlinie Fakten zu sammeln."

Eifel-Feuer", Grafit, 1997, Seite 20

Hinsehen: Das ist auch das Motto bei den anderen Büchern, die sich in dem Paket befanden, einige seiner langen Reportagen und Sachbücher, die sich gesellschaftlichen Themen widmeten. Das klingt langweiliger, als es tatsächlich ist.

Diese Veröffentlichungen zeigen nämlich, was für ein großartiger Berichterstatter den Lesern mit dem als Krimiautor neu auferstandenen Michael Preute über die Jahre verloren gegangen ist. Und je weiter man bei dieser Sichtung seiner früheren Arbeiten in die Vergangenheit vorstößt, umso erstaunter reagiert man auf die Aufgeräumtheit und Stringenz in seinen Büchern, die den Gegensatz zu seinem damals so kaputten Privatleben umso größer wirken lassen.

Je mehr der Krimischreiber Jacques Berndorf an Fahrt aufnahm, desto stärker trat der Reporter Michael Preute in der Wahrnehmung der Öffentlichkeit in den Hintergrund. Nicht von jetzt auf gleich: Denn als Reporter war er ja noch in die Eifel gekommen, er suchte nach Informationen für seinen Bericht über den Bunker der Bundesregierung im Ahrtal. Auch daraus wurde, fünf Jahre vor „Eifel-Blues", ein Buch – sein erstes, das er als Neu-Eifeler veröffentlichte.

Vier weitere Sachbücher folgten (oder viereinhalb: Pahl-Rugenstein brachte das Bunker-Buch 1989 noch einmal heraus): Das erste hieß „Drogen Markt Schule", es erschien 1991 bei C. Bertelsmann, und darin stellte er gleich zu Anfang klar: „Ich kenne Sucht, ich bin Alkoholiker. Bis 1977 habe ich versucht, auftauchende Probleme mit Schnaps zu bekämpfen – ich weiß, wovon die Rede ist, wenn es um Süchtige geht."

Im Jahr darauf erschien – neben dem deutlich mehr Einheiten verkaufenden Krimi „Eifel-Filz" – schon sein nächstes Sachbuch: „Rechts um zum Abitur" (Ch. Links, 1992), in dem Preute über nationalsozialistisches Gedankengut an weiterführenden Schulen in Deutschland berichtete und davor warnte, das Thema auf die leichte Schulter zu nehmen: „Wenn sich im betulichen Bad Godesberg, gleich neben dem regierungsamtlichen Bonn, Oberschüler nach dem Unterricht auf den Weg machen, um Asylanten zu klatschen oder Türken breitzutreten, wenn Eltern genau das wissen und den Mund halten, ist es an der Zeit, dagegen aufzustehen." (Seite 7).

Auch hier zeigt sich der kämpferische Preute, der gegen jede Form von Beschwichtigung antritt und der, wie in seinen Krimis, seiner Wut Luft macht: „Soll man sich wirklich daran gewöhnen, dass Rassisten Ausländer mit Knüppeln durch die Straßen jagen, wie jüngst in Magdeburg, und die Polizei zuguckt und engagierten Bürgern, die helfen wollen, noch rät, lieber abzuwarten, ‚bis Verstärkung kommt'? Anschließend muss man sich vom zuständigen Innenminister dann im Fernsehen noch anhören, dass seine Polizisten prima reagiert hätten. Auch der Polizeipräsident will nichts zu verantworten haben, weil das alles glatt und vorschriftsmäßig und überhaupt ‚polizeilich gut' gelaufen sei. – Daran will ich mich nicht gewöhnen, da ist Widerspruch gefragt." Preute belässt es in diesem Buch aber nicht bei Wut, Widerspruch und bei einer erschreckenden Reihe von Beispielen zum alltäglichen Rassismus. Er zeigt am Ende auch, was man dagegen unternehmen und an wen man sich wenden kann.

Das Buch ist genau so spannend wie zwei Jahre darauf – auch wenn man es anhand des Themas nicht vermuten würde – „Wenn du alt wirst in Deutschland ...", sein „Ratgeber für das Wohnen und Leben im Alter" (Piper).

Er kehrt darin unter anderem zurück in die Wormser Straße in Köln, über die er wenige Jahre zuvor bereits für den *Spiegel* berichtet hatte und erzählt noch einmal von der Frau, die sich Vanessa nennt und im Keller haust. Er erzählt darin aber auch die rührende Lebensgeschichte von Käthe, der Bauerntochter aus Berndorf, die nach einem Leben voller Arbeit auf dem Hof der Eltern mit 60 Jahren erstmals heiratet: den 80-Jährigen Johann, worüber man im Dorf zunächst geschmunzelt habe. Am Ende schmunzelte niemand mehr, Preute zitiert den Ortsbürgermeister: „Es war vollkommen richtig, dass sie heirateten. Sie hatten noch zehn wunderschöne Jahre miteinander." (Seite 11)

Denn Johann, so heißt es im folgenden Absatz, wurde „in nicht zu besiegender Rüstigkeit 90 und starb dann schnell und ohne

Qual". Es stellte sich heraus, dass er für seine Frau, die inzwischen erkrankt war, gut vorgesorgt hatte: Käthe kam auf rund 1.000 Mark Rente im Monat. Aber damit ist ihre Geschichte noch nicht zu Ende: „Johanns Haus wurde verkauft, sie bekam ihren Anteil und zog in das Haus zurück, in dem sie geboren worden war. Aber sie krebste vor sich hin. Nach wie vor äußerte sie, sie wolle niemals in ein Heim." Es kam anders: Die mehr und mehr verwirrte Frau wurde in einer Pflege-Einrichtung untergebracht „und kostet heute jeden Monat 5558 Mark". Ihr Anteil aus dem Hausverkauf und ihre Rente reichten da gerade einmal für drei Jahre, „dann ist Käthe arm." (Seite 12) Preute zeigt am Beispiel von Käthe aus dem Eifelort Berndorf, an einem Beispiel, das er direkt vor seiner Haustür in der Provinz fand, wie paradox, wie sinnlos und wie unmenschlich unser Gesundheitssystem und die „Versorgung" alter Menschen in Deutschland sind.

Das Buch ist deshalb auch deutlich mehr als Reportage, es ist zugleich Pamphlet und scharfe Anklage: „Es wäre schlimm und unfair, würde ich behaupten, dass alle Altenheime und Pflegeheime schlecht sind. Es gibt gute, und von einigen werde ich berichten. In einem Punkt aber lasse ich mich auf Kompromisse nicht ein: Wir kümmern uns so gut wie gar nicht um die Gefühle der alten Menschen, um ihr seelisches Wohlergehen. Und auch die Gefühle derer, die diese Alten umsorgen und pflegen, scheinen uns schlicht wurscht zu sein: Wir bezahlen sie herzlich schlecht und lassen sie in ihrer Arbeit ersticken. Es gibt also genug zu tun, aber ich würde nicht raten, auf politische Lösungen zu hoffen. Wir brauchen private Initiativen, und einige davon werden hier vorgestellt. Sie sind in einer trostlosen Welt wie ein kleines Wunder." (Seite 18).

Die fast zwei Jahrzehnte, die folgten, haben gezeigt: Wir brauchen noch erheblich mehr dieser Wunder, an der Richtigkeit von Preutes Einschätzung hat sich nichts geändert – vor allem nicht an seiner Vermutung, dass von der Politik in dieser Beziehung wenig zu erwarten sei. So titelt der *Trierische Volksfreund* am Montag, 11. Juli 2011: „Arm und alt in Deutschland: Kein Zahnersatz, kein Urlaub." Der dpa-Beitrag befasst sich mit alten Menschen, „die Flaschen aus dem Müll sammeln" und „Senioren, die um Almosen bitten". Am Ende des Artikels heißt es, die Bundesregierung wolle nach der Sommerpause mit den Sozialverbänden und anderen Einrichtungen einen „Regierungsdialog Rente" starten. Kommentar des Armutsforschers und Buchautors Christoph Butterwegge im gleichen Beitrag: „Diese Show-Veranstaltung wird keine Probleme lösen."

Sein viertes, deutlich leichteres und besser gelauntes Sachbuch seit dem Umzug ist 2008 die „Gebrauchsanweisung für die Eifel" bei Piper: Ein Liebesdienst, den er seiner neuen Heimat gerne erweist. Und ein erfolgreicher: Die dritte Auflage erschien 2011.

Wie breit das Spektrum des Journalisten Michael Preute war, zeigt das Beispiel eines Buchs, das er kurz vor seinem Umzug in die Eifel fertig gestellt hatte: „Die Aberglauben GmbH" (Ravensburger, 1984). Darin nimmt er sich die vielleicht harmloser daherkommenden, aber ebenfalls erheblichen Schaden bei ihrer Klientel anrichtenden Rattenfänger aus der Esoterik vor: Astrologen, Kartenleger, Hell- und Schwarzseher. Er weiß, dass sie ein tiefes Bedürfnis bedienen – dieses Bedürfnis verurteilt er nicht. Im Vorwort schreibt er: „Es gehört zum Wesen des Menschen, an irgend etwas zu glauben ... Der Mensch glaubt an Gott, an Jesus Christus, an viele Götter, an diesen oder jenen bestimmten Gott, der ihm besonders gefällt ... Die Menschen glauben an irgend etwas und verlieren dabei in sturer Ernsthaftigkeit ihr Lachen. Der Glaube ist den Menschen so heilig, dass seinetwegen mehr Menschen getötet haben als aus irgendwelchen anderen Gründen. Wenn es um den Glauben geht, kennen die Menschen keinen Spaß mehr. Dabei ist es wirklich zu überlegen, ob Gott oder die Götter so stur sind, dass sie dem Menschen in Glaubensfragen das Lächeln und das Lachen übel nehmen würden. Eine Ersatzreligion, die Lächeln und Lachen wirklich übelnimmt, ist die Astrologie ... Wir haben herausgefunden, dass gerade sternengläubige Menschen vollkommen humorlos sind, wenn es um ihren Glauben geht. Und: Mit keiner ‚Religion' wird so viel Geld verdient wie mit der Astrologie. Ich wünsche diesem Buch lächelnde Leser."

Man lächelt spätestens auf Seite 49, denn dort legt Preute ein Geständnis ab: „Ich habe selbst einmal äußerst ungern für eine große Illustrierte Horoskope redigiert, also für den Druck fertig gemacht." Er berichtet, dass er diese Horoskope von einem prominenten Vertreter der Zunft erhalten habe, um sie dann für das Blatt zu bearbeiten und passend zu machen. Sein Problem: „Der Astrologe konnte nicht schreiben, nicht fesselnd formulieren, nicht witzig sein. Seine Texte waren so langweilig, dass ich sie in der Form absolut nicht nehmen konnte. Ich musste also alle seine Horoskope umschreiben oder neu schreiben." Dabei sei es dann immer wieder geschehen, dass er sich am Ende überhaupt nicht mehr an die Vorgaben des Astrologen gehalten habe und Vorhersagen schrieb, „die mit den Horoskopen des Star-Astrologen nicht mehr das Geringste zu tun hatten. Außerdem ärgerte es mich, dass dieser Chef-Sternengucker nie etwas Böses oder Negatives prophezeite. Das machte ich."

Den Lesern fiel nichts auf, das Preutoskop kam bestens an, und auch der Astrologe habe sich nie beschwert: „Er war wohl mit dem Scheck, den wir ihm jede Woche schickten, zufrieden."

Das Buch ist aber auch deshalb so unterhaltsam und zugleich lehrreich, weil er darin zeigt, dass die Sterne, Planeten und ihre Trabanten tatsächlich Einfluss auf das Leben auf der Erde ausüben. Er beschreibt zum Beispiel, wie Wissenschaftler in seriösen Untersuchungen herausfanden (und sich das zunächst nicht zu veröffentlichen trauten), dass sich manche Tiere eben doch nach den Mondphasen richten, und dass sie das auch in hermetisch abgeschlossenen Räumen tun. Er geht der Frage nach, wie das alles funktioniert und findet heraus: Es funktioniert. Aber „so wie Astrologen es behaupten, funktioniert es nicht." (Seite 43)

Im Jahr 1979 veröffentlichte er gemeinsam mit seiner zweiten Frau Gabriele, der Mutter der gemeinsamen Kinder Manuel und Mona, das bereits erwähnte Buch über den Fall Vera Brühne. Nicht das einzige gemeinsame Werk, wie seine Tochter Mona berichtet – beinharte Berndorf-Fans müssen jetzt stark sein: „Ein Strickbuch haben sie zusammen geschrieben: Zwei links, zwei rechts." Mit der Enthüllung konfrontiert, sagt Preute nach kurzem Nachdenken: „Um Gottes Willen. Ja klar, da hat sie Recht. Eine ganz böse Sache." Er lacht: „Damals gab's diese Strickbücher, da wurde dann die Hausfrau von morgen angeleitet. Das war für die Redaktion von *Mädchen*." Dort arbeitet seine frühere Frau immer noch und bietet den jungen Leserinnen auch Lebensberatung. Sie macht das, wie Preute findet, „übrigens klasse".

Gehen wir weiter zurück in der Vergangenheit des Reporters: Im August 1977 stirbt Elvis Aaron Presley, der Mann, der den Rock'n Roll massentauglich machte und zu den größten Stars des 20. Jahrhunderts zählte. Eine der ersten Biografien erscheint noch im gleichen Jahr bei Goldmann. Ihr Autor: Michael Preute, gemeinsam mit Renate Guldner. Er habe das Buch in etwa zwei Wochen runtergeschrieben, sagt Preute, nachdem Renate Guldner die Dokumentation erstellt hatte. Aber einfach so „runtergehauen" wirkt das Buch nicht, dazu ist es zu detailreich und zu gut geschrieben. Es ist wahrscheinlich einfach nur ein weiterer Beleg dafür, was für ein guter Autor Michael Preute sein konnte. Und nebenbei auch noch dafür, wie bei manchen Stars das Umfeld dazu beitrug, dass sie vor die Hunde gingen: Als Michael Jackson starb, geriet sein „Leibarzt" Conrad Murray schnell ins Visier der Ermittler, denn er hatte ihn mit dem hochgefährlichen Narkotikum Propofol versorgt, das vermutlich den Tod des „King of Pop" am 25. Juni 2009 herbeiführte. Murray wurde wegen fahrlässiger Tötung angeklagt.

Auch Elvis Presley hatte einen solchen Nothelfer: „Wenn er gegen Ende seines Lebens bei einer Show zusammenbrach und hinter der

Bühne von Dr. George Nichopoulos hochgespritzt wurde", schreibt Preute auf Seite 168, „dann fragen wir, warum diese Quälerei sein musste ... Dass Dr. George Nichopoulos jahrelang nichtssagende ärztliche Stellungnahmen an die Presse gab, in denen von ‚harmlosen Vitaminen und Schlafmitteln' oder von ‚Gewichtsproblemen' die Rede war, ist unverständlich, es sei denn, er hat gewusst, dass Elvis Presley nicht zu retten war, und wollte die Wahrheit verschweigen."

Noch einmal zwei Jahre zurück: Da stoßen wir auf einen Menschen, der Michael Preute mehr beeindruckte als die meisten, die ihm in seiner Zeit als Journalist begegneten. So sehr, dass er über ihn ebenfalls ein ganzes Buch schrieb – und dass er zur Blaupause wurde für eine der wichtigsten Figuren in den Krimis von Jacques Berndorf: Hermann Schmitt, der Mann, der im Laufe seines Berufslebens „von 243 Morden, die er zu bearbeiten hatte, 230 in zum Teil furiosen Alleingängen" aufklärte. „Dieser Mann, 181 Zentimeter groß, stets höflich, stets lächelnd, könnte alles sein, vom Oberstudienrat bis zum Feinkosthändler", schreibt Preute. „Während einer Unterhaltung sieht er dem Gesprächspartner unausgesetzt in die Augen. Er unterbricht den Redefluss seines Gegenübers nie. Das macht nervös, denn der Gesprächspartner bekommt zwangsläufig den Eindruck, dass er möglicherweise etwas Falsches sagt oder übertreibt. Ich habe erlebt, dass Menschen im Gespräch mit Mord-Schmitt plötzlich zu stottern begannen. Es war ein sicheres Zeichen dafür, dass sie entweder etwas Dummes gesagt hatten, oder aber etwas Falsches."

Das Buch über den großen Münchener Kriminalisten erscheint 1975 im Fackelträger-Verlag. Preute protokolliert darin rund 20 Fälle aus mehreren Jahrzehnten und beschreibt Hermann Schmitt als einen Maigret der Wirklichkeit: Als einen Ermittler, der sich wie Georges Simenons fiktiver Kollege ebenfalls nicht von den offensichtlichen Fakten und Indizien den Weg zur Wahrheit verstellen, sondern sich stattdessen stets auch von seiner Empathie und seinem Gespür für die scheinbaren Nebensächlichkeiten der zu behandelnden Bluttaten leiten lässt.

Wie bei der ersten geschilderten Geschichte, dem offensichtlichen Raubmord an der 50-jährigen Else Mehren in einem Schwabinger Hinterhaus. Die Frau liegt im Flur, mit acht Messerstichen im Oberkörper, daneben die Tatwaffe. Auf der Treppe davor sind Nähutensilien, Schnürsenkel und weitere Kurzwaren verstreut. Der Verdacht fällt zunächst auf einen Hausierer, denn die Frau hatte in den Wochen vor ihrem Tod erzählt, der Mann, dem sie nichts hatte abkaufen wollen, habe ihr mit Rache gedroht. Aber auch der 25-jährige Sohn macht sich verdächtig – und im Verhör gesteht er schließlich, seine Mutter erstochen zu haben. Schmitt glaubt ihm nicht, denn da sind seiner Meinung nach zu viele Ungereimtheiten. Er hakt nach und findet am Ende heraus, dass die Frau sich selbst getötet hat – weil sie sich unheilbar krank gewähnt hatte und ihre Schmerzen nicht mehr ertragen konnte. Der Sohn nahm die Tat auf sich: weil er seiner tiefgläubigen Familie ersparen wollte, mit der vermeintlich noch größeren Schande eines Selbstmords leben zu müssen.

„Mord-Schmitt": Dieser Mann wurde das Vorbild für Kriminalrat Rodenstock. „Er war für mich eine ganz große Begegnung", sagt Michael Preute. Im Dezember 1999 befragte ich ihn bereits dazu in einer Talk-Runde mit meiner Zeitungskollegin Sonja Sünnen. „Der Mann hat mir beigebracht, wie Mörder-Jäger denken", sagte er damals. Selbst in harten Verhören habe er nie erlebt, dass Schmitt jemandem die Würde genommen hätte. „Von ihm habe ich gelernt: Wenn du als Journalist über einen Menschen und nicht mit ihm schreibst, dann bist du im Eimer."

Schmitt, ergänzt er in den Gesprächen für dieses Buch, sei der klassische Beamte gewesen, „der den Rahmen seiner Tätigkeit völlig ausfüllte, also praktisch pausenlos arbeitete. Er war ein schon sehr eindrucksvoller Mensch. Und er war auch liebevoll, wenngleich er manchmal Schwierigkeiten hatte, das zu zeigen."

Die Begegnung habe ihn für den Rest seines Lebens geprägt. „Ich bin ja jemand, der sich immer und auch heute noch ständig bemüht, aus der Arbeit der Kripo aktuell zu lernen. Ich frage zum Beispiel nach, wie sich Fahndungsmethoden ändern. Wie sich Beweise und Beweislagen zusammensetzen. Das hat einen Vorteil für meine Arbeit gehabt. Die Kriminalbeamten wussten sofort: Aha, der hat Ahnung von dem Job. Ich kann sehr gut nachvollziehen, wie schwierig das ist, zum Beispiel mit Sexualstraftätern umzugehen."

Er könne erst mit all diesen Dingen als Journalist und als Romanautor umgehen, wenn er das Leben der Kripoleute kenne, „die ja nicht von acht bis vier arbeiten, sondern zu den unmöglichsten Zeiten auf den Beinen sind", sagt er.

Einer dieser Polizisten ist Paul Wehner, ehemaliger Chef der Kriminalinspektion Wittlich und heute Inspektionsleiter in der Eifelstadt Mayen. Preutes Romanfigur Kischkewitz ist ebenfalls Kripochef in Wittlich – „insofern gibt es da eine virtuelle Duplizität", sagt der Kriminaloberrat und lacht.

Preute habe sich tatsächlich oft mit ihm beraten, wenn es um Fragen der Polizeiarbeit gegangen sei: „Er schätzt die normale Polizeiarbeit wirklich", sagt der Kriminalpolizist über den Kriminalschriftsteller. „Das ist alles immer geprägt von hohem Respekt, das kann ich wirklich sagen."

Das könne man auch aus den Romanen herauslesen, sagt Wehner. Natürlich gebe es Unterschiede zwischen echter Ermittlungsarbeit und der Beschreibung in der Fiktion: „Im Roman ist der Held immer der einsame Wolf, in der Praxis ist Polizeiarbeit geprägt von Teamwork. Gewisse Dinge würden mit Sicherheit nicht so ablaufen wie in den Büchern, aber das ist den Notwendigkeiten des Romans geschuldet."

Paul Wehner, der auch das erste Krimifestival „Tatort Eifel" mit vorbereitete, bezeugte übrigens seinen Respekt vor dem Schriftsteller mit einer ganz speziellen Ehrung: Er verlieh Preute den Titel eines Kommissars *honoris causa*. „Das war mein Geschenk zu seinem 65. Geburtstag."

Natürlich kenne er auch „die Schwierigkeiten von Filz, die sich immer ergeben im Rahmen von Behörden", sagt Michael Preute. „Es ist vorgekommen, dass Jugendliche, die gedealt haben, entweder vor einem Richter oder vor einem Staatsanwalt saßen und ganz aufgeregt zu ihrem Verteidiger sagten: ‚Dem hab ich mein Zeug doch auch vertickt.' Also Amphetamine, damit sie besser durch den Tag kommen und dann abends die Haschtüte, damit sie besser wieder runterkommen. Das ist Lebenspraxis. Das kannst du eigentlich nur lernen, wenn du bereit bist, die Ohren ganz aufzustellen und manchmal auch Fragen zu stellen, die dem anderen zunächst wie eine Beleidigung vorkommen."

Deshalb habe sich die Verbindung zur Polizei für seine Arbeit immer als fundamental wichtig herausgestellt: „Ich weiß solche Dinge halt. Das ist Leben. Was das mit einem 16-Jährigen macht, der Hasch oder Amphetamine dealt oder beides ... Da kommt dann das große Erstaunen über Mutter Erde. Aber es ist halt so."

Soweit also unser ungeplantes Kapitel über den Reporter, Sachbuchautor und Ehrenkommissar Michael Preute, der in „Eifel-Täter" auf Seite 95 sagt: „Im Grunde habe ich nie aufgehört, als Journalist zu fühlen und vorzugehen."

Wie gesagt: Die meisten dieser Bücher sind vergriffen, einige lassen sich vielleicht noch in Antiquariaten auftreiben. Und vielleicht – Mord-Schmitt wäre so ein wünschenswerter Fall – wird ja das eine oder andere vergriffene Reporterwerk noch einmal nachgedruckt. Es würde sich lohnen.

Ein Himmel voller Bananen

MICHAEL PREUTE UND DER ALKOHOL

„Nach Loslösung aus allen privaten Bezügen in die Eifel
gezogen. Ich war der typische trockene Alkoholiker, dem keiner
glauben mochte, dass er nicht mehr krank war.
Als ich 1978 im Alleingang mit einem hessischen Oberstaatsanwalt
eine große Dealergruppe auf Ibiza knackte, die weltweit operierte,
fragte mich der damalige Chefredakteur Gert Braun,
wie viel Kognak ich denn getrunken habe. Braun ist vergessen,
Preute nicht. Aber die Konsequenz war düster: Ich musste alles, was
München bedeutete, an den Nagel hängen."

Michael Preute in: „Eifel-Täter" (Grafit, 2001; Gert Braun war
Chefredakteur der 1992 eingestellten Illustrierten *Quick*)

Einspruch, Herr Preute: Ein Alkoholiker gilt nach gängiger Auffassung auch dann noch als krank, wenn er seiner Sucht nicht
mehr nachgeht. Und trotzdem auch Zustimmung: Michael Preute
trinkt schon lange nicht mehr, führt ein geregeltes, arbeitsames
Leben mit mindestens einer Buchveröffentlichung pro Jahr, mit
immer noch zahlreichen öffentlichen Auftritten und allerlei weiterer
Verpflichtungen. Ein Pensum also, das kaum zu schaffen wäre,
wenn er sich immer noch in gleich unkontrollierter Weise verhalten
und zur Flasche greifen würde wie früher. Man muss ihn nur einmal
bei einer Buchpräsentation, bei einer Lesung vor einem Saal voller
Berndorf-Sympathisanten erleben. Da wickelt er seine Zuhörer vol-

ler Charme, Humor und mit tiefer Brummstimme um den Finger. Dennoch: Zur Heiligsprechung trägt das Kapitel „Michael Preute und der Alkohol" kaum bei. Es ist das schwierigste in seinem Leben, es steht für eine Phase, in der er viele Menschen vor den Kopf stieß und vor allem seinen Nächsten dauerhafte Verletzungen beibrachte. So dauerhaft, dass mancher Kontakt abgerissen bleibt. Hier vermischen sich auch die Themen Sucht, Beruf und vor allem Familie – und sie sollen trotzdem in einer Weise behandelt werden, die seine früheren Ehefrauen und seine Kinder nicht über Gebühr in eine ungewollte Öffentlichkeit zerrt.

Es ist zugleich das Kapitel, das alle Berndorf-Fans durchaus als Belastungsprobe für ihre Zuneigung zum verehrten Autor verstehen dürfen. Zumindest bis zu dem Punkt, an dem er, nach vielen erfolglosen und halbherzigen Versuchen, den langen Weg hinaus aus dem selbstverursachten Dunkel antrat und bewältigte. Es bleibt zudem ein Abschnitt in seinem Leben, der ihm noch immer keine Ruhe lässt, obwohl er der Trinkerei schon so lange abgeschworen hat.

Da ist zum Beispiel die Idee für ein Sachbuch, die er eines Tages hatte. Arbeitstitel: „Besoffen warst du bequemer." Er hat es nicht geschrieben, was ihn manchmal noch ärgert. Denn es hätte vieles von dem erklärt, was ihm auch heute noch zu schaffen macht: Dass er zwar nach einem Totalzusammenbruch 1976 dauerhaft abstinent zu leben lernte, dass es aber seinem Umfeld schwer fiel, ihm diese Wandlung abzunehmen: „Ich hatte ja als Journalist eigentlich einen guten Ruf. Der litt aber darunter, dass jeder, der mich zu kennen glaubte, sagte: Leider trinkt er ja. Das bedeutete für jemanden wie mich immer einen erheblichen Zweifel an meiner fachlichen Kompetenz. Und da wurde ich sauer", sagt er.

Der heute längst gezogene Stachel des Verdachts verursacht ihm weiterhin Phantomschmerzen. „Es ist das, was jeder Säufer kennt. Auch wenn er nicht trinkt, wird sein gesamtes Handeln unter dem Aspekt des Trinkens betrachtet. Weil man das automatisch annimmt: Irgendwann ist er wieder besoffen. Das habe ich durchgemacht bis zum Erbrechen." Oder zumindest bis zu jenem Tag, an dem er alle Verbindungen kappte, um den „Zuständen in München", wo er bis 1984 lebte, ein Ende zu setzen: „Ich habe diese Türen ein für alle Mal zugeschlagen. Und dann bin ich in die Eifel gekommen." Nicht, dass dort auf einen Schlag alles gut geworden wäre, auch das dauerte. Aber am Ende gelang es ihm.

Michael Preute, der Alkoholiker: „Ich bin 75. Das ist unglaublich. Ich habe so versucht, aus diesem Leben zu flüchten, dass ich mich mit dieser schockartigen Wirkung von Alkohol in riesigen Mengen rauskatapultierte. Und dann mit einem Scheißgefühl aufwachte. Und auch wusste, dass das so sein würde. Aber ich habe es immer wieder versucht."

Im Gespräch mit mir für den *Trierischen Volksfreund* („Für mich war das eine verlorene Zeit", 29. Januar 2010) berichtet er, dass er mit 25 Jahren zu trinken begonnen habe, um gut 15 Jahre lang nicht mehr damit aufzuhören. „Ich saß in einer Ecke und soff vor mich hin. In der letzten Phase waren das zwei Flaschen Whisky am Tag. Und alles, was an Bier oder Wein noch so herumstand." Eine ähnlich große Gefahr machten für den offensichtlichen Suchtmenschen Preute Medikamente aus: Eines Tages ging er zu seinem Hausarzt, weil er nicht einschlafen konnte und ließ sich ein Mittel verschreiben. „Und da gibt der mir so einen Hammer. Eine Tablette, von der man nur eine halbe nehmen darf. Und nach drei Tagen war ich süchtig. Das passiert ja praktischen Ärzten auch heute. Die wollen dir was Gutes tun und denken nicht daran, dass du ein Suchtbetroffener bist." Was vielleicht auch daran liegen mag, dass der Suchtbetroffene seinen Arzt nicht über seine verhängnisvolle Neigung aufgeklärt hat. Wie auch immer, aus dieser speziellen Abhängigkeit konnte er sich selbst befreien. „Ich habe das durchgestanden, indem ich mich auf meinen Dachboden gesetzt und ein Manuskript entworfen habe. 72 Stunden lang."

Eine erstaunliche Arbeitsdisziplin und zugleich eine unkontrollierte Haltlosigkeit beim Trinken und beim Medikamentenmissbrauch – zwischen diesen Polen spielte sich vieles in den Jahren zwischen 1962 und 1976 ab. Wobei kaum zu übersehen ist, dass auch seine Arbeitswut, die bis heute nicht nachgelassen hat, einen deutlichen Suchtcharakter trägt: In seine Romanvorbereitungen und Manuskripte stürzt er sich genauso hemmungslos und unbremsbar wie in seine alkoholischen Exzesse. Dann recherchiert er monatelang, um anschließend in sechs bis acht rauschhaften Wochen den nächsten Roman, den nächsten Eifelkrimi oder Agenten-Thriller runterzuschreiben. Er sei dann zu Hause ziemlich unerträglich, gibt er zu.

Dauernd saufen, dann wieder nüchterne Phasen: „Das macht der Körper ja nur begrenzt mit. Ich wohnte in Gräfelfing in einem Haus, ich hatte mein kleines Arbeitszimmer ganz oben unterm Dach juchhe, in einer kleinen Kammer. Und auf der Treppe dort hinauf bin ich zusammengebrochen mit einer Hirnblutung. Ich wurde wach im Pasinger Krankenhaus." Sein Bettnachbar auf dem Krankenzimmer sei ein damals sehr beliebter bayrischer Volksschauspieler gewesen, dessen Namen er vergessen hat.

„Er hatte auf dem Weg von der Innenstadt nach Pasing gespürt: Jetzt wird's eng. Jetzt kriege ich Schmerzen. Dann hat er Gas gegeben und ist ins Krankenhaus gefahren. In die Pförtnerloge hinein. Wir haben schallend gelacht. Und wir haben uns die ganze Zeit darüber amüsiert, dass da ein Dritter in der Ecke lag und starb."

Eine besondere Art von Humor. Der Chefarzt der Abteilung, „der sich rührend um uns bemühte", habe ihn damals deutlich darauf hingewiesen, dass er jederzeit wieder zusammenbrechen könne, wenn er seinen Lebenswandel nicht ändere. „Ich habe gesagt: vielen Dank, bin nach Hause gegangen und habe mich einen Scheißdreck drum gekümmert."

Aufträge gingen ihm durch seine Krankheit zwar nicht verloren, dafür aber verflüchtigte sich manche Erinnerung. So steuerte er seinen Wagen eines Nachts volltrunken von Hamburg bis hinunter nach München, weiß aber nichts mehr von der Fahrt oder dem Tankaufenthalt, ohne den die Strecke nicht zu bewältigen gewesen wäre. An anderen Tagen wachte er morgens neben einer fremden Frau auf – ohne zu ahnen, in welcher Stadt er sich befand, wie er dorthin (und an die Frau) gekommen war und wo er seinen Wagen abgestellt hatte. Falls er überhaupt seinen Wagen dabei hatte.

„Als meine Mutter starb, ging mir das genauso. Mein Vater rief an und sagte: ›Mama ist tot.‹ Das war eigentlich alles. Und damals ging es mir dreckig, weil ich alkoholabhängig war. Ich lebte in München, meine Eltern im Ruhrgebiet. Es war am späten Abend und ich hatte keine Ahnung, wie ich nach Hause kommen sollte. Also kaufte ich zwei Flaschen Schnaps und füllte sie in die Waschanlage meines Autos. Dann führte ich die beiden Plastikschläuche innen am Lenkrad hoch. Wenn ich jetzt auf den Knopf der Scheibenwaschanlage drückte, spülte ich mir den Schnaps direkt in den Mund. So furchtbar abhängig war ich. Die ganzen fünfhundert Kilometer ging das so. Ich war so kaputt, dass ich nicht einmal weinen konnte.“

Mond über der Eifel, KBV 2008, Seite 30

Diese wiederholten Eskapaden und Erinnerungslücken führten immer wieder zu großer Verunsicherung und stürzten ihn in weitere Kalamitäten. Dabei hatte er in den Redaktionen, die ihn damals in die ganze Welt schickten, bei *Spiegel*, *Stern* oder *Quick*, den Ruf des Furchtlosen. „Da hieß es dann immer: Der Preute hat Nerven wie Drahtseile. Aber ich war einfach nur besoffen“, sagt er in dem bereits erwähnten Artikel. Und setzt im Gespräch für dieses Buch erklärend hinzu: „Das entsprach ziemlich exakt meiner romantischen Neigung zu Ernest Hemingway, der das eigentlich genauso gemacht hat. Das konnte ich nachvollziehen, *Über den Fluss und in die Wälder*, Jesus Maria. Das war's: Irgendwann gehst du dabei drauf. Und es war mir von Herzen scheißegal. Ich habe wirklich auf Selbstmord gelebt, wie im Buch." Auch in dieser Haltung – und vor allem beim Trinken – näherte er sich seinem Vorbild stärker an, als für ihn gut war.

Es gab jedoch nicht nur die alkoholbedingte, schleichende und vermutlich unbewusst in Kauf genommene versuchte Selbsttötung. Es gab offenbar auch das Bedürfnis, den Prozess zu beschleunigen, sich nicht nur im übertragenen Sinn aus dem Leben hinauszukatapultieren. Das endete in einem Suizidversuch 1976 in der Nähe seines damaligen Wohnorts Oberammergau. Preute lebte dort nach dem Umzug aus München-Gräfelfing seit gut einem Jahr mit seiner ersten Frau und seiner ältesten Tochter, in einer bürgerlich-rechtschaffenen, vom nahen Kloster Ettal perfektionierten Postkartenidylle, vor deren Hintergrund sich sein unstetes Reporter- und Alkoholikerleben besonders scharf abzeichnete und die für ihn offenbar kaum auszuhalten war.

Das reicht natürlich noch nicht als Argument dafür, endgültig aus der bayerischen Berg- und Wallfahrtswelt scheiden zu wollen. Seine Situation war weitaus schwieriger: Zu diesem Zeitpunkt, nach eineinhalb Jahrzehnten der Trinkerei, nach gut acht Jahren freier, nicht mehr in Redaktionen eingebundener Reporter- und Schriftstellertätigkeit und gegen Ende seiner ersten Ehe befand sich Preute in einer tiefen Krise. „Berge, endlose Wälder, traumhaft. Und ich mittendrin in einem der schwierigsten Kapitel meines Lebens. Ich war in Wirklichkeit schon völlig fertig, war aber wohl nicht bereit, das zuzugeben."

Stattdessen isolierte er sich immer mehr, distanzierte sich von Frau und Kind oder trieb die Eskalation sogar voran, besoffen oder nicht. Wie schwer das Zusammenleben mit ihm gewesen sein muss, daran erinnert ihn eine Narbe quer über seiner rechten Handwurzel: „Es gab irgendeinen Krach zwischen meiner Tochter und mir. Ob der erheblich war oder nicht, weiß ich nicht. Sie hat sich ins Wohnzimmer zurückgezogen und die Tür zugemacht. In dieser Tür war eine Milchglasscheibe. Und die habe ich eingeschlagen."

Der Umzug nach Oberammergau – eine Schnapsidee, die nicht funktionieren wollte. Der Schritt sei „definitiv Flucht" gewesen, eine der so zahlreichen in seinem Leben, nicht nur aus Gräfelfing, sondern auch, um sich selbst auszuweichen. Was natürlich nicht gelingen konnte. Und wirklich zu Hause war er dort ebenfalls nicht. „Ich saß in einem Raum, den ich für mich bestimmt hatte. An drei Wänden Regale. Und da stand kein Buch drin. Ich habe diesen Raum nie in Besitz genommen." Genauso wenig, wie er Oberammergau als Heimat annehmen konnte, was ihm erst in der nicht viel weniger idyllischen Eifel gelingen sollte – allerdings, so sagt er, habe das weniger mit Land und Leuten zu tun, sondern eher damit, dass er „hier ein anderer Mensch" sei.

Ein weiterer Grund für den Umzug nach Oberammergau bestand im Wunsch, Tochter Christiane auf eine gute Schule zu schicken: „Da fiel mir das jüngst (infolge der 2010 bekannt gewordenen Misshandlungen an vielen Zöglingen, Anm.) ins Gerede gekommene Internat bei den Ettalern ein. Und das mit dieser Schule klappte dann hervorragend. Sie ging da hin, hatte natürlich die üblichen Schwierigkeiten, wahrscheinlich auch die üblichen Schwierigkeiten mit meiner Frau und mir."

Die Schwierigkeiten des Vaters waren unterdessen erheblich größer, auch wenn an der Oberfläche alles weitgehend in Ordnung zu sein schien. Er stand damals unter Vertrag bei einem weiteren Agenten, der ihm gegen ein monatliches Fixum Kurzgeschichten und kleinere Reportagen abnahm, um sie an Zeitungen und Magazine weiterzuverkaufen. Das sei zwar zunächst gut gegangen, „aber für mich war es eine bleierne Zeit. Außerdem bemerkte ich etwas, das in dem bigott-katholischen Oberammergau kein Mensch sagen darf: Das war die Reibachmache ringsum."

Preute erlebte zum Beispiel, welche profanen Ausmaße die Herrgottschnitzerei annehmen konnte: „Da lernte ich dann, dass man Figuren, auf die nur ein Klacks Farbe getan wurde, als handgemacht verkaufen konnte.‟ Eine Praxis, auf die er in seinem 2011 veröffentlichten Krimi „Die Eifel-Connection‟ zurückkommt: Dort ist es allerdings ein Eifeler Unternehmer, der mit dem getürkten Schnitzwerk Umsatz macht. Eine ähnliche Figur taucht außerdem in einem frühen Roman aus dem Jahr 1973 auf: Jobst Grau, „Der Verführer mit dem goldenen Herzen‟ (Bastei Lübbe). Grau nutzt die Gutgläubigkeit seiner Zeitgenossen aus, indem er ihnen auf alt getrimmte „Antiquitäten‟ andreht. In seinem Roman „Der Kurier‟ (Ullstein, 1996) taucht der Name Jobst Grau übrigens noch einmal auf, diesmal allerdings ist die Figur ein Journalist.

In Oberammergau brachte ihn das angeblich Handgemachte auf die Palme: „Jeder wollte Reibach machen. Ich bin da nie angekommen, ich fühlte mich nicht zu Hause. Aber darüber geredet habe ich nicht. Leider. Hinzu kam, dass mich einige Großkopfeten so mitleidig betrachteten: Der, der da neu gekommen ist, der trinkt. Niemand von denen in Oberammergau würde heute mit mir zurechtkommen. Ich hab mir mal überlegt: Was wäre denn, wenn ich da die Krimis angesiedelt hätte?‟ Vermutlich hätte man ihn dort als Nestbeschmutzer abgestempelt, wie es auch, allerdings sehr selten, in der Eifel geschieht: Dass einer mit Mord und Totschlag, und seien sie auch nur erfunden, sein Geld verdient, stößt einer zum Glück jedoch verschwindend kleinen Minderheit auch dort übel auf.

Aber in der Eifel kennt man ihn eben nicht als den Säufer, der er einmal war. Heute weiß er, dass es ausgerechnet in Oberammergau, an diesem – wenn auch nicht für ihn – himmel- und herrgottsnahen Ort für ihn auf ein Ende zuging. „Ich wollte aus dieser Welt weg. Ich taugte nichts als Ehemann, als Vater, als Schreiber, als Journalist. In die Idylle passte ich sowieso nicht.‟

Er war abhängig. Nicht nur vom Alkohol, sondern zusätzlich von einem anderen Mittel, das ihm zwar erlaubte, weiter zu arbeiten, „das aber gleichzeitig abhängig machte bis zum Gehtnichtmehr. Das Mittel heißt Distraneurin.‟

Distraneurin, Wirkstoff Clomethiazol, ist ein Medikament, das unter anderem bei Schlafstörungen und bei Alkoholentzug eingesetzt wird. Die Neben- und Wechselwirkungen bei gleichzeitiger Einnahme anderer Mittel sind zahlreich und teils schwerwiegend: Blutdruckabfall, Kreislaufdepression, Verschleimung und vieles mehr. Die „Rote Liste", das deutsche Arzneiverzeichnis, warnt vor gleichzeitigem Alkoholgebrauch, der lebensbedrohliche Folgen haben kann. Die Verabreichung von Distraneurin geschieht deshalb heutzutage fast ausschließlich stationär und unter ärztlicher Kontrolle.

Ein gefährlicher Stoff, der seinen körperlichen und seelischen Niedergang beschleunigte: „Kein Arzt verschreibt dir das freiwillig, wenn er dich nicht kennt. Ich hatte keinen Arzt, aber im Süden von München einen Apotheker, der einem schlicht alles verkaufte, was man sich vorstellen kann." Der Pharmazeut versorgte Preute eines Tages mit 500 Distraneurin-Tabletten: „Wenn du einigermaßen ruhig lebst, ist das die Möglichkeit, 500 Tage und Nächte durchzustehen, ohne etwas zu trinken. Ich wusste, ich durfte nicht trinken. Es passierte hin und wieder, aber es passierte nicht mehr so häufig. Ich wusste, ich schwirre ab von dieser Welt, ich hatte auch die Schnauze voll. Das hat sich so gesteigert. Was ich so an der Schreibmaschine von mir gab, das taugte nichts, das war nichts wert. Und mit Distraneurin habe ich mich dann umzubringen versucht."

„Dann wurden die Schmerzen stärker, und ich musste einige dieser Pillen nehmen, die schlimmer sein sollen als Alkohol und deren Liste an Nebenwirkungen endlos ist. Ich machte den Fernseher an, aber die Pillen wirkten sehr rasch, und nach kurzer Zeit starrte ich in das platte bunte Bild und sah und hörte nichts."

Eifel-Blues", Seite 47

Der Schauplatz der versuchten Selbsttötung hätte kaum idyllischer sein können: Es handelt sich um das Graswangtal, das unterhalb von Oberammergau zu Schloss Linderhof führt, einem der Prachtbauten von König Ludwig II („diesem Irren", sagt Preute). Ludwig endete 1886 im Starnberger See, der ebenfalls nicht mehr ganz zurechnungsfähige Michael Preute hockte sich genau 90 Jahre später in diesem Tal an einen Bachlauf und nahm „20 oder 30" Distraneurin-Tabletten, so genau weiß er das nicht mehr. „Es muss eine Menge gewesen sein. Ich habe da gesessen und bin von der Stelle nicht mehr aufgestanden. Ich habe Distraneurin gefressen, weil ich wahrscheinlich nicht mehr leben wollte."

Es fällt ihm immer noch schwer zu ergründen, was er da machte und warum. „Weil ich nicht klar reflektiert habe. Ich habe hinterher versucht rauszufinden, ob ich das gewollt habe: zu sterben. Und ich habe mit viel Angst herausgefunden: Ja, ich wollte das unbedingt. Es war keine spontane Geschichte, sondern ein Niedergang. Ich war ein Wrack, ich war am Ende. Dieser ungeheuerliche Hass auf mich selbst, dieses Totalversagen, hatte dann zur Folge: Du musst dich hier wegschaffen. Du musst Platz machen. Das geht nicht anders."

Hier zeigt sich etwas, das auch in seinen Romanen immer wieder streckenweise zu erleben ist, wenn sein Held Siggi Baumeister sich wieder einmal empört: Michael Preute ist kein Mann der kleinen Worte. Er zelebriert seinen Niedergang nahezu. Aber die Neigung zum gern geschmähten Pathos ist vielleicht zu verstehen – das griechische Wort steht für Leiden. Und um das zu vermitteln, muss man vielleicht hin und wieder zu etwas größeren Wörtern und Wendungen greifen.

Heute findet er es rührend, wenn in seiner neuen Heimat geraunt wird, dass er früher stark getrunken habe – und dass man ihn dennoch akzeptiert und schätzt. Möglicherweise wäre das nicht so, wenn ihn die Menschen in der Eifel schon damals gekannt hätten, vermutet er: „Ich war in der Phase ein Penner. Ein richtig mieser, kleiner, geduckter, an Niederlagen reicher Penner."

Der Selbstmordversuch des Penners jedenfalls scheint auf eine Mischung aus Preute-typischem Fluchtinstinkt, aus Erschöpfung, Verzweiflung an Beruf und Leben hinauszulaufen, noch dazu von seiner Sucht befeuert. „Es war eine immense Quälerei. Wenn du alkoholsüchtig bist, hast du eigentlich nur eine Idee: Wo kriege ich den Nächsten? Das war nicht mein Problem. Aber dieses Problem nüchtern auszutragen, das habe ich nicht geschafft. Es hatte keinen Sinn."

Seine Familie habe damit wenig zu tun gehabt, sie trug keine Verantwortung an seinem Zustand, es sei allein sein Problem gewesen, über das er auch mit niemandem sprach: „Du hörst auf, du bist isoliert, du bist wie eine Welt, die sich in der großen Welt bewegt und kannst nicht mehr mithalten. Du bist völlig unfähig, darüber zu sprechen. Du willst den Tod, das Ende. Es muss wohl so gewesen sein. Und eigentlich war das Distraneurin eine ganz gute Methode: Da pennst du ein und wirst nicht mehr wach. Ein sanfter Tod, wenn du so willst. Natürlich mit der intensiven Sehnsucht, auf einem völlig anderen Level, gewissermaßen kühl und repariert, wieder wach zu werden."

In nur leicht verschlüsselter Form spricht er darüber auch in „Die Eifel-Connection". Dort ist es allerdings nicht Baumeister, sondern Rodenstock, dem er die Passage in den Mund legt. Rodenstock durchläuft eine Krise, eine Depression, die im Vorgängerroman, den „Nürburg-Papieren", begonnen hatte und noch nicht ausgestanden ist. Inzwischen ist er in Therapie und erzählt davon, und die Parallelen zu Preutes Leben sind unübersehbar: „Ich muss erst einmal herausfinden, weshalb ich so müde war und unbedingt sterben wollte. Kann man sich den Tod herbeireden? Ja, das kann man, denke ich." (Seite 228)

Preute vermutet, dass seine Tochter ihn damals im Graswangtal in letzter Sekunde gefunden habe, „denn sie wusste, wo meine Lieblingsstellen waren. Und dann wurde ich tatütata in die Klinik nach

Garmisch gebracht." Vom Tatütata bekam er jedoch ebenso wenig mit wie vom Arzt, der ihn zunächst versorgte – Gottfried Neureuther, Vater des Skirennläufers Christian – oder vom anschließenden Helikopterflug zum Klinikum München-Ost im Stadtteil Haar. „Und in Haar bin ich dann nach drei Wochen wieder wach geworden."

Das heißt: nicht ganz. Denn er zeigte Anzeichen eines Delirium Tremens – Bewusstseinsstörungen. „Ich wurde wach in einem Bett, mit Operationskittelchen an. Da habe ich dann die Krankenschwester angeguckt und gesagt: Guck mal, da oben, alles voller Bananen. Selbst heute muss ich noch darüber lachen. Ich habe den Himmel voller Bananen gesehen."

Die Distraneurin-Episode – er kommentiert sie mit dem grimmig-ironischen Satz: „Aus meinem Leben in der Eifel kannst du das nicht rausholen" – zerstörte seine erste, immerhin 17 Jahre währende Ehe und die Familie endgültig. „Da war ich schon viel zu weit gegangen. Ich hatte meine engsten Angehörigen getäuscht, rabiat zum Teil, ich hatte anderen grundlos wehgetan." Seine Frau, so vermutet er, „hatte sich damals schon von mir freigeschwommen, weil sie die Schnauze voll hatte. Das kann man gut verstehen."

Weiter unten konnte er nicht landen. Aber der gewollte Absturz in den Beinahe-Tod, die Überzeugung, „ein mieser, kleiner Penner" zu sein, der Verlust der Familie und endlich der darauf folgende Schritt in den Entzug ermöglichten es Michael Preute, die Dinge langsam klar zu sehen und einen wirklichen Neuanfang zu machen.

Schwerer zu verstehen bleiben die konkreten Ursachen von Preutes Trunksucht und dem vermutlich nicht nur daraus resultierenden Todeswunsch. Fest steht aber, dass Schreiben und Saufen vor allem in den 60ern kein Widerspruch waren – das Trinken wurde einem leicht gemacht. Noch einmal Preutes früher Düsseldorfer Kollege Siggi Weidemann: „Das gehörte damals zur Redaktionskultur. Die Raucherei, die Trinkerei, jeder hatte seine Flasche da stehen. Und abends, wenn die Zeitung fertig war, ging man in die Kneipe."

Außerdem sei in den Redaktionen oft gefeiert worden. „Das gibt es heute alles nicht mehr."

Trug die Arbeit dazu bei? Dem Beruf des Journalisten, des Reporters vor allem, haftet zwar seit Egon Erwin Kisch das „Rasende" an, das Unstete, das Abenteuerliche und Berauschende, bestimmt wird da auch gelegentlich gesoffen und genau so bestimmt haftete der Trinkerei in den 60er und 70er Jahren noch nicht der gesellschaftliche Makel von heute an. Aber daran ist vieles Klischee, viel falsches Hemingway-Heldentum, wie auch Preute umstandslos zugibt. Gewiss ist seine Karriere auch von großer Unruhe geprägt, dem erstaunlichen Aufstieg bereits in sehr jungen Jahren, von einer merkwürdigen Getriebenheit, die es ihn selten allzu lange auf einem Posten aushalten ließ: Schnelle, fluchtartig wirkende Wechsel der Redaktionen und Verlagshäuser waren die Folge – bis zu dem Tag im Jahr 1968, an dem er auch diese Türen hinter sich zuschlug und als freier Journalist zu arbeiten begann.

Auch danach stellte sich keine Stabilität ein, weder privat noch im Beruf. Es trieb ihn weiter hin und her, quer über den Globus, und man könnte vermuten, dass seine Sucht nicht der Suff war, sondern das Verschwinden in die nächste Geschichte, in die nächste extreme Erfahrung – Hauptsache, man muss nicht zu Hause und auf sich selbst zurückgeworfen sein oder sich gar um die Familie kümmern.

Wer sich aber permanent besäuft und betäubt, der gerät in Gefahr, seine Abnehmer zu verlieren, denn sie verlangen neben guten Reportagen vor allem Verlässlichkeit.

Die Auftragslage jedoch litt bei Preute anscheinend nicht. Und sollte er es sich dennoch mit einer Redaktion verscherzt haben, zog er eben eine neue an Land, die ihm seine Geschichten abkaufte – wenn der *Stern* nicht mehr wollte, dann eben der *Spiegel*. Oder, da kannte er keine Berührungsängste, ein Frauenmagazin.

Er sei „einer der wenigen Alkoholiker" gewesen, so schreibt er auf seiner Website, „die dauernd arbeiteten und merkwürdigerweise Pausen beim Saufen machten, und zwar immer dann, wenn irgendwo auf der Welt die Lage heiß war". Wobei auch das so merkwürdig nicht ist: Der Typus des Trinkers, der sich und seinem Umfeld zwischendurch abstinente Phasen gönnt, ist nur eine von mehreren Varianten. Preute scheint das gewesen zu sein, was in Fachkreisen als „Gamma-Typ" oder „Rauschtrinker" bezeichnet wird: Der „Gamma"-Trinker kann über längere Zeit abstinent bleiben, bevor er sich wieder der Sucht hingibt. Der amerikanische Wissenschaftler Elvin Morton Jellinek, der als erster den Alkoholismus als Krankheit erkannte, hatte diese Klassifizierung (nach den ersten fünf Buchstaben des griechischen Alphabets von „Alpha" bis „Epsilon") in den 1950er Jahren eingeführt.

Auch die gelegentlich kursierende Vermutung, dass Preute seine Erfahrungen als Kriegsberichterstatter im Suff ertränkt habe, ist nicht ganz korrekt (obwohl sie seine Sucht gewiss verstärkten, wie er einräumt). Allein schon deshalb, weil er dafür viel zu früh mit dem Trinken begonnen hat – die Arbeit bei der *Rheinischen Post* oder beim Verbraucher-Magazin *DM* zum Beispiel brachte niemanden in allzu große Gefahr, in einen Schusswechsel oder Granathagel zu geraten. Dennoch: Er erlebte auch als Reporter jenseits der Krisengebiete grausame Geschichten – Mord, Misshandlung und andere Verbrechen. Eine spermabefleckte Kinderleiche, sagt er zu recht, sei nicht weniger grausam als sinnlos getötete Kinder in einem Krieg: „Das ist dasselbe in Grün. Ich habe festgestellt, dass sich das in nichts nachstand." Und je öfter er solche Grausamkeiten zu sehen bekam und darüber berichtete, desto tiefer geriet er selbst ins Dunkel, desto mehr wuchsen die Zweifel an dem, was er da tat.

„Ich begann zu begreifen, wie Polizeibeamte sich fühlen mochten, wenn sie vor einem ermordeten Kind standen. Da gibt es den fassungslosen, ja hassvollen Ausbruch: Was sind das für Menschen? Wie kann man ein solches Würm-

chen töten? Da gibt es die zitternde Wut, die den Beamten die Sprache raubt, sie in Gefahr bringt, dass sich tobende, körperliche Gewalt ihrer bemächtigt, dass sie jegliche Kontrolle verlieren."

Eifel-Träume, Grafit 2004, Seite 137

Warum also? Er glaubt heute die Antwort zu kennen, und den entscheidenden Hinweis schreibt er einer Frau namens Carla Bassenge zu. Denn als Preute nach seinem Suizidversuch den körperlichen Entzug hinter sich hatte, ging er für ein halbes Jahr in eine sogenannte Daytop-Klinik in Grünwald, im Süden von München: „Und Carla Bassenge war die Chefin der Therapeutentruppe." Die Daytop-Methode wurde in den USA Anfang der 1960er Jahre von dem katholischen Priester Monsignore William B. O'Brien entwickelt. Das Prinzip: Süchtige leben über einen längeren Zeitraum in einem drogenfreien Umfeld zusammen. Der Tagesablauf ist fest strukturiert, zugleich erhalten die Patienten psychologische Betreuung. Daytop steht für „Drug Addicts yielding to persuasion", sinngemäß: „Drogenabhängige, die sich überzeugen lassen."

Und Carla Bassenge schien über besonders viel Überzeugungskraft zu verfügen: „Sie war eine ganz Besondere", sagt Preute. „Jedenfalls wurde daraus eine tiefe Freundschaft. Sie hatte am Münchner Olympiazentrum eine Wohnung gekauft – neben der Wohnung, in der 1972 bei den Olympischen Spielen die Israelis erschossen wurden. Dort haben wir uns dauernd getroffen."

Nicht nur dort. Preute erinnert sich daran, dass Carla Bassenge ein Pferd besaß, südlich von Weilheim, „auf irgendeinem Bauernhof. Also haben wir das Pferd besucht." Was natürlich keiner Erwähnung wert wäre, hätte ihn die Therapeutin bei diesem Ausflug nicht mit einer überraschenden Aussage konfrontiert. „Plötzlich sagte Carla: ,Ich glaube, du bist kein Alkoholiker an sich. Du hast wahrscheinlich eine schwere Angststörung.'"

Angst also? „Heute weiß man, dass das sehr häufig in Suff mündet", sagt Preute. Für ihn damals eine vollkommen neue Erkenntnis – und die offenbar entscheidende Hilfe auf dem Weg aus der Trunksucht: „Ich kriegte dadurch für mein ganzes Leben eine völlig andere Lesart, und ich konnte sagen: Ich habe gesoffen, weil sämtliche Einflüsse von außen bei mir unendlich trommelten und mir Angst machten. Dieses Leben war so groß und so fremd und beängstigend. Und da hatte ich endlich meine letzte Erklärung dafür, weshalb ich Arschloch angefangen hatte zu saufen. Es war die Betäubung der Angst."

Von dieser Angst hatte er sogar schon geschrieben, in seinem Roman „Der Reporter" von 1971. Einer der Charaktere im Buch ist der Fotograf Kohler, der wie ein Selbstporträt seines Autors wirkt: „Ich weiß nur, dass er Furcht hatte vor irgendetwas und dass er diese Furcht niemals wirksam bekämpfen konnte, denn sie saß tief in ihm." (Seite 7) Auf Seite 11 heißt es weiter: „Er fand sich in dieser Welt nie zurecht, wenn er Angst hatte. Und ganz einfache Dinge wurden unbezwingbare Probleme." Was Kohler gegen seine Angst tut, steht eine Seite weiter: „‚Kognak, Madame!' Er musste immer etwas trinken, wenn er wach war, ehe die Furcht erneut von ihm Besitz ergriff und in ihm bohrte. Er nannte diese Furcht ‚mein Schraubenzieher'."

Michael Preute erinnert sich an seine ersten Angstanfälle, die „massivster Natur" gewesen seien: „Die kamen bei mir genau ein Jahr vor dem Abitur. Es war im Internat, und ich hatte wirklich und aufrichtig Angst. Ich saß bei einem Friseur und fing an zu weinen. Ich rief meine Eltern an und sagte: Ich möchte gerne zu euch kommen." Was Preute hier beschreibt, klingt genau genommen nach einer sogenannten Panikstörung, nach plötzlich auftretenden und unbegründeten Angstanfällen, die kurz darauf wieder verschwinden. Diese Störung tritt häufig bei jüngeren Erwachsenen erstmals auf. Dabei sieht er sich nicht als furchtsamen Menschen: „Bin ich nicht. War ich auch nie. Die meisten Leute erleben mich ja auch als liebenswert, höflich und zurückhaltend, und ich denke immer: Mann, hoffentlich muss ich denen nicht eines Tages demonstrieren, wie scheiße es ist, mit mir Krach zu kriegen."

Sein Leben als Reporter, die wahnwitzigen Geschichten, die er erlebte, alles scheint auf den ersten Blick dagegen zu sprechen, dass Michael Preute ein Angstmensch ist oder zur Panik neigt. Aber die Gefahren, in die er sich damals begab, die waren verständlich, konkret und meistens halbwegs kalkulierbar – ganz anders als die Ängste, die ihn unvermittelt und anscheinend grundlos heimsuchten. Auch das scheint er alles schon gewusst zu haben, als er den „Reporter" schrieb. Noch einmal eine Passage über Kohler, sie steht auf Seite 14: „Obwohl ich damals schon seit einem Jahr mit ihm zusammenarbeitete, hatten wir niemals großartig über seinen Zustand gesprochen. Ich wusste nur, dass er fast immer Mut hatte, wenn es um eine gefährliche Sache ging, und das war das Wichtigste. Aber die Angst war so sehr tief und so stark, dass sie ihn sogar dann lähmen konnte, wenn er Mut brauchte und irgendetwas plötzlich zu tun war. Er war dann wie eine Motte, die sich an einer heißen Glühbirne verstümmelt hat."

„Das ist wirklich schwierig", sagt Preute. „Irrationale Angst. Du weißt ja nicht präzise, wovor du Angst hast."

Was dazu führte, dass er in den unwahrscheinlichsten Situationen damit konfrontiert wurde – zum Beispiel, wenn er mit dem Auto durch die Stadt fuhr und sich einer roten Ampel näherte: „Und das kriegte ich wunderbar in den Griff, wenn ich blitzschnell vor jeder Ampel einen halben Flachmann trank."

Oder wenn er sich in die Arbeit stürzte, die offenbar meistens Vorrang vor der Familie hatte. „Du wirst durch mein gesamtes Alkoholikerleben hindurch feststellen: Preute hört an einer ganz bestimmten Stelle auf zu trinken, dann trinkt der monatelang nichts. Und wenn er fertig ist, hat er einen Roman oder eine Serie geschrieben. Das machte ich jedes Jahr zwei-, dreimal. Ich hörte auf zu saufen. Nicht als feste Vorgabe für ein edles Leben, sondern einfach so." Manchmal hatten seine erste Frau Ingrid und die gemeinsame Tochter dabei Glück: Dann fuhr er mit den beiden zum Schreiburlaub ins Tessin und hatte nach zwei nüchternen Wochen einen Roman fertig, der kurz darauf im *Stern* in Serie ging.

Andere Erklärungen, die Preute für den Griff zu Flachmann und Flasche anbietet, basieren auf weniger irrationalen Ursachen: „Psychotrope Stoffe nimmt man ja, um einen Zustand zu erreichen, von dem du inständig hoffst, dass er dich auf einer neuen Ebene weckt. Du fängst an zu saufen, dann säufst du noch ein bisschen mehr, dann fällst du ab – und in diesem Moment möchtest du wach werden und alles wissen, alles können, alles haben. Und nichts davon passiert."

Damals war ihm längst klar, dass er in Behandlung gehört hätte. „Ich hätte ja zu meiner Frau gehen können und sagen: Ich muss in die Psychiatrie. Aber ich habe es nicht gesagt. Und an dem Punkt habe ich Scham entwickelt. So tiefe Scham, dass ich ihr über bestimmte Dinge niemals Bescheid gesagt hätte."

So konnte es passieren, dass er sich in Hamburg oder in Paraguay aufhielt und seine Frau nicht das Geringste über seinen Verbleib wusste. Sein Sohn Manuel erinnert sich an eine Geschichte, die wahrscheinlich in Südamerika spielt: „Er hat mir einmal erzählt, dass er irgendwo total besoffen aus dem Gebüsch rausgetorkelt und den Rebellen in die Arme gelaufen ist." Selbstverständlich habe Preute aus diesem Zufallserlebnis einen Bericht gemacht. „Da haben alle gesagt: Was für ein toller Journalist. Er hat es aber nicht so gesehen."

Es geht weiter rund um die Welt, obwohl Preute seinen inneren Kompass schon längst verloren hat: „Zwischendurch erwische ich mich in New York auf der Fifth Avenue, weil ich so gern den Qualm aus der Kanalisation aufsteigen sehe. Oder ich bin in Kolumbien und jage irgendwelche Frauen, die ihre Babys in Mülltonnen entsorgen. Dieses Durcheinander habe ich dann auch noch gekrönt mit einem Suff, der mich in eine nicht zu verantwortende Position gebracht hat. Und ich habe meiner Frau sträflicherweise von alledem so gut wie nichts erzählt."

Wann er genau in Vietnam war, wann in Sao Paulo – „Himmel Arsch, ich habe immer nur bei bestimmten Nachrichten im Fernsehen müde gesagt: Da war ich auch schon. Aber ich hatte keine lebende Erinnerung. Ich hatte wahrscheinlich auf dem Weg dorthin gesoffen oder aber auf dem Weg zurück. Ich stand mit ein paar Leuten in den Redaktionen in Verbindung. Aber sicher nicht mit meiner eigenen Frau. Ich habe ein Leben gelebt, das ich ernsthaft überhaupt nicht verteidigen könnte."

Süchtig, selbstbezogen, schroff, abweisend und nicht in der Lage, ein familiäres Zusammenleben hinzubekommen, zumal er auch noch zum Jähzorn neigte: typisch für den Michael Preute jener Jahre. Wie sehr er seine erste Familie aus seinem Leben ausschloss, zeigt sich auch in seiner Erinnerung an ein Weihnachtsfest, zu dem seine Schwiegermutter aus Duisburg-Rheinhausen nach München gekommen war: „Sie war eine wunderbare Frau, die Helene, sie hatte unendlich viel Verständnis, und ich habe es nie ausgenutzt, dämlicherweise. Sie hätte mir bestimmt geholfen." Preutes Geschenk: Ein Haufen Geld, den er „irgendwo" herumliegen hatte. „Da gab ich meiner Frau oder meiner Schwiegermutter diese drei- oder viertausend Mark. Und dann war ich weg."

Obwohl er längst trocken ist, lässt ihn das Thema nicht los. Kaum etwas hat in den Gesprächen zu diesem Buch mehr Raum eingenommen, kaum etwas scheint ihn mehr aufzuwühlen. Einer der Gründe: Er weiß, dass er vieles damit zertrümmert hat, dass er seine erste Familie zum Teil durch die Trunksucht verlor – wenn auch nicht ausschließlich, da kamen noch andere Fehler hinzu. „Es gibt Dinge, die ein Alkoholiker zerstört", sagt er. „Und wenn so was passiert, dann musst du auch dazu stehen. Ich könnte mir manches ersparen, wenn ich einfach die Schnauze halten würde. Aber es ist mir auch wichtig, irgendwo mit mir selbst umzugehen, mit diesem anderen Michael Preute. Ich hab mich ja schuldig gemacht. Ich habe das sehr langsam begriffen, aber ich habe es begriffen."

Er steht dazu, ohne jedoch alles, was bei ihm schief gelaufen ist, auf den Suff zu schieben. „Ich will mich überhaupt nicht entschuldigen. Von wegen der arme Süchtige und so ein Scheiß." Deshalb weiß er auch um die Verantwortung, die er trägt. Dafür zum Beispiel, dass er seit mehr als 20 Jahren keinen Kontakt mehr zu seiner ersten Tochter Christiane hat. Schwieriges Terrain: Denn er hat lange keinen Versuch mehr unternommen, mit ihr ins Gespräch zu kommen, obwohl deutlich zu spüren ist, dass ihm viel daran liegt. Andererseits kann er es ihr nicht verdenken, wenn sie nichts mehr mit ihm (und auch nicht mit diesem Buch) zu tun haben will.

Und dennoch scheint er die Hoffnung noch nicht ganz aufgegeben zu haben, dass sich vielleicht doch noch etwas richten lässt. „Dann würde ich ihr sagen: Komm her, wir treffen uns, wo immer du willst", wenn er auch nicht weiß, wie er sich und die verkorkste Vergangenheit seiner Tochter dann erklären soll: „Da fang ich heute an zu reden und hör in sechs Wochen auf. Und hab's immer noch nicht. Das ist Schuld. Das kann man auch nicht aus der Welt reden. Das Leben eines Süchtigen ist untrennbar verbunden mit riesigen Schuldgefühlen. Du hast ja keinem Genüge getan. Ich habe das versaut. Es tut mir leid, es war ekelhaft, es war nicht schön. Aber ich kriege es jetzt weder mit Worten noch mit Taten hin. Da ist so eine tiefe Scham, die dich sehr schweigsam macht."

Etwas zu versauen und zu zerstören, das schien ihm in dieser Phase seines Lebens leichter zu fallen als zu versöhnen. So kam es auch mit den Eltern und seinem Bruder Claus zeitweise zur Funkstille: „Ich habe vor vielen Jahren dieser Familie einen Brief geschrieben mit dem Inhalt, dass sie eine miese, bourgeoise Clique wäre, die überhaupt keine Ahnung von Tuten und Blasen hätte. Und dass sie mich alle am Arsch lecken könnten." Als er das schrieb, sei er ebenfalls betrunken gewesen, sagt er. „Da war ich abhängig vom Suff und weiß der Teufel was." Danach schrieb er nie wieder, „weder an meinen Vater noch an meinen Bruder, weil ich gedacht habe: Das hat keinen Zweck. Meine Ehefrauen, die zahlreichen, haben sich ständig darüber aufgeregt, aber ich habe gesagt: Verdammte Hacke, das geht nicht. Die nehmen an, dass es so ist." Dass er nämlich noch immer trinke. Der Vater scheint es auch noch anzunehmen, als Preute zusammen mit seiner zweiten Frau Gabriele bei Goldmann ein Buch über „Deutschlands Kriminalfall Nr. 1" veröffentlicht: Vera Brühne und den Doppelmord an dem Frauenarzt Otto Praun und dessen mutmaßlicher Geliebten Elfriede Kloo. Vera Brühne war 1962 in einem Indizienprozess gemeinsam mit einem Mitangeklagten zu lebenslanger Haft verurteilt worden – ein Urteil, das später als einer der größten Justizskandale im Land bezeichnet wurde.

Preutes Buch über den Fall erschien 1979, in dem Jahr, in dem Vera Brühne vom damaligen bayerischen Ministerpräsidenten Franz Josef Strauß begnadigt wurde. Für Preute kann sie nicht die Mörderin gewesen sein, weil sich aus dem Zustand der Leichen habe schließen lassen, dass sie „zu einem Zeitpunkt zu Leichen wurden, als Vera Brühne gar nicht in der Nähe war". Das Buch erregte Aufsehen, in zweifacher Hinsicht. Auf der einen Seite erntete Preute großen Zuspruch, „ich wurde gefeiert wie ein Star". Die Reaktion seines Vaters aber war eine andere: „Sag mal, Icki, bist du wieder krank? Er fragte, ob ich wieder saufe." Der Grund: „So ein seltsames Buch" schreibe doch kein vernünftiger Mensch.

Der Bruch ist auch deshalb in der Rückschau so schmerzhaft, weil gerade sein Bruder ihn stets gegen seine heftigen Kritiker in Schutz genommen hatte. „Er war immer so etwas wie eine treusorgende Seele, das ist unser Leben lang so gelaufen."

Carla Bassenge half Preute zumindest, sein eigenes Verhalten besser zu verstehen und sein Leben in eine bessere Bahn zu bringen. „Ich habe das begriffen: alles in Ordnung, es ging um irrationale Ängste. Die habe ich mit Alkohol wahrscheinlich vertieft. Die kamen dann auch zurück, wenn ich nüchtern wurde. Wirklich völlig irrationaler Scheiß. Aber nach sechs Monaten so was zu hören, haut dich um."

Er behielt die Erkenntnis lange Zeit für sich. Vielleicht, weil sie ihn so umhaute, vielleicht auch, weil man sie ihm nicht abgekauft hätte. Der springende Punkt jedoch scheint ein anderer zu sein. Mit dieser Angst, „damit kann ich mich erklären, damit kann ich mich auch akzeptieren. Es liefert so eine schlüssige Geschichte."

Heute sei diese Diagnose keine Besonderheit mehr. Wenn man in die Psychiatrie geht und sagt, man habe Angst, „dann läuft bei denen ein ganzes Programm ab. Das ist heute als Krankheit ein Fixum. Das ist normal." Aber damals sei das noch nicht der Fall gewesen. „Deshalb war die Erkenntnis von Carla toll. Und sie lieferte mir endlich eine Begründung für Zustände, von denen ich nie gewusst habe, dass man sie Angst nennt."

Und vielleicht gelang es ihm deshalb, zu einem anderen Selbstbild und vom Alkohol wegzukommen. Deshalb sagt er mehr als 35 rauschfreie Jahre danach: „Ich glaube, dass Carla Recht hatte."

Die Trinkerei überwand er dauerhaft, nach dem Entzug und dem gleichzeitigen Ende der ersten Ehe war Michael Preute trocken. Das hieß aber noch lange nicht, dass man ihm das geglaubt hätte – der andere Grund dafür, dass ihn das Thema immer noch so sehr beschäftigt.

Ein Beispiel dafür liefert die eingangs zitierte Geschichte, in deren ausführlicherer Version noch eine zweite Figur auftaucht, sein damaliger Agent Josef von Ferenczy. „Ich sitze also bei Gert Braun, wir besprechen irgendeine Seitensequenz, und ich sage: ich komme mit 160 Textzeilen nicht aus, ich brauche 320 – was man dann eben so redet. Vor mir steht ein Glas mit Coca-Cola. Und da zieht draußen an der offenen Tür der Ferenczy vorbei. Nach dieser Besprechung komme ich nach Hause, Ferenczy ruft mich an und fragt: Wieso trinkst du Cola-Kognak? Was immer ich tat, es war alles scheiße. Ich bin wütend geworden und habe gesagt: Ihr könnt mich alle am Arsch lecken."

Aus dieser Zeit fällt ihm auch die Geschichte mit dem amerikanischen Agenten wieder ein: „Ich habe mal für die *Drug Enforcement Administration* gearbeitet, die Drogenbehörde der Amerikaner. Da bin ich um den Schliersee herum gelaufen und habe die Campingplätze aufgesucht, um zu wissen, was da läuft. Dabei kriegte ich Besuch von einem ihrer Agenten. Die Amerikaner beobachten grundsätzlich in jedem Konsulat, in jeder Botschaft, mit vier Fachleuten, den Drogenmarkt. Sie sind wahrscheinlich die am besten informierten Leute, die es gibt. Sie haben die Aufgabe, Drogen vom amerikanischen Kontinent fernzuhalten. Das ist natürlich eine Sisyphosaufgabe, die sie nicht erledigen können. Aber das sind die besten Agenten, die ich je kennengelernt habe." Preutes Quartier während dieses Auftrags war eine Privatpension, eines „dieser furchtbaren bayerischen Häuser mit den Geranien drumherum".

Dort saß er eines Tages mit dem US-Agenten zusammen, um das weitere Vorgehen zu besprechen: „Er wollte ein paar Leute markieren, wie er das nannte, sie festnageln, mit denen sprechen. Und dieser Mann sagt: ‚Mensch, jetzt will ich aber ein Bier trinken. Trinkst du eins mit?' Ich sage nein, ich trinke nicht, ich trinke überhaupt keinen Alkohol. Da guckt der mich an und sagt: ‚Und Sie wollen Drogen jagen?'"

Zu diesem Zeitpunkt war Preute bereits wieder verheiratet, hatte mit seiner Frau Gabriele zwei kleine Kinder, Manuel und Mona – und auch diese Ehe stand vor dem Aus. Unter anderem, „weil ich nicht so spurte, wie meine Frau sich das vorstellte, und meine Frau weiß Gott nicht so spurte, wie ich mir das vorstellte. Wir kamen dann zu dem Schluss: So geht das nicht. Wir lassen uns scheiden." Seine zweite Frau und die gemeinsamen Kinder, sagt Preute, hätten ihn nie betrunken erlebt. Aber auch sie waren mit seiner Vergangenheit als Süchtiger konfrontiert, mit den „Zuständen in München" („immer dieselben Schauspieler und Regisseure in immer denselben Kneipen, die jedes Jahr den wunderbarsten Film des Lebens machen"). Sie waren von einem Umfeld bestimmt, das ihn permanent verdächtigte, immer noch zu trinken oder von anderen Mitteln abhängig zu sein. Auch seine Auftraggeber und der Freundeskreis aus Rechtsanwälten, Journalistenkollegen, Fernsehproduzenten und anderen Medienmenschen, die ganze „Clique", wie er sie nennt, alle gingen davon aus, dass es mit seiner neuen Nüchternheit irgendwann wieder vorbei sein würde. „Und wenn ich dann mal ausflippte – fröhlich, wie ich manchmal sein kann –, dann kam sofort dieses grimmige: Aha, jetzt trinkt er wieder."

So erinnert er sich an eine Geschichte aus der Zeit, als er 47 oder 48 Jahre alt, also bereits seit mindestens sieben Jahren trocken war – „ohne jeden Schluck Alkohol, ohne Tabletten". Damals, 1983 oder 1984, besuchte er seinen Vater Willy und dessen zweite Frau Elisabeth in Bad Breisig.

Irgendwann machte der Vater den Vorschlag, ins nahe Maria Laach zu fahren. In Maria Laach, erklärt er, „traf sich die ganze Preute-Mischpoke alle zwei Jahre, das war ein heiliger Termin. Also habe ich nach dem Essen gesagt: Ja, komm, lass uns dahinfahren, zieh dir einen Mantel an, damit du dich nicht verkühlst. Mein Vater ging in den Schrank, einen riesigen, begehbaren und abschließbaren Schrank, um sich seinen Mantel zu holen. Und dann rief er: ,Elisabeth, ich komm nicht an meinen Mantel.' Elisabeth kam hochgeschnellt, zog den Schlüssel aus der Schürze, öffnete – und da stand ich neben meinem Vater vor einer Ansammlung von Flaschen: Bier, Wein, Schnaps, Whisky, unglaublich. 30, 40 Flaschen.

Das war natürlich eindeutig eine Vorsichtsmaßnahme, mich nicht an Alkohol kommen zu lassen. Ich habe da gestanden, ich weiß das noch, und gedacht: Das hat gar keinen Zweck."

Wer weiß, wie lange die Flaschen damals schon im väterlichen Schrankversteck standen. Sie werden möglicherweise nicht unmittelbar vor Preutes Ankunft in Bad Breisig aus dem Weg geschafft worden sein. Jedenfalls fällt es zunächst nicht leicht, seine Reaktion zu verstehen: Die Familie sorgt sich, Preute zürnt. Die Menschen in seiner Nähe tun alles, um ihn zu schützen, er aber regt sich auf. Weil er in solchen Situationen immer wieder auf seine Unzulänglichkeit gestoßen wird? Auf die Scham, die er als Säufer permanent empfand? Auch nach sieben Jahren noch? Vielleicht ist der Grund nur zu verstehen für Menschen, die ähnliche Krisen hinter sich haben und möglicherweise in jedem Blick ihres Gegenübers einen Verdacht aufblitzen sehen, selbst wenn dieser Verdacht gar nicht da ist.

Allerdings ist die vorsichtige Haltung seiner Nächsten durchaus nachzuempfinden (und auch, dass sich niemand von denen, die ihn in diesen Jahren erlebten, dazu äußern wollte). Zwar war Michael Preute trocken und davon überzeugt, es auch zu bleiben. Aber seine Zeit als Säufer hatte erheblich länger gedauert, für seine Familie unerträglich lange: 15 Jahre lang hatte er bewiesen, dass er eben nicht imstande war, vom Alkohol loszukommen. Umso schwerer muss es seinem Umfeld gefallen sein, mit dem trinkenden Vater, Sohn und Bruder umzugehen und ihm schließlich die tatsächliche Wandlung abzunehmen. Und umso leichter fiel das deshalb andererseits auch in seinen späteren Eifel-Jahren denen, die ihn vorher nicht gekannt hatten.

Die anhaltenden Gerüchte um seine Sauferei belasteten auch seine zweite Familie in München: „An den Gerüchten war nichts dran. Aber sie erlebten natürlich, dass ich jede Woche in Schwabing zu den Anonymen Alkoholikern ging."

Dort, um nur eine Episode aus dieser Zeit zu erwähnen, begegnete er nicht nur den Menschen in seiner „Dienstagsgruppe", sondern auch deutlich prominenteren Alkoholikern, denn Preute stand auf einer Liste von AA-Mitgliedern, die anderen Trinkern im Notfall zur Seite standen.

Und so kam es eines Tages dazu, dass er vom Nachtportier des Bayrischen Hofs angerufen wurde mit der Bitte, doch schnell vorbeizukommen. Preute kam vorbei, wurde auf ein Zimmer geschickt und fand sich kurz danach auf Harald Juhnkes Bettkante wieder. Der Schauspieler und Unterhalter war zu Dreharbeiten in der Stadt und hatte auf dem Hotelflur Radau geschlagen, wie Preute erzählt. Seinem nächtlichen Helfer präsentierte sich Juhnke nun in weinerlichem Zustand. „Er beklagte sich, nach dem Motto *mich hat keener lieb*. Er war ein richtig klassischer Fall. Und er hatte null Chancen, am nächsten Tag zu drehen. Die Dreharbeiten, die der geschmissen hat, kannst du überhaupt nicht mehr zählen. Da habe ich dann am Hotelbett gesessen und gesagt: Komm, Junge, du musst raus, du musst jetzt ins nächste Krankenhaus."

Juhnke ging, wenig überraschend, nicht auf diesen Ratschlag ein. Viele Möglichkeiten zu helfen habe man in einer solchen Situation ohnehin nicht, sagt Preute. „Du kannst ihm nur sagen: Ich kann nicht in dein Leben eingreifen. Du musst dich jetzt um dich selbst kümmern. Ein anderer kann das nicht."

Es war nicht immer einfach, mit solchen Begegnungen umzugehen: „Du wirst dabei permanent in deine eigenen Suffzeiten zurückgespült. Und das ist schon erdrückend. Denn dir ist es genauso gegangen, du hast Hinz und Kunz versprochen: Ab morgen trinke ich nicht mehr. Um dann morgen genauso betrunken zu sein wie heute." Dieses ständige Lügen, die Versprechungen, die man nie habe einhalten können – auch das sei ein wesentlicher Bestandteil der Krankheit.

Preute, auch wenn er nicht mehr trank, suchte dennoch Rat. Bei den

Anonymen Alkoholikern, bei Medizinern und Psychologen. Weil er nicht wusste, wie er weiter mit den Verdächtigungen und der Gefahr, vielleicht ja doch rückfällig werden zu können, umgehen sollte.

„Sie sagten im Grunde alle das Gleiche: Wir haben hunderte, ja tausende von Alkoholikern erlebt, die meisten haben es nicht geschafft. Du bist jetzt Jahre davon weg, du hast es geschafft. Aber wenn du in München bleibst, triffst du immer wieder auf dieselben Gruppen und Grüppchen. Du bleibst in diesem Verdachtsfeld, egal, was du machst. Du kannst aus dieser Falle nicht raus. Und sie sagten auch: Wir raten jedem, der Alkoholiker ist oder in einer anderen Sucht steckt, das Umfeld zu wechseln. Und zwar total. Denn in einem neuen Umfeld, wie bei mir die Eifel, kannst du ganz normal leben. Du kannst zwar den Leuten erzählen, nein danke, ich trinke nichts, weil ich im früheren Leben schon so viel gesoffen habe, aber das löst bei denen keinen Reflex aus. Die denken dann: Ja klar, der trinkt nix. Aber in München war das nicht so. Deshalb würde ich heute noch jedem Alkoholiker, selbst wenn er mir lieb und teuer wäre, den Rat geben: Hau ab. Denn du kommst gegen diese Verdachtsmomente nicht an. Jeder verließ sich drauf, dass ich von Zeit zu Zeit abstürzte oder alle Nase lang morgens um elf betrunken war. Auf dieses Bild schießen sie sich ein."

„Die alte Umgebung nämlich, Eltern, Verwandte, Freunde, Bekannte, werden immer den Vorbestraften sehen, ihr Misstrauen nicht ablegen. Man kann nicht akzeptieren, dass die miese Lebensphase vorbei ist, immer werden die Rückkehrer behandelt, als gingen sie in zwei Minuten wieder dealen oder Heroin spritzen oder Alkohol trinken. Selbstverständlich gibt es auch Beispiele, in denen die Rückkehr eines verlorenen Schafes gut ausgeht, aber man darf sich nicht täuschen: Das ist sehr selten. In der Regel geht es elend schief, und das ist ein tragisches und nicht lösbares Problem aller Süchtigen."
Michael Preute, Drogen Markt Schule, C. Bertelsmann 1991

Das jedoch bedeutete aus seiner Sicht, dass er auch seine zweite Familie aufgeben musste, während es für einen außen stehenden Betrachter nach einer erneuten Flucht aussieht.

„Ich war mir schon im Klaren, dass ich mich von dieser Familie lösen musste. Ich hatte bemerkt, dass es unbedingt notwendig war, dieses München zu verlassen. Und zwar wegen meiner Kinder." Die beiden seien damals fünf und zwei Jahre alt gewesen. „Mit anderen Worten: Das ist das Alter, in dem man sie unter keinen Umständen verlassen sollte. Aber ich bin ja nicht weggelaufen, um keine Verantwortung zu tragen. Ich bin weggelaufen, weil ich dachte: Eines Tages komme ich wieder."

Also ging er, auch wenn er wusste, dass es furchtbar schwer werden würde. Zumal er damals noch, der Arbeit wegen, „alle Nase lang" in München aufkreuzte. „Und immer habe ich mir verboten, zu diesen Kindern zu gehen, weil ich gedacht habe: Das verwirrt sie völlig. Das tu ich denen nicht an. Es gab dann diese furchtbaren Sachen, dass mich Manuel anrief und sagte: Papa, ich möchte wissen, warum. Komm doch vorbei. Da stand ich immer senkrecht im Bett."

Es habe unglaubliche Anstrengungen gekostet, dennoch von den Kindern fern und im Eifel-Exil zu bleiben. In seiner Not suchte er zu jener Zeit in Köln einen Psychiater auf. Und dieser habe ihn in seinem Entschluss bestärkt: „Für die Kinder ist die Entscheidung genau richtig. Sie werden sich später auf diese Kinder zu bewegen und die Kinder sich auch auf Sie."

So schwer es sich in den Anfangsjahren dann auch gestaltete – und so sehr manch einer bezweifeln wird, ob dieser komplette Bruch, das dauerhafte Verschwinden aus dem Leben der Kinder und aus der Verantwortung, die ein Vater nun einmal für sie behält, wirklich die richtige Entscheidung war: Die beiden ergriffen dann eines Tages tatsächlich die Initiative und meldeten sich bei ihrem Vater. Es war Mona, „die dann anrief und sagte: Guten Tag, ich bin die Mona. Ich bin deine Tochter. Da waren 18 Jahre vergangen."

Sein jüngstes Kind Mona, 1982 geboren, erinnert sich daran, wie sie den Kontakt zum Vater aufnahm – und warum sie das überhaupt tun konnte: „Ich weiß, dass die meisten Menschen, die ihn in seiner schlechten Phase erlebt haben, sich mit dem Verzeihen schwer tun. Aber unsere Mutter hat immer gesagt: Euer Vater war kein Arschloch, sonst hätten wir nicht zwei Kinder in die Welt gesetzt. Sie hat uns ohne Hass erzogen. Und sie hat uns immer gesagt, dass wir uns unsere Wurzeln anschauen sollen."

Eines Tages – „da muss ich 21, 22 gewesen sein" – habe sie dann den entscheidenden Schritt getan, nachdem sie sich zunächst im Internet auf die Suche nach Informationen über ihren Vater begeben hatte. Sie fand dessen Website und schrieb eine E-Mail an die darauf angegebene Kontaktadresse – „an einem 1. April. Ich habe gedacht: Der denkt bestimmt, das sei ein Aprilscherz."

Kurz darauf ging ein Antwortschreiben bei ihr ein, von Helmut Schäfer, der sich um die Berndorf-Website kümmert: Er habe ihre Mail an Michael Preute weitergeleitet. „Und so fing das an", sagt Mona Eichler. „Irgendwann haben wir dann telefoniert."

Bald darauf besuchten die längst erwachsenen Kinder Manuel und Mona ihren Vater dann zum ersten Mal in seiner neuen Heimat – und die Versöhnung gelang. „Das heißt: Da war etwas plötzlich stinknormal", sagt Michael Preute. „Nach 20 Jahren. Ich habe ihnen erklärt: Ich habe ein schlechtes Gewissen, aber wenn ich das nicht gemacht hätte, dann hättet ihr nicht so eine schöne Kindheit gehabt wie jetzt mit eurem Adoptivvater."

Seine jüngste Tochter gibt ihm aus heutiger Sicht recht: Zwar kennt sie Patchwork-Familien, in denen alle miteinander zurechtkommen und sogar gemeinsam in Urlaub fahren. „Das hätte ich auch gern gehabt", sagt sie. Aber es gebe eben auch jene Fälle, in denen der ferne leibliche Vater das neue Familienleben torpediere, die Kinder immer wieder mit allerlei niemals eingehaltenen Versprechungen enttäusche oder gegen die Mutter und den neuen Lebenspartner ausspiele. Solche Erfahrungen habe ihr Michael Preute erspart: „Er hat gesagt: Weil ich gegangen bin, konntet ihr in Ruhe aufwachsen. Das klingt auf den ersten Blick wie eine billige Ausrede. Aber ich finde, es ist nicht unwahr. Da war niemand, der Unruhe hereingebracht oder uns gegeneinander ausgespielt hat."

Preute hatte deshalb auch eingewilligt, als ihr Stiefvater – der für sie immer ihr eigentlicher Vater gewesen sei – anbot, die beiden Kinder zu adoptieren: „Das half mir auch ein bisschen", sagt er. „Denn diese Kinder, die lagen mir auf der Seele. Und ich konnte nichts dagegen tun."

Mona war zu diesem Zeitpunkt neun Jahre alt. Ihr leiblicher Vater habe damals geschrieben, dass er dem Glück der Familie nicht im Wege stehen wolle. „Ich kann mich daran erinnern, dass ich damals als Kind dankbar war – das war cool, das war easy und unbelastet. Für mich war das auf jeden Fall richtig so."

„Ich finde ihn wahnsinnig faszinierend als Vater", sagt Monas Bruder Manuel, für den die Jahre ohne Kontakt jedoch schwieriger waren als für seine Schwester: „Ich hätte es besser gefunden, wenn er sich gemeldet hätte. Und wenn es nur jedes Jahr zu Weihnachten gewesen wäre. Weil ich so den Eindruck hatte, da besteht auch gar kein Interesse mehr."

Als aber seine Schwester Mona die Initiative ergriffen und den ersten Besuch in der Eifel arrangiert hatte, da sei er gern mitgekommen: „Ich weiß noch, wie wir ihn das erste Mal besucht haben. Da haben wir auch gefragt, wieso er gegangen ist und wie das gelaufen ist." Er akzeptiert, dass sein Vater ein Umfeld gesucht habe, in dem man ihn nicht als ewigen Alkoholiker betrachten würde. „Dass er dann weg musste, kann ich gut verstehen. Aber warum er dann den Kontakt so dermaßen abschneidet, das ist mir bis heute noch unklar."

Aber dann habe er den Entschluss gefasst, sich und seinem Vater einen Neustart zu ermöglichen. „Sonst könnte ich das auch gar nicht machen. Wenn ich mich ständig darüber ärgere, bringt mir das auch nichts. Ich will ihn ja kennenlernen." Zumal er beim ersten Besuch in der Eifel gespürt habe, wie froh sein Vater darüber gewesen sei, dass sich die Kinder gemeldet hatten.

„Das ist ja auch ein wichtiger Schritt für einen selber", sagt seine Schwester Mona. Es gehe nicht nur darum, dem Vater einen Gefallen zu tun: „Ein ganzes Leben lang die Opferrolle spielen, zehrt einen auch auf." Sie selbst habe eine Zeit lang gedacht, ihr Vater habe die Familie verlassen, weil er keine Tochter haben wollte. „Das ist natürlich Quatsch. Aber es hat ganz lange gedauert, bis ich kapiert habe, dass es nicht so war. Und da hat mir meine Mutter auch geholfen. Da bin ich froh, dass ich nicht so eine Last tragen muss."

Stinknormal: Natürlich sind die Kinder inzwischen schon mehrfach in der Eifel gewesen. „Er macht dass immer total nett", sagt Mona Eichler. „Gemessen an der Tatsache, dass er sich nie gemeldet hat, fühlen wir uns immer sehr willkommen. Und er hat eine tolle Frau." Auch Preutes Verhältnis zur Mutter seiner beiden jüngeren Kinder hat sich mittlerweile offenbar entspannt: „Mit der könnte ich morgen in Ruhe essen gehen", sagt er. „Sie hat mich mal angerufen und gesagt: Wir haben zwei so phantastische Kinder ... da hat's mich gelegt. Aber die Kinder, die sind auch richtig gut."

Und ihr Vater trank nicht mehr, hat es bis heute nicht getan. Was die Therapeutin ihm damals sagte und was er für sich als „schlüssige Geschichte" interpretiert, hat funktioniert. Die Angst kehre zwar gelegentlich noch zurück, sagt Michael Preute. Allerdings in deutlich abgeschwächter Form. Und zum Flachmann greifen muss er deshalb schon lange nicht mehr. Sein Fazit: „Ich weiß, Carla hatte recht. Das war eine richtig kluge Frau."

Ein schönes Carla-Coda gibt es übrigens auch: Denn viele Jahre später, als er längst unter dem Namen Jacques Berndorf erfolgreich

Romane schrieb, meldete sich seine frühere Therapeutin bei ihm in der Eifel. „Sie hat uns angerufen, da war ich schon mit Geli zusammen. Und sie sagte: Sie findet meine Krimis so klasse. Da habe ich gedacht: Mich laust der Affe."

Sein abschließendes Urteil über die „verlorene Zeit": „Im Grunde genommen hast du in der ersten Hälfte deines Lebens eine derartige Scheiße angerichtet, dass du das nie wieder gut machen kannst. Das weiß ich." Und weil er das weiß, hat er sich in seiner neuen Heimat nach und nach zu einem anderen Verhalten entschieden, ist für nahezu jeden ansprechbar und lässt sich für alles einspannen, was der Eifel Werbung verspricht: „Ich bin für jeden Scheiß zu haben. Hier bin ich für die meisten Menschen der nette, der höfliche, der immer zuhörende Michael – allerdings auch bereit, jedem zu helfen. Und das aufrichtig. Wenn es jemandem beschissen geht, ganz gleich, wer das ist, dann bin ich da, helfe selbstverständlich und bin dann wieder weg." Auch das kann seine Tochter Mona bestätigen: „Ich verstehe das ganz gut, wenn ihn alle, die ihn heute kennen, als total fürsorglich beschreiben. Das ist er ja auch."

Preute damals, Preute heute: Den Unterschied erklärt er am Beispiel von Jack Kerouacs Roman „On the Road", der 1957 erstmals erschien und 2010 bei Rowohlt in der Urfassung neu veröffentlicht wurde: „Ich werde das mit Genuss noch einmal lesen. Damals habe ich mich vor lauter Begeisterung besoffen. Das war natürlich die falsche Tour. Heute saufe ich nicht mehr, heute les ich's. Das ist der ganze Unterschied zwischen meinem Leben damals und heute."

Er liest, er schreibt, und es ist ihm klar, dass er das alles schon viel früher hätte haben können: „Hätte ich an irgendeinem Punkt, zum Beispiel in Oberammergau, die ganz einfache Sentenz in die Tat umgesetzt, dass ich an der Schreibmaschine ganz gut bin und mit allem anderen weniger – dann wär's ganz einfach gewesen. So, wie ich das jetzt hier gemacht habe. Warum ich damals nicht auf die Idee kam, weiß ich nicht. Wenn ich diese Karriere ein bisschen ausgeweitet hätte, zum Beispiel in Richtung Fernsehen, dann brauchte ich heute überhaupt nicht mehr zu arbeiten. Weil ich der festen Überzeugung bin, dass ich denen Geschichten liefern kann, bis es ihnen zum Hals raushängt. Aber das sind die Konjunktive des Lebens. Außerdem wäre ich heute nicht hier, wenn es nicht so gelaufen wäre – mit allen Tiefs."

„Wir sind alle froh, dass er sich vor Jahren gefangen hat", sagt Claus Preute. Und die Beziehung zwischen den Brüdern sei inzwischen auch wieder von den größten Verwerfungen befreit: „Da ist kein Zorn, da ist keine Verbitterung."

„Ich hatte eine sehr, sehr schöne Kindheit", sagt Mona Eichler. Und heute hat sie ein unbelastetes Verhältnis zu ihrem Vater – inklusive eines vermutlich großen Regals mit allen seinen Büchern und CDs: „Er schickt das immer ganz brav vorbei." Trotzdem übernimmt vor allem sie die Arbeit daran, dass die Verbindung lebendig bleibt: „Ich habe schon das Gefühl, dass es in meiner Verantwortung liegt. Er lebt in seiner Welt, und er ist ja auch schon ein älterer Mann. Ich halte den Kontakt aufrecht, sonst wird das nix."

Michael Preute wiederum schaut mit Freude auf „die große Nähe", die sich mit jedem neuen Besuch zwischen ihm und seinen Kindern immer spürbarer entwickle. „Und das ist etwas, das mich sehr bewegt." Und nicht ohne Genugtuung – auch wenn er selbst wenig Einfluss darauf hatte – registriert er auch ihren beruflichen Werdegang: Manuel Eichler arbeitet ebenfalls für Zeitschriften und Verlage, unter anderem – eine weitere Preute-Parallele, allerdings zu seinem Onkel Claus – als Bildredakteur für den *Gong*. Mona Eichler ist freie Journalistin und hat 2011 ihren ersten Roman zu Ende geschrieben.

„Ich freue mich für ihn, dass er hier so angekommen ist und dass es ihm anscheinend sehr gut geht", sagt Manuel. Wie ist das Verhältnis zu seinem Vater inzwischen? „Ich habe es ihm selber noch nicht gesagt: Aber ich habe ihm verziehen."

„„Ich hab dich ins Krankenhaus schaffen lassen', sagte er. ‚Es war ein akuter Blinddarm. Aber sie haben ein bisschen weiter aufgeschnitten, um zu sehen, was deine Leber macht.'
‚Und was ist damit?'
‚Es geht', sagte er. ‚Du wirst Infusionen haben müssen und Diät essen.'"

Michael Preute, Der Reporter, Seite 302

Wie alles noch einmal begann

VOM EIFEL-FLOP ZUM EIFEL-GOLDRAUSCH

„Also schreibe ich mal gegen die Stille in diesem Land an."

Jacques Berndorf

Das Jahr 1988 – und der Sommer, in dem für den Autor Michael Preute nach vier weiteren tristen Jahren alles noch einmal neu beginnen sollte: „Ich kann mich an diesen Sommer noch erinnern, der war richtig gut", sagt er. Um ihn selbst stand es allerdings nicht so sonnig: Er lebte seit vier Jahren in der Provinz, unterbrochen durch gelegentliche Aufenthalte in Köln, er hatte keinen Kontakt zu seinen Kindern und relativ wenig zu tun. Er litt unter Stille, Einsamkeit und Langeweile. Michael Preute hatte den Eifelblues.

Sein Gegenmittel: phantasieren, fabulieren, an einer Geschichte herumspinnen. Sein Motto: „Also schreibe ich mal gegen diese Stille in diesem Land an. In dieser Landschaft, in der angeblich nichts passierte, wollte ich etwas passieren lassen."

Er hatte auch bereits eine Idee im Kopf, und sie hatte mit dem Militär in der Eifel zu tun: „Von meinen Touren nach Köln kam ich am Ende der A1 an einem belgischen Lager vorbei. Das liegt da links und wird beherrscht von zwei Türmen, auf denen Scheinwerfer waren. Und da habe ich gedacht: Daraus kannst du was machen."

Die Geschichte sollte in genau dieser Landschaft passieren, einer Landschaft, „die im Grunde fast steril sauber und ruhig ist. Nichts von dem stimmt. Aber so ist das halt, das ist die alte Erfahrung der

Agatha Christie, die diese provinziellen Verflechtungen und Netzwerke ja auch sehr gut beschreibt."

Als sehr gut erwies sich auch der Name, den sich der Autor gab, indem er sich von seinem ersten Wohnsitz in der Eifel zu seinem Pseudonym (oder Geonym, denn es bezieht sich auf einen Ort) inspirieren ließ. Wäre Preute damals in einem anderen Dorf gelandet, wer weiß, ob es jemals zur zweiten Karriere gekommen wäre. Die Eifel hat nämlich zahlreiche zwar wunderschöne, aber für einen Kriminalschriftsteller eher erfolgshinderliche Ortsnamen im Angebot. Anders gesagt: Aus Jacques Faulenpuhl wäre nichts geworden. Oder aus Jacques Jucken. Und auch ein Henri Hinterweiler hätte es vermutlich nicht in die Bestsellerlisten geschafft.

Wie kam es also zur ersten Veröffentlichung unter dem Namen Jacques Berndorf? Rutger Booß, der damals verantwortliche Belletristiklektor bei Pahl-Rugenstein in Köln und spätere Grafit-Verleger, erinnert sich zurück ins Jahr 1988 und an die ersten Begegnungen mit Preute: „Er kam damals mit zwei Manuskripten." Das eine sei die Aufbereitung seines Buchs über den Atombunker der Bundesregierung gewesen: Preutes knapp 100 Seiten lange Reportage war 1984 in der Kölner „Edition Nachtraben" erschienen und hatte sich kaum verkauft. Pahl-Rugenstein brachte sie in leicht erweiterter Fassung 1989 unter dem Titel „Der Bunker" neu heraus. Das zweite Manuskript war „Eifel-Blues". „Und das landete bei mir", sagt Booß. Es war, auch wenn zunächst nichts darauf hindeutete, der Beginn einer wunderbar erfolgreichen Partnerschaft, von der beide bestens profitierten. Einer Partnerschaft, die allerdings knapp 20 Jahre später in Disharmonie endete, über deren Ursachen die Beteiligten selbstverständlich unterschiedlicher Meinung sind. Weshalb auch die folgenden Aussagen des früheren Berndorf-Verlegers von bitter-fröhlichem Sarkasmus durchzogen sein dürften.

Der Anfang jedenfalls war ein durchaus harmonischer: Er habe den „flüssig und flott" verfassten Roman nach der Lektüre in der

Vertreterkonferenz des Verlags vorgelegt, berichtet Booß. Die Reaktion: Man könne einen neuen Autor nicht im gleichen Verlagsprogramm einerseits als erfahrenen Sachbuchautor und andererseits als Verfasser spannender fiktionaler Geschichten anbieten. Der Sachbuchautor solle sich für den Krimi bitte einen anderen Namen zulegen. Booß fragte Preute daraufhin, wo er denn überhaupt wohne. Die Antwort: Berndorf. Als Vorname habe er dann „Pierre" vorgeschlagen, sagt Booß. „Das gefiel ihm aber nicht. Und dann wurde Jacques daraus." Hinten provinziell, vorne frankophon: Das passte. Der „Jacques" ließ zudem entfernt an einen anderen Spannungsliteraten denken, der sich ebenfalls ein französisch klingendes Alias zulegte: John le Carré (David Cornwell), einen Schriftsteller, den Preute sehr schätzt. Dennoch: So bekannt wie der Mann mittlerweile ist, so sehr muss man sich darüber wundern, wie viele sich bei seinem Namen immer noch vertun. Manche sind nicht von der Überzeugung abzubringen, der Autor schreibe sich Bernsdorf. Und nicht Jacques, sondern Jean. Da nehmen wir lieber die Variante von Gisbert Haefs, der einfach beide Autoren-Identitäten elegant zusammenrührt: Jacques-Michael Preutendorf.

Wie auch immer: Der Roman kam im Mai heraus, und es passierte nahezu nichts. Das heißt: Es passierte andererseits im Jahr 1989 so unglaublich viel (und so viel Unglaubliches), dass die Veröffentlichung eines Krimis aus der westdeutschen Provinz dagegen ein wirklich leicht zu übersehendes Ereignis war. Der Eiserne Vorhang riss auf, eine Mauer krachte zusammen, ein Bundeskanzler malte das Bild von blühenden Landschaften im Osten, und der Kalte Krieg, der Michael Preute so viele Geschichten geliefert hatte, wurde von einer Entwicklung abgelöst, die wir heute noch immer nicht richtig einschätzen können.

„Eifel-Blues verkaufte sich wie sauer Bier", sagt Rutger Booß. Seiner Überzeugung nach lag das aber auch daran, dass Siggi Baumeister in diesem Roman von den Eifelern noch wie ein Fremder betrachtet und behandelt wird. „Die Einheimischen fühlen sich von dem Schnüffler aus der Stadt gestört und verweigern Baumeister jegliche Unterstützung." Das habe sich später umgekehrt. In den Folgeromanen müsse Siggi Baumeister praktisch kaum noch den Hintern aus seinem Haus bewegen, so reichlich werde er von seinen Eifelern mit Informationen versorgt. „Das Spannende ist, wie Berndorf die Geschichte umdreht: Die Eifeler sind ganz liebe Menschen, die Städter sind die Bösen. Das ist ganz witzig – und eine Spiegelung seiner Biografie."

Egal, worin die Gründe für den anfänglichen Flop lagen: „Jacques Berndorf" ließ sich davon nicht beirren oder gar bremsen. Er schrieb fleißig weiter, folgte allerdings zunächst dem Lockruf und den höheren Honoraren von Bastei Lübbe in Bergisch Gladbach, nahm sein gemeinsam mit Booß ausgedachtes Pseudonym ebenfalls mit und veröffentlichte dort drei als „Bonn-Thriller" bezeichnete Baumeister-Romane: „Requiem für einen Henker" (1990), „Der General und das Mädchen" (1990) und „Der letzte Agent" (1993). Aber auch Bastei Lübbe blieb er nicht treu: Ebenfalls im Jahr 1993 erschien bei Goldmann ein weiterer Baumeister, „Die Reise nach Genf", bei der sein Eifeler Ermittler den Fall Uwe Barschel aufklärt – und den Selbstmord des ehemaligen Ministerpräsidenten von Schleswig-Holstein als Mord enttarnt. Eine damals verwegene, für manchen geradezu hanebüchene Auflösung. Im Jahr 2011 allerdings nahm die Staatsanwaltschaft Lübeck die Ermittlungen wieder auf, weil neue Erkenntnisse auf eine mögliche Fremdtäterschaft hinwiesen.

Damit waren fünf Baumeister-Romane bei drei Verlagen auf dem Markt, und der Markt nahm davon kaum Notiz. „Wenn du in diese ersten Auflagen guckst, 3.000, 5.000 – das macht dich ja wirklich nicht froh", sagt Michael Preute. Wie hielt er die Flaute aus? „Durch ständige Reflexion über die Tatsachen des Lebens jedenfalls nicht."

Also arbeitete er weiter, versuchte dem *Spiegel* in Hamburg Geschichten zu verkaufen und entwarf zwischendurch – der Begriff „Schreibblockade" dürfte ihm vollkommen fremd sein – bereits wieder den nächsten Roman. „Ich bin zäh", sagt Preute. „Warum ich das so durchgehalten habe? Wahrscheinlich ist meine Struktur so. Ich gebe nicht auf, wenn ich von einer Idee überzeugt bin. Du musst dann eben arbeiten. Wahrscheinlich hätte ich auch erstmal zehn Eifelkrimis geschrieben, um Auflage zu machen. Aber gezweifelt daran, dass das funktionieren kann, habe ich nicht."

Er brauchte keine zehn Eifelkrimis, um die ersten nennenswerten Verkäufe zu erzielen. Mit dem sechsten Buch dackelte er zu Booß zurück, der kurz nach „Eifel-Blues" bei Pahl-Rugenstein ausgestiegen war und in Dortmund den Grafit-Verlag gegründet hatte. Zwar habe Bastei Lübbe damals mehr gezahlt, „aber es war einfach so, dass Rutger Booß die beste Idee hatte. Der hat gesagt: Wahrscheinlich sind diese Stoffe aus der Region im Kommen. Was sich ja auch als richtig herausgestellt hat."

„Ich hatte inzwischen Eifel-Blues wacker weiterverkauft, so dass es für Preute interessant wurde, vielleicht doch wieder auf Grafit zu setzen", sagt Booß. Das Ergebnis war die Veröffentlichung von „Eifel-Gold" im Jahr 1993. Der neuerliche „Eifel"-Titel sei wieder ein Gemeinschaftsprodukt gewesen, erinnert sich der Verleger. Er habe damals Wert darauf gelegt, das zweite Grafit-Buch im Titel an die geografische Herkunft des ersten Romans anknüpfen zu lassen. „Insofern bin ich als Verleger für die Benennung dieser Reihe mitverantwortlich. Die nachfolgenden Titel waren dann aber immer sein Vorschlag."

Auch „Eifel-Gold" sei zunächst „noch kein Riesenerfolg" gewesen, habe aber bereits deutlich mehr Einheiten verkauft als Berndorfs Erstling. Der Autor drückt es etwas überschwänglicher aus: „Eifel-Gold lief wie verrückt, gemessen an den damaligen Verhältnissen. Das war schon enorm."

„Eifel-Gold" war auch der erste Berndorf, den die 1992 in den Verlag eingestiegene (und heutige Grafit-Chefin) Ulrike Rodi lektorierte: Michael Preute sei ein sehr kooperativer Autor gewesen, sagt sie. Die Zusammenarbeit habe sie sehr geschätzt, weil sie von hoher Professionalität geprägt gewesen sei: „Das ist kein selbstverliebter Autor, der es nicht ertragen kann, wenn man an einem seiner Sätze etwas ändert."

Der eigentliche Durchbruch sei jedoch erst 1997 gekommen, sagt Rutger Booß: „Der Markstein in der öffentlichen Wahrnehmung war der Bericht in der *Zeit*." Die Wochenzeitung widmete am 24. Januar zwar nicht im Feuilleton, sondern in ihrem Reiseteil eine ganze Seite dem Phänomen „Eifelkrimi" („Die mörderische Eifel") und bezeichnete Berndorf in dem Beitrag als „Guru" des Untergenres. „Und damit wurden seine Krimis hoffähig fürs Bildungsbürgertum", sagt Booß. Wie gut, dass für dieses neue Publikum bereits jede Menge Lesestoff bereit lag, denn zu diesem Zeitpunkt waren schon wieder zwei weitere Berndorf-Romane erschienen: „Eifel-Filz" (1995) und „Eifel-Schnee" (1996). Im Februar 1997 folgte „Eifel-Feuer" (die erweiterte Fassung von „Der General und das Mädchen").

Im November des gleichen Jahres legte Berndorf schon wieder nach, mit „Eifel-Rallye". Nebenher war 1996 außerdem bei Ullstein (Verlag Nummer vier) „Der Kurier" erschienen. Das Buch kam 2009 ebenfalls noch einmal bei Grafit heraus.

Und so ging es fröhlich weiter: 1998 folgte „Eifel-Jagd", 1999 „Eifel-Sturm", die Auflagen wurden immer höher. Im Dezember des Jahres sagte Rutger Booß bei der Präsentation des Romans im Gespräch mit Sonja Sünnen und mir für den *Trierischen Volksfreund*: „Wir werden vom Erfolg überrannt. Der Eifel-Sturm ist mit einer Auflage von 50.000 seit einer Woche im Handel und schon vergriffen. Das ist eine Premiere in der Verlagsgeschichte." Und Berndorf schmiedete das Eisen fleißig weiter: Eifel-Müll, Eifel-Wasser, Eifel-Liebe hießen die folgenden Romane, alle verkauften sich hunderttausendfach, längst war auch der zunächst übersehene „Eifel-Blues" ein Bestseller und bleibt bis heute das meistverkaufte Buch der Serie. Bis August 2011 waren vom „Eifel-Blues" etwa 300.000 Exemplare verkauft, sagt Ulrike Rodi. Und das nur bei Grafit: Denn die Auflagen der vergebenen Lizenzen an den Bertelsmann-Buchclub und anderen kommen noch hinzu.

Den nächsten, wichtigen Schub verpasste den Berndorf-Romanen der Kritiker Jochen Schmidt am 28. Oktober 2000 in der *Frankfurter Allgemeinen Zeitung*: Schmidt habe in einem Artikel die deutschen Krimis „weitgehend abgesaut", sagt Booß, und nur an Berndorf ein gutes Haar gelassen. In der Folge setzte Grafit das Zitat von der „besten Serie im zeitgenössischen deutschen Kriminalroman" natürlich massiv in der Werbung ein – und die Eifel-Krimis machten sich auf den Weg zu immer größerer Popularität: „Wir hatten irgendwann während der Frankfurter Buchmesse einen Berndorf auf der *Gong*-Taschenbuchliste, er war mit dem Buch von 0 auf Platz 1 gegangen. Da schlichen dann die Leute von den großen Publikumsverlagen um unseren kleinen Messestand herum."

„Es steht außer Frage, dass die Partnerschaft mit Rutger Booß brillant verlief", sagt Michael Preute. „Wir haben uns ideal ergänzt. Die Zusammenarbeit war gut, auch mit den Themen der Bücher hatten wir nie Schwierigkeiten. Er unterstützte mich, und wenn ich sagte: Ich brauche 5.000 Mark in bar, dann fuhr ich nach Dortmund und holte mir die."

So hätte es noch viele Jahre lang weiter gehen können. Ging es aber nicht: Die gute Laune zwischen Autor und Verleger wurde erstmals – da sind sich beide übrigens einig – eingetrübt, als Berndorf mit einer Geschichte aus der Eifel hinaus und dem Regional-Etikett entfliehen wollte: Es ging um den Berliner Bankenskandal, von Berndorf in dem Thriller „Die Raffkes" fiktionalisiert. Das Buch erschien Ende 2003. „Berndorf wollte einen großen Stoff machen, der in der Hauptstadt spielte", sagt Booß, der von der Idee nicht so begeistert war: Er habe den Autor darauf hingewiesen, dass sich ein Berlin-Thriller nicht so gut verkaufen werde wie die Eifelbücher. Berndorf-Leser erwarteten nun einmal „vor allen Dingen seine kuschelige Eifel mit dem gemütlichen Trio Baumeister, Rodenstock und Emma. Die Stärke seiner Bücher besteht in der Idyllisierung. Das wollen die Leute lesen. Aber das hat ihm nicht eingeleuchtet."

Michael Preute hingegen glaubt, dass die regionale Verortung kaum eine Rolle spielt: „Ich habe mich ja nie als regionalen Autor verstanden. Dieser Begriff war für mich immer fehlerhaft. Das nützt dir überhaupt nichts, wenn der Krimi nicht stimmt."

Natürlich habe der Verlag das Buch herausgebracht, sagt Booß, zumal Berndorf aus dem Stoff „eine schöne, runde Geschichte" gebaut habe. Und selbstverständlich verkauften sich die „Raffkes" bestens: In kurzer Zeit waren 150.000 Exemplare unter die Leute gebracht, was eher gegen die anfängliche Einschätzung des Verlegers spricht, dass die Leser einen Nicht-Baumeister ignorieren würden. Aber als der Autor damals zu einer Lesung nach Berlin eingeladen wurde, hätten sich ganze 18 Leute im Maxim-Gorki-Theater verloren. „Da war natürlich der Verlag schuld", sagt Booß, denn Berndorf warf ihm vor, keine Werbung für die Lesung gemacht zu haben (Der Autor sagt übrigens, es seien 16 Zuhörer gewesen. Aber das ist vielleicht dem Hang des Literaten zur dramatischen Zuspitzung geschuldet.) Heute freut Preute sich nicht nur über den Verkaufserfolg, sondern auch über den weiteren Weg, den die „Raffkes" nahmen: Der Roman ist 2008 in der 25-bändigen „Berlin-Bibliothek" der *Berliner Zeitung* erschienen, weshalb sich der Autor dann doch ein wenig geadelt fühlt: Denn in der gleichen Edition erschienen unter anderem auch Hans Falladas „Ein Mann will nach oben" und ein Band mit Geschichten von Kurt Tucholsky. Zur Veröffentlichung schrieb Harald Jähner am 19. April in der *Berliner Zeitung*: „Jacques Berndorf weiß, wie man erfolgreiche Krimis schreibt. Er ist der Autor der Eifel-Krimis um den Journalisten Siggi Baumeister, von denen es inzwischen mehr Bände gibt als die Eifel Berge hat ... Nach Berlin als Handlungsort zog es Berndorf des Bankenskandals von 2001 wegen. Die Verfilzung von Landesregierung, Bankgesellschaft und Immobilienspekulanten bildet in ‚Die Raffkes' den Hintergrund für einen Thriller, der nach dem Rezept ‚Mörder in Puschen' verfährt. Das Entsetzliche und das Gemütliche gehen dabei Hand in Hand über den Ku'damm spazieren."

Diesem erfreulichen Ausgang zum Trotz: „Das gab den ersten Knacks", sagt Rutger Booß. Dennoch lieferte Jacques Berndorf weiter für seinen Dortmunder Verlag, auch wenn er kurz darauf mit seiner Serie um den BND-Agenten Karl Müller zu Heyne in München ging und 2005 dort „Ein guter Mann" veröffentlichte. Rutger Booß: „Das haben wir mit einer gewissen Gelassenheit verfolgt, weil das unser Geschäft nicht betraf."

Anders sah das bei Übersetzungen aus – worüber dann der nächste Hader ausbrach: Trotz Millionenauflage in der Heimat hat es nur ein Berndorf über die Grenze geschafft und ist in Spanien veröffentlicht worden. Booß hat auch dazu eine Theorie: Die Eifelkrimis gäben den Lesern im Ausland nicht das, was sie erwarteten, nämlich den bösen Deutschen. „Bei Berndorf sind es die netten Deutschen. Die interessiert aber das Ausland leider nicht." Er habe nichts gegen diese Theorie, sagt Preute, gibt allerdings gleichzeitig zu verstehen, dass er sie nicht teilt.

So richtig Knatsch gab es dann beim Thema Verfilmungen und der Frage, warum es bislang nur ein Berndorf-Stoff auf den Fernsehschirm gebracht hat: Bereits 1995 meldete der *Kölner Stadt-Anzeiger*, dass Produzent Hans Weth („Man spricht deutsh", „Kehraus") aus Berndorfs „Eifel-Gold" einen Dreiteiler fürs Fernsehen machen wolle – mit Mario Adorf in der Baumeister-Rolle. Es blieb bei der Absicht. Im Jahr 2000 drehte dann Regisseur Friedemann Fromm unter dem Titel „Brennendes Schweigen" für das ZDF einen Thriller nach der Vorlage von Berndorfs „Eifel-Schnee". In den Hauptrollen: Uwe Bohm als Baumeister und Hans Korte als Rodenstock. Wirklich nicht die schlechteste Besetzung. Aber mehr wurde daraus nicht, vielleicht ja auch, weil die „kuschelige" Eifel darin so herzlich unkuschelig aussah. Was dem Autor wiederum an der Verfilmung nicht passte, war allerdings etwas anderes: die fehlende Ironie. Dabei seien seine Geschichten und Figuren „ohne Grinsen nicht zu denken", sagt er.

Der Film habe bei der Erstausstrahlung eine ordentliche Einschaltquote gebracht, sagt Barbara Thielen, die „Brennendes Schweigen" damals für die Ufa-Tochter „Westdeutsche Universum Film" als Producerin betreute (Barbara Thielen ist seit 2005 Chefin der Fiction-Abteilung beim Privatsender RTL). Dennoch blieb er ein Einzelkind.

Als die Produktionsfirma Ufa Grundy wenige Jahre später die Option auf eine Serienverfilmung erwarb, schien eine Umsetzung in greifbare Nähe gerückt. Der Privatsender Sat 1, berichtet Booß, habe damals Zoff mit Ottfried Fischer gehabt, dem Hauptdarsteller des „Bullen von Tölz". Deshalb sei man auf der Suche nach einem Nachfolgeformat für die Serie gewesen. „Serie – das bedeutet, dass nicht nur die vorhandenen Romanstoffe verfilmt worden wären, sondern Baumeister & Co. wöchentlich auf dem Bildschirm zu sehen sein würden", sagt Rutger Booß. „Eine ziemlich komplizierte Optionsvereinbarung kam zustande, da das Urheberrecht des Autors unbedingt gewahrt werden musste."

Booß flog am 3. November 2006 nach München, um weitere Einzelheiten mit den Producern von Ufa Grundy zu klären. „Aber Sat 1 versöhnte sich mit dem Dicken, und es blieb beim ‚Bullen von Tölz'."

Umso erfreuter waren dann Autor und Verleger darüber, dass anschließend die Polyphon Film- und Fernsehgesellschaft, ein Tochterunternehmen des NDR-eigenen Studio Hamburg, eine

Option auf die Stoffe zur Verfilmung als Reihe erwarb. Dann aber habe sich eine Irritation eingestellt, berichtet Booß weiter: Als nämlich die Polyphon im März 2007 bekanntgab, die Verfilmungsrechte an den übrigen Berndorf-Krimis erworben zu haben, um daraus eine Fernsehreihe zu machen.

Tatsächlich aber, sagt Rutger Booß, habe die Polyphon zu diesem Zeitpunkt eben nur die Option auf die Berndorf-Stoffe von Grafit besessen – und die Verfilmungsabsicht gemeldet, weil man unter Zeitdruck geraten war: Denn der Westdeutsche Rundfunk hatte gleichzeitig seine Eifel-Serie „Mord mit Aussicht" in Auftrag gegeben. Bei einem gemeinsamen Gespräch „beim Jugoslawen in Daun" hätten die Polyphon-Leute jedoch die Irritationen gegenüber Autor und Verleger ausräumen können und Verfilmungen für das ZDF in Aussicht gestellt.

Als Booß dann aber am 21. September 2007 während des Festivals „Tatort Eifel" den verantwortlichen Reihen-Redakteur des ZDF nach dem Stand der Verfilmung fragte, erfuhr er, dass der Sender bereits im Sommer das Angebot abgelehnt hatte: „Ich war wie vor den Kopf geschlagen. Dass ich das während des Festivals Michael sagen musste, tat besonders weh. Zwar versuchte die Polyphon nach dem ZDF-Misserfolg, RTL für die Eifel-Stoffe zu interessieren, aber auch das gelang nicht auf der Entscheidungsebene."

Preute-Freund Ralf Kramp war zu dieser Zeit in den Polyphon-Handel involviert und verfasste Exposés für einige der Berndorf-Stoffe. Damals sagte man ihm, dass Armin Rohde sich für die Rolle des Siggi Baumeister interessiert habe. „Ich finde nach wie vor, dass das eine sehr gute Wahl gewesen wäre", sagt Kramp.

Das Projekt zerschlug sich. Angeblich, so sagte man damals zu Rutger Booß, habe aber auch noch etwas anderes gegen die Verfilmung gesprochen: In einer Sendeanstalt habe es geheißen, Baumeister sei „zu eindimensional" und „keine gebrochene Persönlichkeit". Vielleicht sei es tatsächlich ein Fehler gewesen, Baumeister zu edel gezeichnet zu haben, sagt dazu sein Schöpfer. Ihm aber etwas von seinem Edelmut zu nehmen, der Figur für eine Verfilmung ein paar Schatten anzuhängen, das stehe jedem Drehbuchautor frei, „damit habe ich überhaupt keine Schwierigkeiten". Ansonsten glaubt er aber nicht, dass Siggi tatsächlich eine eindimensionale Figur ist: „Baumeister hat nicht nur jede Menge Gebrochenes zu liefern, sondern auch jede Menge Erbrochenes", sagt er und lacht. Immerhin gebe es ja die Hinweise auf eine Alkoholiker-Vergangenheit. „Das kann man ganz leicht verfilmen. Und du kannst dem Baumeister jeden Bruch andichten, der dir einfällt."

Eindimensional – das könne man auch ins Positive wenden, sagt hingegen Barbara Thielen: „Ich finde Baumeister als Charakter prägnant. Und du brauchst diese Prägnanz, deshalb ist er auch fürs Fernsehen geeignet. Natürlich muss man die Figuren modernisieren, aber das muss man bei jeder Romanadaption." Tatsächlich habe man sich die Baumeister-Krimis auch bei RTL im Hinblick auf eine Verfilmung angesehen. „Aber weil wir keine Movie-Sendeplätze hatten, ist es irgendwann irrelevant geworden."

Und so knirschte es dann weiter zwischen dem bis auf die erwähnte Ausnahme unverfilmten Autor und seinem Verleger: Der eine sagt, er habe alles versucht, dem anderen will das nicht recht genügen. Wobei – wie die Angaben von Barbara Thielen vermuten lassen – in den Sendeanstalten ja auch ganz andere, vielleicht nur logistische Gründe dagegen gesprochen haben mögen, dass es vorerst keinen weiteren Baumeister im Fernsehen gibt. Und immerhin nimmt Michael Preute dann doch zumindest einen Teil der Verantwortung auf sich: „Ich habe einen Fehler gemacht, dafür kann man Rutger nicht verantwortlich machen. Ich habe irgendwann gesagt: Ich kann mich um diese Verfilmungsgeschichten nicht kümmern. Ich habe überhaupt keine Ahnung von dem Metier oder von Größenordnungen in Euro."

Als Autor jedenfalls kann er sich trösten, da blieben ihm die Ideen und die Euros treu: Auch seine nächsten Eifel-Bücher verkauften sich blendend. Auf „Sturm" folgten „Müll" (2000), „Wasser" (2001), „Liebe" (2002), und nach den „Raffkes" von 2003 im Jahr darauf die „Eifel-Träume".

Und er veröffentlichte als Herausgeber ein erstes Buch bei seinem Eifeler Kollegen und Freund Ralf Kramp, der inzwischen den KBV-Verlag übernommen hatte: den Sammelband „Mords-Eifel" mit Kurzgeschichten „aus einem mörderischen Landstrich". 2005 folgte die Neuausgabe des alten Bastei-Thrillers „Der letzte Agent", dessen Rechte Berndorf zurückerworben hatte. „Requiem für einen Henker" kam 2006 ebenfalls bei KBV heraus (mit „Der General und das Mädchen" ging das nicht mehr, denn daraus war bekanntlich „Eifel-Feuer" geworden), während er für Grafit 2006 „Eifel-Kreuz" ablieferte. Im Jahr 2007 erschien außerdem bei KBV „Der Bär" – ein kürzerer Baumeister, den der Autor 1999 für einen Jubiläumsband des Gerolsteiner Brunnens geschrieben hatte.

Kein Wunder, dass sich angesichts dieses Fremdelns das Verhältnis zu Stamm-Verleger Rutger Booß nach dem Stress um die Nicht-Verfilmungen nicht unbedingt verbesserte: Die Veröffentlichung verschollener Preute-Bücher im KBV-Verlag – darunter auch 2009 „Der Monat vor dem Mord", der alte *Stern*-Fortsetzungsroman – habe er dennoch „großzügig übersehen", sagt Booß, auch wenn er darin durchaus einen Vertragsbruch erkennen könne. Aber bereits damals habe sich eben abgezeichnet, „dass er dabei war, sich woanders umzusehen" und dass ihm dabei auch die Freundschaft und geografische Nähe zu KBV-Chef Ralf Kramp wichtig gewesen seien. „Er hätte natürlich mit den Eifelkrimis sofort auch zu Heyne gehen können. Aber er hat auf Kramp gesetzt, um mehr unmittelbare Nähe zu haben."

Damit war „Eifel-Kreuz" (der erste und einzige Berndorf übrigens, der bei Grafit als Hardcover erschien) der letzte Roman für seinen Dortmunder Verlag, der bis 2011 allein etwa 3,3 Millionen Berndorf-Bücher verkaufte. Den Schlusspunkt setzte ein Briefverkehr, in dem es auch um Geld ging und der auf beiden Seiten in allerlei Vorwürfen und scharfen Kommentaren resultierte. Ergebnis: Der Autor ging und veröffentlichte fortan auch seine frischen Baumeister-Romane bei KBV. Und der Verleger musste ihn ziehen lassen, nach 20 gemeinsamen und außerordentlich profitablen Jahren: „Es war eine für beide Seiten sehr erfolgreiche Zusammenarbeit mit einem unschönen Ende", sagt Rutger Booß, der Grafit inzwischen verkauft hat und im Ruhestand ist. „Da kann man nichts machen: Wenn der Autor kein Vertrauen mehr zu seinem Verleger hat, dann geht er eben weg. Aber ich werde jetzt auch nicht für den Rest meines Lebens darüber nachgrübeln, ob ich etwas falsch gemacht habe. Ich glaube, von den zahlreichen Verlegern, mit denen Preute zusammengearbeitet hat, hat er es mit mir am längsten ausgehalten."

Zumal ihm auch sein abtrünniger Erfolgsautor wenigstens in einer Hinsicht ein glänzendes Urteil ausstellt: „Rutger ist als Verleger eine Klasse für sich. Ohne jeden Zweifel." Und auch das Verhältnis zu seiner ehemaligen Lektorin ist ein gutes geblieben. „Es war ein langer, gemeinsamer Weg", sagt Ulrike Rodi. „Und es hat mich auch als Lektorin geprägt, einen Autor zu betreuen, mit dem man einen so wahnsinnigen Erfolg hatte." Ihr Fazit: Der Weggang schmerzte, die Wertschätzung aber bleibt. „Und wir freuen uns immer noch, wenn wir uns sehen".

Mit Blick auf die Verfilmungen hat sich Michael Preute inzwischen eine gelassenere Haltung verordnet, auch wenn die Sache ihn weiter wurmt: Er habe einmal zusammengerechnet, dass rund ein Dutzend Produktionsfirmen an seinen Stoffen interessiert gewesen sein müssen. „Es ist zwar schön und gut, dauernd zu hören, ich sei der meistverkaufte Krimiautor dieser Republik, aber noch nie hat mich irgendjemand brauchbar verfilmt. Und noch nie hat mich jemand brauchbar übersetzt."

Dafür aber hat es ein Berndorf-Stoff immerhin auf die Bühne geschafft: Motive seines Romanentwurfs von 1994, „Der Mord, den Charlotte beging", wurden von Maria Franziska Schüller für ein Schauspiel verwendet, das 2006 am Theater Trier seine Uraufführung erlebte.

Vielleicht übernimmt das Verfilmen ja eines Tages der Regisseur Detlev Buck, der im Jahr 2006 eine Option auf Berndorfs Agentenroman „Ein guter Mann" erwarb. Oder Hans W. Geißendörfer: Der Erfinder der ARD-„Lindenstraße" wandte sich im Sommer 2011 an den Autor, weil er sich für die Baumeister-Stoffe interessierte.

Egal, was in dieser Angelegenheit falsch gelaufen sein und wer auch immer die Verantwortung dafür tragen mag – eines Tages, so glaubt der Autor, werde man Siggi Baumeister, Emma und Rodenstock trotzdem noch auf dem Bildschirm ermitteln sehen. „Nach all dem Trara sind die Stoffe verbrannt. Aber irgendwann wird jemand sie nehmen."

Wenn ich schon eine Landschaft beschreibe, dann bitte die Eifel

JACQUES BERNDORF UND DER REGIONALKRIMI

„Es wurde kopiert von Leuten,
die statt einer guten Story
einen Krimi mit Regionalität machten.
Sie fielen alle auf die Schnauze."

Michael Preute

Jacques Berndorf ist einer der wenigen Autoren, die Romane mit durchgehend lokalem Bezug schreiben und die damit weit über die beschriebene Region hinaus erfolgreich sind. Das kann gar nicht anders sein, denn für seine Verkaufszahlen reichen in der dünn besiedelten Eifel ohnehin die Einwohner und damit die möglichen Leser vorne und hinten nicht, und wenn sie alle Bücher mehrfach kauften – auch wenn der ansonsten hochgeschätzte Kritiker Denis Scheck genau das vermutet.

Ganz allein auf weiter Provinzflur stand Jacques Berndorf allerdings nie, wie noch zu zeigen sein wird. Und längst erreichen auch andere Autoren hohe Verkaufszahlen: Ähnlich populär wie seine Eifelkrimis sind beispielsweise die Bücher von Nele Neuhaus, die Autorin überschritt im Jahr 2011 mit ihren Taunuskrimis die Millionenmarke, wie die *Frankfurter Rundschau* meldete. Und die im Allgäu angesiedelten Kluftinger-Krimis von Volker Klüpfel und Michael Kobr verkaufen sich pro Band ebenfalls mehrere hunderttausend Mal.

„Vor 20 Jahren hätte der normale Leser gesagt: Ein Taunuskrimi, das interessiert mich jetzt nicht", sagt Rutger Booß. Aber es kam ganz anders, das Regionale blieb nicht Episode, sondern setzte sich auf dem Büchermarkt durch und wird von den Verlagen mittlerweile auch offensiv zur Werbung eingesetzt, ob man das nun gut findet oder nicht.

Warum aber ist Berndorf ein solcher Dauer-Bestseller? Ein Argument: Seine Eifelkrimis sind, trotz unterschiedlicher Qualität, die er selbst einräumt, immer unterhaltsam. Weil sie spannende Geschichten erzählen, weil am Ende zwar längst nicht immer alles gut, dafür aber geklärt, sortiert und die Ordnung der Dinge wiederhergestellt ist, wie es sich innerhalb der Genre-Grenzen und Spielregeln gehört. Weil der Leser das Vertraute sucht und bei Berndorf verlässlich bedient wird. Natürlich auch, weil Siggi Baumeister eine sympathische Identifikationsfigur ist, eine ehrliche und zwischendrin oder am Ende gehörig zerschrammte Haut.

Es hat aber offensichtlich auch damit zu tun, dass in Baumeister auch immer ein bisschen Berndorf steckt. Zugleich gibt Berndorf umstandslos zu, dass er gerne ein bisschen mehr wie Baumeister wäre. Vor allem wieder so jung: „Der Siggi, das bin ich", sagte er 1997 gegenüber der *Zeit* und ergänzte: „Ich habe ihn nur zwanzig Jahre jünger gemacht – er muss ja noch bei den Weibern gut ankommen." Inzwischen ist Siggi wahrscheinlich gut 30 Jahre jünger als sein Schöpfer – und er kommt weiter bestens an, vor allem bei der erwähnten Zielgruppe: Die meisten Baumeister-Fans sind Frauen.

Das kann sogar ein ganz unbefangener Beobachter bestätigen, nämlich Alfred Etten, der erste Eifeler, der Michael Preute in Berndorf kennenlernte und früher sein Vermieter war. Ettens Urteil über das Werk des Autors: „Die Krimis? Dat is wat für Weiber."

Schriftsteller und Übersetzer Gisbert Haefs sieht den Schlüssel zum Erfolg seines Eifeler Kollegen in der „virilen Melancholie" des Helden: „Man kann bei Baumeister sehr schön nachempfinden, wie er fühlt und leidet. Und in dem Moment, wo man das mitliest und mitfühlt, verinnerlicht man auch die Gegend, in der das spielt." Das gelingt allerdings auch, weil die vom Autor eingestandene Übereinstimmung zwischen Erfinder und Geschöpf für viele ein Kaufargument darstellt. Immer wieder erlebt man, wie sehr diese eine, offenbar nicht wegzumeuchelnde Frage viele Leser beschäftigt: „Wie autobiografisch sind eigentlich Ihre Bücher?"

Während die meisten Schriftsteller darauf mit Ausschlag reagieren, antwortet Berndorf: Sie sind ziemlich autobiografisch, bis hin zu Elementen der Handlung. Wenn Preutes Haus abbrennt, dann tut es auch Baumeisters Heim („Eifel-Sturm", 1999; der in „Eifel-Wasser" aus dem Jahr 2001 eingespannte Architekt für den Neubau heißt Helmut Kramp und ist der Vater von Berndorfs heutigem Verleger Ralf Kramp). Wenn Baumeister in „Die Nürburg-Papiere" (2010) Besuch von einem alten Freund aus München erhält, dann ist diese mit viel Liebe gezeichnete Figur einem tatsächlichen Bekannten aus Michael Preutes Münchner Zeit nachempfunden.

Baumeister, das ist Berndorf, das ist Preute – in einer jüngeren, klügeren, dynamischeren, besseren Version. Das ist Michael Peute ohne Alkoholprobleme und mit einer funktionierenden Familie, auch wenn diese nicht Baumeister heißt, sondern Rodenstock und Emma. Nur mit den Gefährtinnen kriegt es Baumeister auf lange Sicht nicht hin, aber auch da ist er seinem Schöpfer dann ja wieder sehr ähnlich. Und weiter geht es mit den Parallelen: Baumeisters Wohnort, Haus, Pfeifen und Katzen sind identisch mit denen des Autors. Sie sind so echt wie die vielen Eifeler, die er in seinen Romanen mit Kurzauftritten bedenkt. Und so haben alle Leser, die darauf Wert legen (auch wenn man sich immer wieder fragt: wieso eigentlich?) bei Berndorf das Glück, sich gleich doppelt identifizieren zu können, mit dem Autor und mit seinem Helden.

Dabei scheinen viele Leser gerade das zu lieben, was einer Minderheit wiederum auf die Nerven geht. Die Katzen-Episödchen zum Beispiel, mit denen die meisten Romane beginnen. Die genauen Beschreibungen und Bezeichnungen der diversen Pfeifen, die seinem sonst so dynamisch zupackenden Helden etwas Onkelhaftes geben. Das Quasi-Familienidyll mit Rodenstock und Emma, die ansatzlos zwischen eiskalter Ermittlerin und bravem Hausmütterchen changiert, oder Siggi Baumeisters oft ins Gutmenschliche gleitenden Entrüstungen. Den Fan scheint es nicht zu stören.

Die Eifelkrimis sind aber vor allem auch Heimatromane. Und wenn man Preute darauf anspricht, dann sagt er sofort: Ja, klar. „Ich habe da überhaupt keine Berührungsängste. Sicher sind sie Heimatliteratur. Das hat aber auch damit zu tun, das ich endlich in meinem Leben, etwa ab dem 50. Lebensjahr, sagen konnte: Okay, ich bin hier zu Hause. Wenn ich also schon eine Landschaft beschreibe, dann bitte die Eifel. Und bitte präzise." Anders gesagt: Wenn heutzutage im Restaurant die Standardfrage zu hören ist, ob die verarbeiteten Zutaten denn bitteschön auch „Produkte aus der Region" seien, dann kann man sich bei Berndorfs Romanbüffets darauf verlassen, dass sie immer mit „Ja" zu beantworten ist.

So wurden Berndorfs Bücher nicht nur zu Heimatromanen, sondern darüber hinaus auch zu Reiseliteratur; zu Führern durch eine Landschaft, die bis dahin jenseits der näheren Nachbarschaft und natürlich in den Niederlanden kaum als nennenswertes Urlaubsziel bekannt war. Berndorfs Schlagwort vom „schönsten Arsch der Welt" hat Tausende dazu animiert, auf Siggi Baumeisters Spuren einmal ausgiebig in diesen Arsch hineinzukriechen. Weshalb ihm vor allem Kommunalpolitiker, Touristiker und selbstverständlich auch wir Lokaljournalisten ebenfalls ... sagen wir: immer wieder dankbar die Füße küssen werden.

Auf eins war er allerdings nicht vorbereitet: die krimi-inspirierte Reise- und Kontrolltätigkeit seiner seit Mitte der 1990er Jahre deutlich wachsenden Leserschaft. Da waren manche noch präziser als der Autor: So hätten er und sein erster Verleger Rutger Booß eines

Tages feststellen müssen, „dass es Leute gibt, die den Band auf-
schlagen, sich ans Steuerrad setzen und das dann alles nachfahren."
Und wehe, wenn er dann die Freiheit des Literaten zu weit gefasst
hatte: „Das war wirklich witzig: Ich fahre einen Schwerverletzten
mit dem Auto in die Klinik nach Gerolstein und lasse, um diese
Fahrt aufzumotzen, meinen Helden, also den Baumeister, in ver-
kehrter Richtung durch eine Einbahnstraße rauschen. Und was passiert? Wir kriegen 40 Briefe: Der Autor sei nicht ganz dicht, denn
um die Klinik in Gerolstein herum gebe es gar keine Einbahnstra-
ßen." (Eifel-Träume, 2004)

Der Autor wiederum zweifelte zunächst am Verstand der in diesen Dingen offensichtlich pingeligen Leser. „Ich schreibe ja Krimis,
weil es Spaß macht und nicht, weil ich Tatsächlichkeiten beschreibe. Aber dann habe ich festgestellt: Das ist den Leuten wichtig. Die
fahren nämlich jeden Krimi nach. Ich bemühe mich jetzt immer,
denen Routen anzubieten." So bleibe ihm zwar die Freiheit, seine
Romanhandlungen zu erfinden. „Aber ich bin dazu gezwungen
worden, zumindest die kartographische Wahrheit zu schreiben."

Schließlich sei es verblüffend, wenn er in Niederehe bei Markus
Schröder im „Landgasthof" sitze und sein Gastgeber sage:
„Gestern sind 60 Motorradfahrer hier gewesen. Die machen eine
sogenannte Eifel-Rallye und fahren Jacques Berndorf nach."
Irgendwann komme da der „Punkt der Andacht", sagt Preute. „60
Motorradfahrer. Heiliges Kanonenrohr."

„Wo bist du denn jetzt?" – „Im Wald", sagte ich wahrheitsgemäß. „Und
gleich geht das Gewitter los, und ich muss in die Ruine laufen, damit ich nicht
nass werde."

Eifel-Jagd, Grafit, 1998, Seite 235

Diese von Siggi Baumeister zum Schutz vor dem Unwetter aufge-
suchte Lokalität verursachte zeitweise einen kleinen Wander-Boom

mitten im sogenannten Kammerwald in der Nähe des Dorfes Duppach. Und auch dieser Ort ist nicht einfach irgendeine erfundene Ruine, sondern, wie der milliardenteure Bunker im Ahrtal, sozusagen eine Regierungs-Immobilie: *„Das also ist das so genannte Adenauer-Haus", spulte Stefan Hommes ab. ,Es sollte wahrscheinlich nach amerikanischem Vorbild eine Art deutsches Camp David werden. Der Bau wurde ungewöhnlich rasch genehmigt und ebenso ungewöhnlich rasch hochgezogen. Damals konnte man noch von hier aus den Ernstberg und den Nerother Kopf sehen, das war einer der traumhaftesten Ausblicke in der Eifel."*

Seite 232/233

Die auch mehr als 50 Jahre nach dem Bau noch beeindruckenden Reste des für den ersten Bundeskanzler vorgesehenen, allerdings nie fertig gestellten „Jagd- und Gästehauses", verfallen allmählich. Das Haus auf drei Etagen verfügte über 600 Quadratmeter Wohnfläche, einen atombombensicherer Keller und einen Hubschrauber-Landeplatz auf dem betonierten Dach.

„Da ist es unheimlich schön und gleichzeitig total einsam. Deshalb wollten die ja dem Adenauer dort eine Bude hinklotzen", sagte mir Preute für einen Artikel im Wochenend-Journal des *Trierischen Volksfreunds* am 14. Februar 2004, „das war die schnellste und schwärzeste Baugenehmigung, die es je gegeben hat." Tatsächlich war keine zwei Wochen nach Einreichung des Antrags beim damals noch existierenden Landratsamt Prüm im Juli 1955 der „Bauschein C 168/55" ausgestellt worden. Preute noch einmal in dem Artikel: „Die Genehmigung lag noch nicht vor, da waren die schon aus dem Keller raus." Und das Buch war kaum erschienen, da begann schon die Suche seiner Leser nach dem Gebäude tief im Eifelwald.

Vom Regionalkrimi zur Krimiregion: Die Nachfrage nach literarischen Eifeltouren ist schon seit Jahren so groß, dass es zu einem veritablen Krimi-Reiseführer reichte. Den nämlich – Untertitel: Auf den Spuren von Jacques Berndorf & Co – veröffentlichte Josef

Zierden, Begründer und Organisator des Eifel-Literatur-Festivals, im Jahr 2002 beim KBV-Verlag. 1996 verlieh Zierden den Hauptpreis des Festivals an Jacques Berndorf und den Förderpreis an Ralf Kramp (in den späteren Jahren erhielten ihn außerdem der Eifeler Norbert Scheuer und die schottische Schriftstellerin A. L. Kennedy, einer der Förderpreise ging an Wolfgang Herrndorf).

„Jacques Berndorf ist *der* literarische Botschafter der Eifel, ein Pionier des Regionalkrimis in Deutschland und zugleich sein Auflagenkönig", sagt Zierden. Bei allem Erfolg sei der Autor „ein sympathisch bescheidener und umgänglicher Mensch geblieben. Ich bin stolz, dass ich mit ihm 1994 das Eifel-Literatur-Festival beginnen konnte. Seine Lesung war die erste der Festivalgeschichte überhaupt. Er ist dem Festival bis heute verbunden geblieben. Und bis heute stehen wir in freundschaftlichem Kontakt miteinander."

Eine aktualisierte und erweiterte Ausgabe des Reiseführers erschien 2009, und im Vorwort blickt der Mann, der das alles in Bewegung setzte, noch immer mit Verwunderung auf diesen Boom: „Hätte jemand vor zwanzig Jahren allen Beteiligten gesagt, es werde einmal einen Eifel-Krimi-Reiseführer geben, dann hätte er unweigerlich ein Gelächter gehört und den freundlichen Rat, er möge sich zurückhalten und ein bisschen weniger spinnen. Aber so ist es einfach gekommen, so gilt es nun seit vielen Jahren schon, und wir können es zuweilen noch immer nicht fassen."

Vielleicht muss man gar nicht ergründen, ob nun die Geschichte ihren (echten) Schauplatz adelt oder ob es sich nicht doch umgekehrt verhält. Die Motorrad-Tourer und die anderen Krimi-Reisenden sind jedenfalls in guter Gesellschaft. So fuhr der britische Journalist John Williams kreuz und quer durch die USA, um dort seine schreibenden Helden und ihre Schauplätze aufzusuchen. Das Ergebnis war sein Buch „Into the Badlands" (HarperCollins, 1993). Die Protagonisten: Kriminalschriftsteller – Elmore Leonard, James Crumley, Carl Hiaasen, James Ellroy und viele andere. Ein jüngeres

Beispiel ist Craig Johnson, in dessen stetig erfolgreicher werdenden Reihe um Sheriff Walt Longmire die Landschaft rund um die Bighorn Mountains in Wyoming eine genau so wichtige Rolle spielt wie die beneidenswert trockenen Ironiker, die er darin auftreten lässt (leider hat zum Zeitpunkt der Arbeit an diesem Buch noch kein deutscher Verlag Johnsons Romane entdeckt).

In der, pardon, hohen Literatur gibt es das selbstverständlich auch: Volker Hage, Kulturredakteur beim *Spiegel*, veröffentlichte 1997 bei Goldmann den Band „Auf den Spuren der Dichtung". Auch er gab sich der Faszination literarischer Orte hin und fuhr nach Travemünde („Die Buddenbrooks", Thomas Mann), nach Dublin („Ulysses", James Joyce), er besuchte Kurt Tucholskys Schloss Gripsholm, Max Frischs Montauk auf Long Island und weitere Schauplätze der Weltliteratur.

Eine Anmerkung für Eifel-Verächter: Die Region hat es, wenn auch verschlüsselt, längst in die Weltliteratur geschafft. Ernest Hemingway, der 1944 als Kriegsberichterstatter mit der 4. US-Infanteriedivision von der Normandie bis in die Eifel gelangt war, ließ sich hier, „wo die Drachen hausen", zu seinem Roman „Across the River and into the Trees" (1950) inspirieren. Und ganz in der Nähe von Hemingways zeitweiligem Quartier im Eifeldorf Buchet liegt auch der Ort, nach dem einer der bekanntesten Romane von Alfred Andersch benannt ist: Winterspelt. Ansonsten aber, da hat Gisbert Haefs wiederum recht, passierte in den Jahrzehnten zwischen Clara Viebig („Das Weiberdorf", 1900) und Jacques Berndorf nicht so richtig viel in der Eifel (was nicht nur für die Literatur gilt, sondern auch für alles andere).

Der Verfasser dieses Buchs gibt übrigens zu, dieser speziellen Reisekrankheit ebenfalls verfallen zu sein und das Verhalten der Berndorf-Fans deshalb nicht verurteilen zu können oder gar zu wollen. Eine seiner Trophäen: ein Besuch am Grab von Jack London in Glen Ellen, Kalifornien. Oder der Aufenthalt in einem

Hotel im niederländischen Veere – dort verfasste der Belgier Charles de Coster seinen „Ulenspiegel" (1867) und begründete damit die französischsprachige Literatur seines Heimatlands.

Mit der Reiselust seiner Leser kann sich Michael Preute arrangieren. Sogar gelegentliche Besuche auf seinem Hof lässt er sich gefallen, falls er gerade in der Stimmung ist. Schwieriger wird es mit dem Begriff „Regionalkrimi." Preute gilt dank seines Erfolgs vielen als der Erfinder dieses Subgenres der Kriminalliteratur, aber das ist falsch, andere haben das schon vor ihm getan. Sogar mit dem Begriff „Eifel" im Titel kam ihm jemand zuvor: So veröffentlichten Georg und Renate Cordts unter dem gemeinsamen Pseudonym „Georg R. Kristan" bereits 1985 bei Goldmann den in der damaligen Bundeshauptstadt Bonn angesiedelten Krimi „Das Jagdhaus in der Eifel".

Regionalkrimis: „Das ist ein heikles Thema", räumt auch Gisbert Haefs ein. Er verweist auf Horst Bosetzky, der unter seinem Autorennamen -ky ebenfalls Provinzkrimis verfasste und sie im fiktiven Bramme ansiedelte, lange vor Berndorf und ohne dass daraus bereits eine Welle geworden wäre. Haefs hat sich ebenfalls schon vorher „reichlich auf dem Gebiet getummelt" sagt er im Blick auf seine Romane um den vielleicht ungewöhnlichsten aller deutschen Privatdetektive: den umfassend gebildeten „Universaldilettanten" Baltasar Matzbach, der in Bonn residiert und zum ersten Mal 1981 ermittelte („Mord am Millionenhügel"). Haefs' hoch unterhaltsame und gewitzte Romane werden dennoch nicht als Regionalliteratur wahrgenommen, obwohl es auch Matzbach gelegentlich aufs Land verschlägt: Im Ahrtal („Matzbachs Nabel", 1993) gerät das intellektuelle und physische Schwergewicht in eine wahnwitzige Geschichte an einem Schauplatz, der eine weitere Parallele zu Preute aufweist, dem Bunker der Bundesregierung.

An Berndorf hingegen pappt das Regional-Etikett. Und jedesmal weist er es von sich, wenn er darauf angesprochen wird oder wenn ihn jemand vor einer Lesung gar als „den Erfinder des Regionalkrimis" begrüßt. „Dann stelle ich mich hin und sage: Das bin ich nicht." Trotzdem ist es natürlich unbestreitbar sein großer Erfolg, der vielen nachfolgenden Kollegen die Türen öffnete: „Wir alle haben ihm viel zu verdanken", sagt zum Beispiel die Schriftstellerin Tatjana Kruse aus Schwäbisch Hall. Diese Dankbarkeit dürfte auch einer der Gründe dafür gewesen sein, dass ihn die Zunft im Jahr 2003 auszeichnete: Das „Syndikat", die Vereinigung deutschsprachiger Krimiautoren, verlieh ihm den „Ehrenglauser" fürs Lebenswerk – ein Lebenswerk, das inzwischen um ein rundes Dutzend weiterer Veröffentlichungen gewachsen ist. Allen ist gemeinsam, was Kollege Ralf Kramp, heute Berndorfs Verleger, in der Glauser-Laudatio sagte: „Die Eifel in Jacques Berndorfs Romanen wird zum Pseudonym für Idylle. Und zwar für eine Idylle, der auch der haarsträubendste Kriminalfall nichts anhaben kann, die am Ende wieder so ist, wie sie immer war. Schroff und spröde und von unglaublicher Schönheit. Und bei dem, was zwischen ‚Eifel-Anfang' und ‚Eifel-Ende' passiert, kann der altgediente Journalist seinem Affen richtig Zucker geben."

Der „Vater des Regionalkrimis" ist er nicht, den anhaltenden Erfolg des Unter-Genres jedoch hat er gewiss mit eingeleitet. Der Ruf als Vorreiter bleibt trotzdem ein zweischneidiges Schwert: Denn je besser die Verkaufszahlen für Eifel- und andere Regiokrimis wurden, desto mehr Autoren und Autorendarsteller tauchten auf, die eben nicht auf dem Niveau von Haefs, Berndorf, Kruse und anderen zu schreiben in der Lage waren – und mit ihnen mehrten sich die Klein- und Kleinstverlage, die das alles druckten.

So ehrt es Michael Preute einerseits, wenn er nicht zum Gottvater des Regionalkrimis stilisiert werden möchte. Und man kann zugleich verstehen, dass er nicht auch noch haftbar gemacht werden will für den ganzen Krimischrott, der sich in den vergangenen Jahrzehnten angesammelt hat.

Zumal sein erster in der Eifel geschriebener Roman weder als Regionalkrimi gedacht war noch zu einer Serie ausgebaut werden sollte: „Ich hatte nie an eine Reihe gedacht. Ach was, null." Und das habe auch für Grafit-Verleger Rutger Booß gegolten. „Er hat erst nach meinem Ausflug zu Goldmann beziehungsweise zu Bastei Lübbe daran gedacht, sich zu nähern und zu sagen: Kannst du nicht in dieser Besetzung noch mal was machen? Also Eifel? Da habe ich gesagt: Ja klar." Das Ergebnis waren „Eifel-Gold" (1993) und die fast 20 weiteren Romane, die bislang folgten.

Vorreiter oder nicht: Schon vor Berndorf und dem „Eifel-Blues" gab es Autoren, die einen Ort, eine Region in den Vordergrund stellten – oder eine Straße: Conny Lens (Pseudonym für den 1951 in Essen geborenen Autor Friedrich Hitzbleck) veröffentlichte bereits 1987, also zwei Jahre früher, „Die Sonnenbrillenfrau". Untertitel: „Steeler-Straße-Krimi." Damit und mit den folgenden Romanen war Essen auf die Krimilandkarte gesetzt. Die Stadt blieb nicht der einzige Schauplatz im Ruhrgebiet: 1988 erschien, zunächst ebenfalls noch bei Pahl-Rugenstein (später Grafit), „Das Ekel von Datteln" von Reinhard Junge und Leo P. Ard (Jürgen Pomorin). Zwei weitere „Ekel"-Romane folgten.

Haefs verweist außerdem – „Ehre, wem sie gebührt" – auf den Kölner Emons-Verlag, der 1984 wohl als erster mit diesem Begriff operiert habe: Bei Christoph Gottwalds „Tödlicher Klüngel". Emons hat mittlerweile neben Köln und der Eifel eine ganze Reihe anderer deutscher Regionen im Krimiprogramm. Darunter auch bereits einige „Mallorca-Krimis", aber die Insel ist ja praktisch auch eine deutsche Provinz. Bei Emons veröffentlichte auch Frank Schätzing seine ersten, in Köln angesiedelten Romane, bevor er später woanders mit dem „Schwarm" ans Limit dessen ging, was man an Verkaufszahlen erreichen kann.

Wenn es also einen Vorreiter gibt, dann ist es weniger Berndorf als vielleicht Emons und gewiss auch sein früherer Verlag: Grafit machte sich in den 1980er Jahren schnell einen Namen als Haus für Regionalkrimis, die meist im Ruhrgebiet angesiedelt waren. Und in der Eifel. So verlegte Rutger Booß neben den Berndorf-Büchern auch die vier Eifelkrimis von Andreas Izquierdo.

Grafit, sagt Michael Preute, habe damals Autorinnen und Autoren veröffentlicht, „die einfach gut waren. Und dann verkam das irgendwie ganz schnell. Dann gab es Wuppertal-Krimis, dann gab es Hamburg-Fuhlsbüttel-Krimis, ach Gott, dann hatte jede Nordseeinsel ihren Krimi. Ich habe auch nichts dagegen. Das ist ja ganz klasse, aber es ging so viel in die Hose. Es wurde kopiert von Leuten, die statt einer guten Story einen Krimi mit Regionalität machten. Sie fielen alle auf die Schnauze."

Dass aus den Regionalkrimis „so eine Riesenwelle" werden würde, auch Rutger Booß hätte nicht damit gerechnet: „Wer die Schauplätze in einem Krimi kennt", sagt er, „der hat vielleicht einen Zusatznutzen. Aber es muss als Krimi stimmen."

Tut es aber nicht immer, und deshalb geht auch weiterhin (wir werden die Arsch-Metapher in diesem Kapitel irgendwie nicht mehr los) viel in die Hose: Von Aachen bis nach Zwickau, vom Allgäu bis ins Wendland. Weil manch einem Schreiber seine Stadt, seine Region und vor allem sein Name vorne auf dem Deckel wichtiger sind als eine gute und gut geschriebene Geschichte. „Du brauchst eine unendliche Geduld, in deinen Themen auch Landschaft und Leute zu zeichnen und zu zeigen", sagt Michael Preute. Diese Geduld aber hätten viele nicht.

Dazu passt sehr gut, was die mit historischen Romanen bekanntgewordene Schriftstellerin Martina Kempff zum Thema sagt, die bei Piper bereits drei im Grenzraum von Eifel und Ostbelgien angesiedelte Krimis veröffentlicht hat (Einkehr zum tödlichen Frieden, Pendelverkehr, Kehraus für eine Leiche): „Bei einem ordentlichen Krimi malt die Eifel nicht den Hintergrund aus – sie ist der

Michael Preute in
den 80er Jahren

„Sowas schreibt
man doch nicht":
Michael Preutes
Spiegel-Reportage
über alte Men-
schen in Köln
1985
*(Fotos: J.H. Darchinger/
Friedrich-Ebert-Stiftung)*

Alte Menschen, Hausierverbotsschild in Köln, Wormser Straße: Sie leben zu Tausenden, völlig isoliert, im Verborgenen

„Dat Leben lohnt nich mehr"

Michael Preute über den Alltag alleinstehender alter Menschen in der Großstadt

Der Journalist Michael Preute, 48, bezog letztes Jahr eine Wohnung in der Wormser Straße in der Kölner Südstadt. Sechs Monate lang beobachtete er dort den Alltag alleinstehender alter Menschen.

Morgens um sechs in Lothars Kaffee-bude in der Wormser Straße: Lothars Mutter knetet Frikadellen, er selbst räumt die Tageszeitungen ein. Da setzt sie plötzlich in der Tür und sagt mit zarter Stimme: „Den ‚Express' bitte."

Sie ist nicht größer als ein Meter fünfzig, zierlich und schmal. Ihre Kopf-haut schimmert unter einem durchsichti-gen braunen Tuch durch. Ihr uralter schwarzer Bademantel ist durchsetzt mit verwaschenen Blättern, sie trägt ausgelatschte Pantoffeln.

Ich habe die alte Frau drei Monate später wieder getroffen. Als sie im Winter-reifen in dem mir zugeteilten Kellerver-schlag rollte, stand sie plötzlich vor mir und sagte: „Ach, ich dachte, wir bekä-men Besuch. Guten Tag."

„Was machen Sie im Keller?" fragte ich. „Ich wohne hier", sagte sie. „Ich und Fräulein Scherz, seit 53 Jahren."

Die Wormser Straße, in die ich vor einigen Monaten umgezogen bin, liegt in einem Arbeiterviertel in der Kölner Südstadt. Sie ist knapp 400 Meter lang, etwa 20 Menschen über 65 Jahre leben hier, die Bewohner eines privaten Alten-heims am Ende der Straße nicht mitge-zählt.

Fast alle von ihnen führen ein Dasein, dessen Wirklichkeit Angst macht. Erst glaubte ich, diese Straße sei die Aus-nahme, die große Zahl an gestrandeten Alten müsse Zufall sein.

Aber es ist kein Zufall. Wormser Stra-ßen gibt es überall, in jeder Stadt. Sie fallen bloß nicht auf.

Da hat sich in einem der Häuser auf der anderen Straßenseite ein 70jähriger am Kleiderschrank erhängt. Seine Frau war gestorben, der Arzt diagnostizierte bei ihm Darmkrebs. Der Mann bezog, wie die Nachbarn sagen, eine gute Rente – über zweitausend Mark.

Auf einem Balkon im ersten Stock, winzig, ohne Sonne, mit ein paar Topf-pflanzen wie einem Aufenthaltsraum ge-

richtet, steht die 76jährige Meta und schüttet den Inhalt ihres Nachttopfes auf die parkenden Autos, offenbar aus Haß auf ihre Umwelt, für die sie nicht exi-stiert.

Sie alle, ohne Ausnahme, haben sich das Alter anders vorgestellt, sie haben den Ruhestand anders geplant. Kein ein-ziger hat geahnt, was Einsamkeit im Alter wirklich bedeutet, obwohl jeder in jüngeren Jahren alte Leute hat dahinge-hen sehen, ohne Würde und allein. Mit mir nicht, haben sie alle gesagt, niemals. Jetzt versuchen sie zu schimpfen, Erfah-rungen weiterzugeben, und keiner hört hin.

Wenn es regnet und die grauen Win-tertage auf das Gemüt schlagen, flüchten sie um die Ecke in Helmuts „Regenbo-gen"-Blumenladen. Dort können sie sich hinsetzen. Blumen sind freundlich.

Von den über zwanzig alten Menschen in dieser Straße bekommen nur vier eine Rente, die ihnen ein angemessenes Le-ben ermöglicht. Die anderen plagen sich in Heimlichkeit.

Bunker-Gelände im Ahrtal: Milliardengrab unter Rotweinreben

REGIERUNGSBUNKER

Sieben Eide

Der Bunker der Bonner Regierung ist eines der bestgehüteten Geheimnisse der Republik. Ein Buch enttarnt die Anlage als perfektionierten Unsinn.

So kann ich auch für alle jene schreiben, die auf höchst geheimen Listen zu den auserwählten Überlebenden der langen Atomnacht gehören. Sie wissen noch nicht, was sie erwartet. Aber ich wünsche ihnen viel Vergnügen.
Michael Preute

Das Thema kam ihm ausgelutscht vor. Die meisten Zeitungen hatten schon darüber berichtet, im Fernsehen konnte man Bilder von schwarzen Regierungslimousinen sehen, die sich durch das mächtige Betonportal zwängten: In der Eifel zwischen Dernau und Ahrweiler,

20 Kilometer südlich von Bonn, gibt es einen Bunker, in den sich am Tag X die Bundesregierung zurückzieht, um jene Reste zu verwalten, die nach einem Krieg von der Bundesrepublik übrigbleiben werden.

„Ich dachte, darüber gibt's nichts zu schreiben", erinnert sich der Journalist und Autor Michael Preute, „weil schon alles geschrieben ist: Ein Bunker ist eben ein Bunker."

Doch schon bei den Vorrecherchen zu seiner Bunker-Fibel* stellte Preute fest, daß unter den idyllischen Rotweinbergen am Nordufer des Flüßchens Ahr sehr viel mehr steckt als bloß ein atombombensicherer Unterstand für ein paar Politiker, Militärs und Beamte.

Preute stieß auf ein kafkaeskes Bunkersystem, dessen Bau mehrere Milliarden Mark verschlang und dessen Nutzen höchst umstritten ist. Und vor allem: Es gibt darüber kaum allgemein zugängliche Informationen.

Penible Geheimhaltungsvorschriften hatten bislang jedes kritische Nachforschen von Abgeordneten und Journalisten verhindert. Auch Preute konnte – natürlich – den Bunker nicht betreten, das Innenministerium, Hausherr der Anlage, blockte ab.

Der 47jährige Journalist verlegte sich notgedrungen auf Basisrecherchen. Während dreieinhalb Monaten interviewte er 120 Ingenieure und Betonfacharbeiter beteiligter Baufirmen, Kabelzieher von der Bundespost, Wachleute, Wartungspersonal, Grenzschutzbeamte und Putzfrauen, die alle auf irgendeine Art mit dem Bunker in Berührung gekommen waren. 10 800 Kilometer legte er im Auto zurück, diskutierte nächtelang mit Anwohnern, erwanderte stundenlang das Bunkergelände. Die Kleinarbeit ergab ein überraschend dichtes Bild von einem der bestgehüteten Geheimnisse der Republik.

Seine Buchreportage hat er literarisch leicht verfremdet, um einer allfälligen Beschlagnahme durch übereifrige Staatsanwälte vorzubeugen und gleichzeitig zur Schweigepflicht angehaltene Informanten zu schützen.

Das Bunkergelände ist größtenteils frei zugänglich, der Rotweinwanderweg, im Sommer ein beliebtes Ziel von Tausenden von Ausflüglern, führt quer drüber weg. Sichtbar sind einzig die Belüftungsschächte und die massiven Betonportale, von denen es mindestens zwölf gibt, inklusive der Ausgänge der Fluchtstollen.

Vor einem der Portale, mitten im Dorf Dernau, ist ein Kinderspielplatz angelegt, „für Kinder bis zu zehn Jahren" besagt ein Hinweisschild.

Nirgendwo weisen Tafeln auf ein Photographierverbot hin. Neugierige werden

* Michael Preute: „Vom Bunker der Bundesregierung". edition nachtraben, Köln; 96 Seiten; 12,80 Mark.

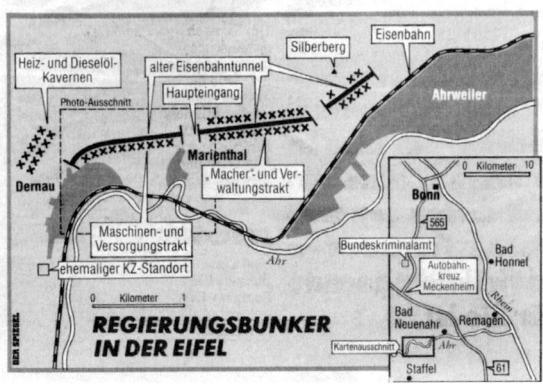

„Mein Lebensscharnier":
Reportage im *Spiegel* über Michael Preute und sein Buch vom Regierungsbunker im Ahrtal, 1984 *(Fotos: J.H. Darchinger/Friedrich-Ebert-Stiftung)*

Eiskalter Rechercheur, der gerne im Trüben fischt:
Michael Preute irgendwo in Kanada und am heimischen Teich in Brück
(An seiner Seite Freund und Kollege Alwin Ixfeld) *(Fotos unten: Dorothée Steuer)*

Köln – die Rauschgift-Hauptstadt

Drogenhandel auf dem Schulhof

In Köln die heimlichen Wege der Drogen aufgespürt: Michael Preute (56)

Autor behauptet:
Hasch und Pillen an allen Gymnasien

Der Autor

Im Untergrund

■ Der Drogenmarkt expandiert: Michael Preute weiß, wovon er spricht. Zwei Jahre lang traf er Fixer und Dealer im Untergrund. Er kennt die Wege, auf denen der Stoff die Schulen erreicht. Preute, der für Zeitungen und Magazine (u. a. „Spiegel" und „Stern") arbeitet, hörte Staatsanwälte und Fahnder zum Thema und schrieb das Buch „Drogen – Markt – Schule". Am 4. Februar (19.30 Uhr) diskutiert Preute in der Meyerschen Buchhandlung.

Die Schulleiter

Fast alle sehen keine Probleme

Schulleiter von Kölner Gymnasien nehmen Stellung:
■ Heinz-Otto Kucken (Herder-Gymnasium): „Es ist naiv anzunehmen, daß keiner mit diesen Dingen in Berührung kommt. Man weiß, daß der Markt geradezu überschwemmt wird."
■ Eckhard Ramacher (Albertus-Magnus-Gym.): „Ich halte das für übertrieben. Hin und wieder haben wir mal Hinweise, daß im privaten Kreis Hasch geraucht wird."
■ Manfred Grübnau (Kästner-Gym.): „Wir wissen von Schulen, die schwere Probleme haben. Keine äußerlichen Anzeichen bei uns."
■ Wolfgang Wolf (Rhein-Gym.): „Wir haben gegenwärtig keine Probleme. Dealen und dergleichen gibt es nicht innerhalb der Schule."
■ Heinz Windmüller (Hölderlin-Gym.): „Unsere Lehrer passen auf."
■ Kölns Schuldezernent Andreas Henseler: „Das Drogenproblem an den Schulen nimmt zu. Speziell ausgebildete Drogenberatungslehrer machen sich damit vertraut. Schulleiter beurteilen die Sache natürlich vorsichtig, um den Ruf ihrer Schule nicht zu gefährden."

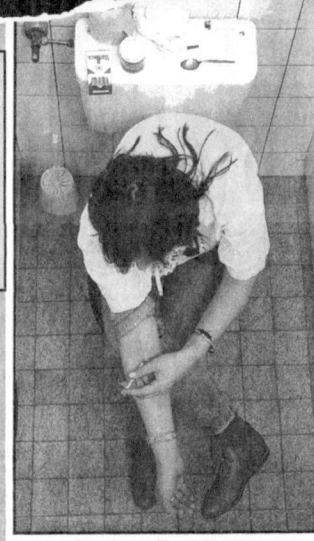

Die typische Drogenkarriere: Was mit einem kleinen Joint begann, endet oft mit Fixerbesteck auf einer Toilette. Foto: Wirtz

Von WERNER ASCHEMANN

exp K ö l n – Simone (18), Kölner Schülerin: „Ich kann auf keine Party mehr gehen. Entweder dröhnen die sich da bis zum Stehkragen voll, oder sie rauchen Shit, bis sie schielen."

„20 Prozent aller Schüler in Köln nehmen Hasch. Zwei Prozent junger Mädchen an den Oberschulen prostituieren sich, um Drogen zu finanzieren", sagt der Autor Michael Preute (56) vom EXPRESS. Für sein Buch „Drogenmarkt Schule" recherchierte er zwei Jahre, sprach mit Dealern, Süchtigen, Gefährdeten. Niederschmetternde Erkenntnis. „Köln ist Drogenhochburg in Deutschland. Es gibt kein Gymnasium, an dem nicht Haschisch geraucht oder Amphitamine geschluckt werden."

Ein hoher Beamter des Bundeskriminalamtes bestätigt: „Ich zahle demjenigen eine Kiste Champagner, der mir eine Schule mit über 14jährigen zeigt, die drogenfrei ist."

Preute kennt die Preise: „Einen Joint kostet 10 bis 15 DM, Heroin und Kokain nur noch 150 DM pro Gramm. Es gibt genug Stoff. Gelagert wird der Stoff in den Wäldern der Eifel, in Kellern und Garagen."

Schüler kaufen Drogen in Kneipen aber auch auf Schulhöfen: Die Übergabe ist simpel. Dealer und Käufer tragen jeder eine Tüte z.B. mit Obst. In einer Tüte liegt der Stoff darunter. Beim Verlassen des Treffs wechseln die Tüten den Besitzer. Preute: „Das haben die bei Miami Vice abgeguckt."

Beim Schnüffeln im Milieu lernte der Autor auch die Angst kennen. „Gefährlich sind Großdealer, die Summen bis zu einer Million einsetzen", sagt er. Einer der größten Koksdealer Kölns schickte es ihm schriftlich: „Meine Geduld ist zu Ende". Preute: „Danach habe ich eine Zeit lang immer unter mein Auto gesehen, ob da einer rumgefummelt hatte."

Siegfried Arndt vom Drogendezernat der Kripo Köln: „Von Schulen selbst hören wir selten etwas. Die wollen ihren Ruf nicht verderben. Aber man kann es sich an den zehn Fingern abzählen, daß es dort Drogen gibt." Er warnt übrigens vor der Einstiegsdroge: „Haschisch wird verniedlicht." Und: „Köln ist ein führender Markt geworden. Man sieht das an der Zahl der Drogentoten."

Der Beamte: „Türkische Drogenhändler machen in Köln das große Geschäft vor allem mit Heroin. Italienische Clans sind mehr auf Kokain spezialisiert. Jungen Leuten werden heute am Neumarkt die Drogen schon regelrecht aufgedrängt."

Die Schüler

Große Gefahr

■ „Ich sehe das wie Michael Preute: Viele Schüler rauchen Hasch. Es wird teilweise auch an Schulen gedealt", sagt Helga Wolf (18), Vorstands- Sprecherin der Bezirksschülervertretung. „Für einige ist die Gefährdung groß, andere lassen sich aus und lassen wieder davon. Drogenberatungslehrer sind lächerlich, weil man damit keinen abschreckt. Wir brauchen eher so etwas wie ein Schulfach Lebenshilfe, wo man Probleme grundsätzlich angeht."

Bericht über Michael Preute und sein Buch „Drogen Markt Schule" im *Express*, Köln, 1992 *(Quelle: Express)*

Am Schreibtisch in Berndorf: Der Autor in den 90er Jahren. *(Foto: Karsten Karbaum)*

Eifel-Literaturpreis 1996: Michael Preute, Kultur-Staatssekretär Hofmann-Göttig, Diethelm Kees (KSK Bitburg-Prüm), Regierungspräsident Blankenburg, Ralf Kramp, Dr. Josef Zierden (Festivalleiter) und Werner Blindert (Geschichtsverein Prümer Land) *(Foto: Manfred Lang)*

Jederzeit unterschriftsbereit:
Michael Preute signiert
zwischen Tür und Angel.

Unter Kollegen (von links):
Gisbert Haefs, Jürgen Ebertowski,
Michael Preute und Peter Zeindler
auf der Frankfurter Buchmesse.
(Foto: KBV)

Mit Ralf Kramp
bei der Eröffnung
des Kriminalhau-
ses in Hillesheim,
2007
(Foto: Fritz-Peter Linden)

Der erste „Roland" für Jürgen Roland: Michael Preute überreicht den Krimi-
preis beim Festival Tatort Eifel 2003. *(Foto: Kreisverwaltung Vulkaneifel)*

Mit Schauspieler Dietmar Bär vor der Staatskanzlei in Mainz *(Foto: Fritz-Peter Linden)*

Mit seinen Kindern Manuel und Mona Eichler in Hillesheim *(Foto: Fritz-Peter Linden)*

„Ich würde wahrscheinlich einen neuen Krimi schreiben": Michael Preute bei der Arbeit *(Foto: contrastwerkstatt)*

entscheidende Protagonist. Es würde verkrampft wirken, sich irgendeinen Plot auszudenken und einfach in die Eifel-Landschaft zu setzen. Ebensowenig lassen sich Szenerie, Sprache und Eigenheiten in eine andere Region verpflanzen." Aus diesem Grund könnten ihre Krimis auch nirgendwo anders spielen „als in jenem sehr dünn besiedelten Gebiet der Westeifel, in dem ich gelebt habe. Als ich 2002 in die Eifel kam, wollte ich gleich einen Krimi schreiben, begriff aber nach einem ersten Fehlversuch, dass ich die Eifel lernen musste. Nach siebenjährigem Studium traute ich mich an meinen ersten Eifel-Krimi heran; zurzeit plane ich den vierten. Dennoch würde ich mir auch jetzt die Behauptung nicht anmaßen, die Eifel-Reife erlangt zu haben. Das Lernen geht weiter."

Die richtige Einstellung. Ganz abgesehen von den Nachforschungen, die man für einen Roman wie „Eifel-Kreuz" (2006) betreiben müsse, sagt Michael Preute: „Es reicht ja nicht, dass ich sage: Eifel-Kreuz. Es muss ja dahinter der große Überblick stehen über diese Merkwürdigkeiten, die sich die katholische Kirche in der Eifel seit Jahrhunderten geleistet hat. Und die diese Bevölkerung durchleiden musste", erklärt er und redet sich gleich noch ein bisschen weiter in Rage über das Thema des Romans: „In einem einfachen Nest wie bei mir daheim, mit 380 Seelen, da hatte der Pfarrer eine unglaubliche Gewalt. Und es gab die Zeit, da durfte eine Frau, wenn sie die Menstruation hatte, nicht in die Kirche. Da wurden die Frauen ausgerechnet für das gestraft, was sie auf der Welt einzigartig macht. Das ist vollkommen undenkbar, aber es war so. Da habe ich sicher 500 Seiten über Katholizismus in der Eifel gelesen, bevor ich mich überhaupt daran gab. Heute sitzen die Hauptarschlöcher in Rom. Und jetzt haben wir auch noch ein deutsches Hauptarschloch. Aber die Menschen vorangebracht haben sie nicht." (In einem anderen Zusammenhang äußert er sich während unserer Gespräche für dieses Buch freundlicher: Der Katholizismus, so seine Vermutung, habe in der Eifel zu größerer

Toleranz gegenüber Menschen beigetragen, die aus dem Rahmen fallen.)

Weg von der Analmetaphorik und zurück zum Regionalkrimi und den Problemen, die Michael Preute damit hat: „Die Erfindung der Regionalität? Das war Stuss. Entweder ich mache gute Krimis oder nicht. Und ich transportiere diese Landschaft, in der die Krimis spielen. Aber das würde im Westerwald, im Hunsrück und in der Oberpfalz genauso funktionieren, wie es hier in der Eifel funktioniert." Im schwedischen Ystad übrigens auch. Oder, wie beim britischen Autor Martin Walker, im französischen Périgord. Aber vermutlich wird man Walker und seinem Verlag Diogenes nie vorwerfen, „nur" Regionalkrimis zu veröffentlichen. Wenn Briten, siehe Peter Mayle, über Südfrankreich schreiben, dann wirkt das einfach besser, als wenn Deutsche sich mit der Eifel befassen, mit dem Ländle oder mit dem Allgäu, wie es die ebenfalls sehr erfolgreichen Kluftinger-Krimis von Volker Klüpfel und Michael Kobr tun. Dabei ist das Périgord, genauso wie die Eifel, zunächst auch nur eine Region, eine provinzielle zudem. Es klingt eben nur gediegener. Und so schön nach Lebensart.

Ein Aspekt übrigens, den die zu Beginn des 21. Jahrhunderts aufgekommenen „Landmagazine" gewinnbringend nutzen: *Landlust*, *Landliebe*, *Landspiegel*, *Landidee* und wie sie alle heißen pflegen die Vorstellung vom naturnahen Dorfleben und propagieren dabei ein Country-Idyll, das es so gar nicht gibt. Aber sie treffen offensichtlich auf ein Bedürfnis beim Leser, die Magazine verkaufen sich wie dioxinfreie Eier vom Biobauern. Allerdings wollen wir, auch wenn dahinter möglicherweise ein weiterer Grund für seinen Erfolg gemutmaßt werden kann, Jacques Berndorf dafür nicht verantwortlich machen.

Irgendwo muss ein Roman schließlich angesiedelt sein – aber, sagt Michael Preute, das heiße ja noch lange nicht, dass Raymond Chandler „LA-Romane" verfasst habe. Dass Dashiell Hammett

„San Francisco"-Krimis schrieb. Genauso wenig werden, um einen anderen Gegenwartsautor aus Deutschland zu nennen, Friedrich Anis Romane um seinen Kommissar Tabor Süden vorrangig als „München-Krimis" wahrgenommen. In „Eifel-Täter" schreibt Preute auf Seite 14: „Übertrieben formuliert könnte man sagen, dass meine Freundin Ingrid Noll Küchenkrimis schreibt, weil sie so fantastisch aufmüpfige Hausfrauen zu schildern versteht." Man kann weiter fragen: Ist Hannibal, Missouri, ein träges Nest am Mississippi? Oder der Ort, an dem die amerikanische Literatur ihre eigene Stimme fand, als Mark Twain dort seinen Helden Huckleberry Finn aufs Floß setzte? „Hat Günter Grass Danziger Heimatgeschichten geschrieben?", ergänzt Gisbert Haefs. Sein Fazit: „Was man gemeinhin als Regionalkrimi bezeichnet, ist nichts anderes als literarische Normalität."

Das Gute zum Schluss: Auch die großen Verlagshäuser setzen mittlerweile immer offensiver auf das Regionale und befreien es dadurch aus der Ecke der Minderwertigkeit. Bei Piper zum Beispiel erscheinen neben den Eifelkrimis von Martina Kempff auch die „Darmstadt-Krimis" von Michael Kibler. Und Berndorfs Eifeler Verlag KBV ging 2011 mit Fischer Taschenbuch eine Partnerschaft ein: Fischer veröffentlichte zu Berndorfs 75. Geburtstag seine bisherigen KBV-Bücher in einer Sonderausgabe.

Und manchmal schreibst du auch schlicht Scheiße

JACQUES BERNDORF – UND WAS DIE ANDEREN SAGEN

„Ach, Sie schreiben nur Krimis? Die Bemerkung kenne ich.
Und ich muss ehrlich sagen: Ich habe dafür kaum Verständnis.
Es soll mal einer versuchen. Sich hinsetzen und dann so eine
Geschichte durchpeitschen – logisch, nachvollziehbar, liebevoll.
Aber das begegnet einem häufig, dass einer sagt:
Ach, warum, schreiben Sie nicht mal einen richtigen Roman?
Wobei die nicht mal qualifizieren können, was denn ein
richtiger Roman ist, das kommt noch obendrauf.“

Michael Preute

Es mögen „nur" Krimis sein – aber ihr Verfasser ist damit
erfolgreich, erfolgreicher als viele, die sich und ihr Werk in
nobleren Sphären ansiedeln. Deshalb verweist er mit Stolz („der
allerdings nur begrenzt") darauf, dass die vielen Berndorf-Leser
schlicht seine Art von Unterhaltung zu mögen scheinen. „Und die
Bundesrepublik hat an guter Unterhaltung einfach zu wenig."
  Manch ein Kritiker gibt ihm Recht: Jochen Schmidt bescheinigte
Jacques Berndorf bekanntlich in der *Frankfurter Allgemeinen Zeitung,*
mit seinen Baumeister-Geschichten „die beste Serie im zeitgenössischen deutschen Kriminalroman" vorgelegt zu haben. Schmidt veröffentlichte 1989 bei Ullstein das Standardwerk „Gangster, Opfer,
Detektive – Eine Typengeschichte des Kriminalromans" – darin
tauchten Berndorf und Baumeister, der in jenem Jahr erstmals in

der Eifel ermittelte, noch nicht auf. Als aber Berndorfs heutiger Verlag KBV die inzwischen vergriffene „Typengeschichte" 2009 in erweiterter und aktualisierter Fassung herausbrachte, nahm sich Schmidt den Autor noch einmal ausführlich vor – und kam zu einem ähnlichen Urteil, auch wenn es durch das Attribut „regional" vielleicht ein wenig eingeschränkt wird: „Die wohl besten deutschen Regional-Krimis schreibt Jacques Berndorf, der eigentlich Michael Preute heißt und für das Magazin *Der Spiegel* arbeitete, bevor er sich als Krimi-Autor einen Namen machte ..."

Und über „Eifel-Müll" heißt es zwei Seiten weiter: „Wie alle Eifel-Krimis von Berndorf ist auch „Eifel-Müll" ein mit Geschichten und liebevoll ausgesponnenen Details, mit großer und kleiner Welt prall gefülltes Buch, logisch aufgebaut und voller Spannung. Die handelnden Personen sind, Opfer wie Täter, Helden wie Schurken, Polizisten wie Privatermittler, ausgesprochen komplexe Charaktere, weitab von den genreüblichen Klischees, und noch die Marotten der Zentralfigur, die Berndorf diesmal mit einer neuen Liebe ausstattet, sind liebenswert; schließlich gibt es Schlimmeres als die genaue Angabe der Marke und des Typs jeder Pfeife, die sich Siggi Baumeister stopft. Hauptsache, der Mann selbst ist keine Pfeife – und das ist er nun wirklich nicht. Tatsächlich wächst Berndorfs Held dem Leser auf die Dauer ähnlich ans Herz wie Chandlers Marlowe oder Macdonalds Lew Archer. Denn mit der Zeit bekommt er nicht nur eine Physiognomie, sondern sogar eine Lebensgeschichte, einschließlich einiger, nicht allzu rasch wechselnder Liebsten und Lebensgefährtinnen ... Dabei kommt er den großen Vorbildern aus Kalifornien so nah wie kaum ein anderer deutscher Autor seiner Generation."

(Jochen Schmidt: Gangster, Opfer, Detektive – Eine Typengeschichte des Kriminalromans, KBV 2009, Seite 718 und 720)

Regisseur Hajo Gies, zugleich einer der Roland-Juroren beim Krimifestival „Tatort Eifel", inszenierte 1981 in Michael Preutes Heimatstadt einen Film, der Fernsehgeschichte schrieb und einer ganzen ARD-Reihe nach etlichen verschnarchten Jahren neuen Auftrieb verschaffte: „Duisburg Ruhrort", den ersten „Schimanski"-Tatort mit Götz George. Auch Gies kennt die Baumeister-Romane: „Ich habe das vorwiegend gelesen unter dem Gesichtspunkt einer Verfilmung", sagt er. Was ihm – wie den vermutlich meisten Berndorf-Lesern – an den Büchern so gut gefiel, stand jedoch aus seiner Sicht einer Umsetzung im Weg: die Beschreibungen. „Das Äquivalent dazu wäre, dass die Kamera an einem Haus entlang schweift, an einer Straße oder über die Landschaft und dass man alle Details erkennen kann. Im Film hält das immer auf. Man kann das umsetzen, aber das sind Filme, die ein bisschen kompliziert werden. Weil sie dann sehr ruhig werden und sehr beschreibend. Und das ist im Moment ja nicht so angesagt. Aber gerade seine Beschreibungen sind in den Romanen unheimlich gut. Und das macht auch seine Qualität aus."

Aus einer Berndorf-Verfilmung wurde also nichts. Trotzdem hat Hajo Gies im Jahr 2009 doch noch einen Eifel-Krimi gedreht, wenn auch nicht nach einem Stoff aus Michael Preutes Feder, sondern nach einem Drehbuch von Uwe Kossmann: „Der Bulle und das Landei", mit den Hauptdarstellern Uwe Ochsenknecht und Diana Amft. Der sehr leicht und humorvoll im Eifeldorf Monreal inszenierte Film brachte dem SWR im Sommer 2010 eine so starke Einschaltquote, dass im Jahr darauf bereits ein zweiter folgte.

Ganz am anderen Ende des Spektrums steht, was Literaturkritiker Denis Scheck sagt – in seiner ARD-Sendung „Druckfrisch" vom 5. November 2006. Da zerrupft Scheck Berndorfs „Eifel-Kreuz" zusammen mit „Seegrund" von Volker Klüpfel und Michael Kobr. Zitat: „Beides sind Regionalkrimis, Seegrund spielt im Allgäu, der neue Berndorf wie immer in der Eifel. Beide beginnen mit einem spektakulären Mord: bei Berndorf wird ein Schüler gekreuzigt, bei Klüpfel/Kobr liegt ein vermeintlich toter Taucher in einer vermeintlichen Blutlache im echten Schnee. Beide haben irrwitzige Plots: Während der behäbige Allgäuer Kommissar Kluftinger einem Nazi-Schatz in einem See hinterherjagt, enttarnt Berndorfs etwas flotterer Journalist Siggi Baumeister einen Ring von Mädchenhändlern und Waffenschiebern, der mit einem katholischen Pater unter einer Decke steckt. Und beide Krimis haben noch etwas gemeinsam: sie sind grausig schlecht geschrieben, psychologisch unglaubwürdig, dramaturgisch langatmig und selten ungeschickt konstruiert. Beide stehen aus einem einzigen Grund auf der Bestsellerliste: weil ihre Leser offenbar Lokalpatrioten sind, die sich vor lauter Freude, dass ihre Gegend auch einmal in einem Buch vorkommt, gleich zwei davon kaufen. Ich kann auf diese Art von Heimatliteratur gut verzichten."

Ein böses Urteil, aber wir wollen dem Fachmann überhaupt nicht widersprechen, sondern ziehen sogleich einen weiteren Fürsprecher aus dem Hut: Norbert Scheuer – ebenfalls ein Eifeler, dessen Romane, Erzählungen und Gedichte alle in dieser Provinz angesiedelt sind, von der bundesweiten Literaturkritik fast durchgehend gerühmt werden und der mit „Überm Rauschen" (C. H. Beck) 2009 für den Deutschen Buchpreis nominiert war. Krimis? – „Ich kann das gar nicht", sagt Scheuer im Gespräch mit mir für einen Artikel im *Trierischen Volksfreund* („Im Strom des Erzählens, 15. Juli 2009). „Wer, wie ich, ‚normale' Romane schreibt, der zeichnet nur. Wer Krimis schreibt, der konstruiert nebenbei noch. Das ist also eigentlich anspruchsvoller". Im Gespräch für dieses Buch ergänzt er, dass es zwar auch Krimi-Autoren gebe, die weniger auf den Plot, auf ausgetüftelte Konstruktionen setzen sondern ebenfalls eher zeichnend oder malend agierten (der Amerikaner James Sallis wäre dafür ein Beispiel). Den meisten Erfolg aber haben nach Scheuers Überzeugung immer noch jene, die ein Rätsel stellen und dann deduktiv die Lösung herausarbeiten. „Da kann man nicht mehr assoziativ schreiben, und da unterscheidet sich der Krimi auch signifikant von einer selbstreflektierenden Beschreibung. Ich sage das auch deswegen, um die Kritik zu relativieren. Jedes Schreiben ist Handwerk. Aber wahrscheinlich ist der Krimi noch mehr Handwerk als das Schreiben eines anderen Romans." Denn es gehe darum, einen Mord aufzudecken, die Motive dahinter zu entwickeln, die Handlung voranzutreiben: „Und dazu muss man sich diese Beschreibungen ausdenken. Sie kommen nicht von selbst. Es ist eine andere Technik. Und darin liegt schlicht und ergreifend der Unterschied: Die Beschreibung ist oberflächlich – nicht der Plot." Wobei das nicht für Berndorfs Naturschilderungen gelte, die seligen Siggi-Idyllen, die sich wie Ruheinseln im Handlungsgefüge ausnehmen: „Da ist es anders. Da sieht man, dass er es sehr gut kann."

Das Thema „Heimat" zieht sich als wesentliches Element auch durch Scheuers Bücher und wird von seinem Verlag im besten Sinne „unverschämt" eingesetzt: „Neue Heimatgedichte" – so lautet der Untertitel von Scheuers Gedichtband „Bis ich dies alles liebte", der im Sommer 2011 bei C. H. Beck erschien. Der Schriftsteller erkennt in der wachsenden Popularität alles Regionalen eine Rückorientierung infolge der Globalisierung: „Das Einzige, was man noch begreift, ist der Ort, an dem man lebt. Von daher werden Provinz und Heimat immer bedeutungsvoller." Für ihn ein Grund dafür, dass die Krimis von Jacques Berndorf so häufig gelesen werden – neben den Schilderungen von Land und Leuten. Scheuer über die frühen Eifelkrimis: „Ich war während des Lesens die ganze Zeit angerührt, und ich dachte nur: Was für eine schöne Gegend." Er lacht, denn Berndorf beschreibt ja exakt die Landschaft, aus der Scheuer stammt. Aber genau darin liege der besondere Reiz der Berndorf-Krimis: „Auf der einen Seite glaubt man alles zu kennen, und im Hintergrund schlummert das Böse – ohne dass man es der Gegend oder den Leuten übelnimmt. Man wird heimatlich eingestimmt und kriegt unterschwellig mit, dass da was im Argen liegt." Wobei Norbert Scheuer inzwischen der Überzeugung ist, dass dieser Aspekt in den vergangenen Jahren immer weiter in den Hintergrund getreten ist: „Ich glaube, am Anfang haben es die Leute unter dem Gesichtspunkt der Idylle gelesen. Jetzt nicht mehr." Der Respekt vor den Krimi-Kollegen aus der Region, vor Jacques Berndorf und Ralf Kramp, bleibt so oder so: „Die machen das gut."

Das findet auch Gisbert Haefs, wobei er sein Urteil auf die Berndorf-Romane aus den beiden ersten Eifel-Dekaden bezieht, da er die jüngsten nicht kennt. Und bei Michael Preute steuert er noch eine schöne persönliche Ergänzung bei: „Es gibt Kollegen, mit denen ich gern einen Kaffee trinke, deren Bücher ich aber nicht lesen mag. Und es gibt Autoren, deren Bücher ich mag, mit denen ich aber nicht gern einen Kaffee trinke. Michael ist ein Kollege, mit dem beides geht."

Weiteres Lob hält Kollegin Kempff bereit: „Natürlich bin ich gleich nach meiner Ankunft in der Eifel in den Berndorf-Kosmos eingestiegen und danach süchtig geworden; passenderweise erstand ich seine ersten Bücher in jenem Euskirchener Tabakladen, aus dem sich auch Siggi Baumeister mit Stoff für sein Laster versorgt."

Es gibt noch mehr Verbindungen zwischen Kempff und Berndorf: Beide kamen von außerhalb, beide waren Journalisten, Martina Kempff hat früher unter anderem für die *Welt* gearbeitet, zu Zeiten von Chefredakteur Peter Boenisch, der später Helmut Kohls Regierungssprecher wurde. Berndorf habe mit seinem Werk „die Eifel-Meisterschaftsprüfung abgelegt: Meine Ur-Eifeler-Nachbarn betrachten ihn als einen der Ihren und bescheinigen ihm uneingeschränkte Kenntnis von Land und Leuten."

Das habe ihr Mut gemacht, auch selbst ihren ersten Eifelkrimi anzugehen. Jedenfalls bis zu dem Moment, als sie seinen Wagen vor einigen Jahren plötzlich in ihrem Wohnort Kehr habe aufkreuzen sehen: „Da hatte ich gerade mit dem Morden in diesem speziellen, von Eifelkrimis noch unberührten Fleckchen begonnen und fürchtete, der Großmeister würde mir jetzt mein Dorf mit seiner ungeheuerlichen Geschichte wegnehmen. Zum Glück ist er nur daran vorbeigefahren und in späteren Büchern zumeist bei der ungleich lieblicheren Eifel seiner Wohngegend geblieben. Übrigens hatte ich in meinem ersten Krimi als Hommage an Berndorf eine Begegnung zwischen meiner Katja Klein und Siggi Baumeister geplant. Leider war meine Lektorin damit nicht einverstanden. Als das Buch dann baumeisterfrei erschien, und   Journalisten schrieben, ich mache damit dem *Platzhirschen* Konkurrenz, war ich ungeheuer stolz. Auch wenn ich tief im Inneren weiß, dass ich noch eine Menge von ihm lernen kann. Ein Traum: Wir lassen in einem gemeinsamen Buch Katja und Siggi zusammen ermitteln."

Bislang sei ihm noch keine Kritik wirklich an die Substanz gegangen, sagt Preute. Erst recht nicht, wenn sie von der Person kommt, die ihm am nächsten steht – seiner Frau Geli: „Das passiert dauernd, dass ausgerechnet meine Frau sagt: Das ist schwach, das finde ich nicht klar. Oder dass sie etwas ins Manuskript reinschreibt – aber das empfinde ich ja mit Dankbarkeit. Du kannst ja auch nicht alles bedenken. Und manchmal schreibst du auch schlicht Scheiße."

Oft aber eben auch nicht, das finden jedenfalls seine Kinder Manuel und Mona: „Ich habe ein paar Eifelkrimis gelesen, ich finde sie sehr schön", sagt Manuel Eichler. „Mir gefällt auch die Figur von Baumeister. Dass er eine solche Figur erschaffen hat, die man sehr gut nachvollziehen kann, die auch Marotten hat. Das ist sehr liebevoll geschrieben. Und diese genauen Beschreibungen, das hat er natürlich von seinen Reportagen übernommen." Tochter Mona mag grundsätzlich keine Krimis, deshalb hat sie auch noch keinen Baumeister „von Anfang bis Ende durchgelesen. Aber angelesen habe ich sie auch. Er beschreibt sehr genau. Und das sind Geschichten, die einen hineinziehen."

Eine Rezension war ihm im Nachhinein besonders wichtig, dabei lehnte er das darin gefällte Urteil zunächst ab: „Das war im WDR.

Erhard Schütz, ein Germanist von der Uni Köln, sagte den schönen Satz: ‚Preute schreibt voll Wut.'" (Vermutlich bezieht er sich dabei nicht auf die positive Kritik von Erhard Schütz, sondern auf die Rezension in der *Frankfurter Rundschau* vom 10. Februar 1990 – dort war die Rede von einem „Buch voller Wut, das aber, obwohl von einem Journalisten beschrieben, nie zum Leitartikel wird".) Jedenfalls habe er zuerst gedacht, der Kritiker liege falsch. „Aber er hatte recht. Ich habe immer wieder über diese Geschichte mit der Wut nachgedacht und überlegt: Das sollte man eigentlich nicht tun, wenn man Unterhaltung macht, aber das ist natürlich Quatsch. Es ist wie Jack Nicholson in ‚Chinatown': Der Mann ist die ganze Zeit in dem Film wütend. Und er erzählt eine fantastische Geschichte."

So ist es: Warum sollte leichte Unterhaltung nicht von schwerer Wut angefeuert werden? Ihre schwungvollsten Passagen verdanken Berndorfs „Nürburg-Papiere" (KBV, 2010) seinem Zorn über die Millionenverschwendung an der Eifel-Rennstrecke und die seltsam verschlungenen Pfade, auf denen das ganze schöne Geld verschwand. Wobei auch die Landesregierung in Mainz Federn lassen muss. Für seinen Ministerpräsidenten Kurt Beck ändert das jedoch nichts am Respekt vor dem Autor: „Überhaupt nicht", sagt Beck. „Ich habe ihn dazu eingeladen, dass er diesen Krimi mit mir gemeinsam in der Staatskanzlei vorstellt, und das haben wir auch gemacht. Wer die Auswahl von Stoffen zum Maßstab für eine persönliche Wertung oder Würdigung macht, dem ist eh nicht zu helfen."

Sein Roman über die beim Bau des neuen Nürburgrings verschwendeten Millionen brachte ihm übrigens im Dezember 2010 Ärger von ganz anderer Seite ein: Die Betreiber der Rennstrecke erlaubten sich nämlich, in einer Anzeigenkampagne mit einem Foto von Jacques Berndorf zu werben. Neben dem Konterfei des Autors stand zu lesen: „Wir freuen uns, wenn wir die Fantasie anregen." Darunter folgte etwas kleiner: Der Nürburgring – stark für die Region." Und im noch kleiner Gedruckten am Ende gratulierte die Nürburgring GmbH dem Autor zu seinem neuerlichen Verkaufserfolg.

„Ich habe gelacht", sagte mir Preute kurz darauf in einem Gespräch, das ich mit ihm für den *Trierischen Volksfreund* führte. „Ganz einfach, weil ich gedacht habe: Endlich hat bei denen einer mal eine pfiffige Idee." Viele seiner Leser jedoch reagierten nicht so gewitzt. Stattdessen nahmen sie ihm den – eindeutig unfreiwilligen und erkennbar ironisch inszenierten Auftritt – übel und vermuteten, er habe sich von der Gegenseite kaufen lassen. Das wiederum wollte der Schriftsteller nicht auf sich sitzen lassen. Es folgte ein wochenlanges Hin und Her, bis sich schließlich Autor und Ringbetreiber darauf einigten, die Angelegenheit mit einer Spende von 10.000 Euro an eine gemeinnützige Einrichtung ad acta zu legen.

Er braucht die Wut als Antrieb, das gilt auch für „Eifel-Connection", seinen 2011 veröffentlichten Baumeister-Roman: „Da haben wir den klassischen Fall. Baumeister weiß, dass eine Riesenschweinerei mit Geld getrieben wird – und er weiß gleichzeitig, dass es noch fünf Jahre dauert, ehe das zu beweisen ist. Da werde ich wütend. Da rege ich mich über die Tatsache auf, dass man wahrscheinlich kein Ende findet. Da müsste man schreiben: Jetzt warten wir mal die fünf Jahre ab, und dann fangen wir noch mal an zu reden. Was du im Krimi nicht machen darfst. Aber es ist so."

„Eifel-Krimis? Was ist das? Kenne ich nicht!" (Marcel Reich-Ranicki 1999 in der SWR-Sendung „Leichen, Land und Leute")

Egal, was die Kritiker sagen: Mehr als fünf Millionen verkaufter Bücher sind ein sensationeller Erfolg. Nach dem es allerdings am Anfang überhaupt nicht aussah. „Diese Krimischreiberei habe ich hier mutterseelenallein aufgezogen, und ich war damals garantiert der Einzige, der daran auch geglaubt hat. Es war ein unglaublich langer Weg. Ich konnte erst vom vierten Roman an ungefähr damit rechnen, dass ich damit Auflage mache. Aber nicht in dem Maß, wie das heute ist. Ich bin heute bei insgesamt fünfeinhalb Millionen. Ist doch völlig bekloppt. Ich bin da immer noch ein bisschen der alte, misstrauische Mensch. Denn davon habe ich nicht einmal geträumt."

„Ich bin kein Held, ich arbeite für meine Pension." Was Siggi Baumeister in „Eine Reise nach Genf" (Seite 14) einem Auftraggeber entgegnet, ist nicht weit von dem entfernt, was auch seinen Schöpfer weiterhin antreibt. Denn neben der Lust am Schreiben, neben der Wut, die ihn dazu bringt, sich auf ein Thema zu stürzen, gibt es noch eine weitere Motivation, wie er im Gespräch verrät: Seine Rente. Denn weil früher nicht alles sauber gelaufen ist, weil er ein so unsortiertes Leben führte und weil seine Tätigkeit nicht immer korrekt gemeldet war, zahlt ihm der Staat monatlich deutlich weniger als 400 Euro.

„Ich muss also weiter Krimis machen. Aber ich bin von Herzen dankbar dafür, denn ich weiß nicht, was ich mit mir anfangen sollte, wenn ich am nächsten Tag Rentner wäre." Doch, das weiß er: „Ich würde wahrscheinlich einen neuen Krimi schreiben."

Ich prallte gegen den Heizungskörper

FALLSTUDIEN MIT SIGGI BAUMEISTER

„Zuerst trat er mir mit aller Gewalt in den Hintern,
dann schlug er zu und traf in die linke Halsbeuge.
Es schmerzte ekelhaft.“

„Eifel-Filz", Seite 69

E twas ist anders in Jacques Berndorfs „Eifel-Connection" aus
dem Jahr 2011. Der Roman biete diesmal weniger Gartenidylle,
Beziehungs-Chaos und Katzengejammer, schreibt Stefanie Glandien
in ihrer Rezension im *Trierischen Volksfreund* vom 23. Juni 2011 (was
eine Leserin übrigens dazu veranlasste, dem Verlag einen bösen Brief
zu schreiben, in dem sie die Autorenschaft Berndorfs bezweifelte).
In einem Punkt aber blieb sich der Autor treu: Es hagelt wieder
Haue für den Helden. „Es gibt wahrscheinlich keinen anderen Journalisten, der so regelmäßig zusammengeschlagen wird", schreibt
die Kritikerin.

Zumindest nicht in der Fiktion. Schauen wir einmal nach – und
tatsächlich kommen da so einige Blessuren zusammen. Willkommen
also bei einer kleinen, schmerzhaften Reise durch die vergangenen
zweieinhalb Jahrzehnte und Berndorfs Baumeister-Romane, kommentiert vom Autor und, in einem Fall, von seinem ältesten Freund:

„Sind Sie Siggi Baumeister?", fragte die Sturmhaube.
„Ja, klar", nickte ich.

211

Dann schlug er zu und erwischte mich am Kopf. Ich prallte gegen den Heizungskörper.

Die Eifel-Connection, Seite 189

Die Prügel, die Siggi Baumeister verlässlich bezieht, sei von Mickey Spillane inspiriert, dem Verfasser der „Mike Hammer"-Romane. „Der war da ja geradezu lyrisch", sagt Preute. „Das hat auf mich sehr großen Eindruck gemacht, da habe ich schallend gelacht."

Schlägereien: Michael Preute sagt, er habe nur eine einzige in seinem gesamten Leben gewonnen, im Alter von 13 Jahren. Sein Gegner war ein gleichaltriger Jugendlicher, der ihm während dieser Rauferei ständig seine linke Gesichtshälfte ungedeckt präsentierte. „Und dann habe ich ihm plötzlich eine da reingehauen, das tat mir weh bis zur Handwurzel."

Jenseits dieses frühen, schmerzhaften Triumphs erwies sich Michael Preute aber nicht als erfolgreicher Faustkämpfer, in dieser Hinsicht tauge er einfach nichts, sagt er. Zumal er auch körperlich nicht über die besten Voraussetzungen verfügt, Preute ist weder breit gebaut noch hoch gewachsen: „Ich war ursprünglich einmal 1,76 Meter. Jetzt bin ich noch 1,73."

Trotzdem geriet er während seiner Zeit als Journalist immer wieder in haarige Situationen. „Ich weiß, wie man sich fühlt, wenn man einen auf die Schnauze gekriegt hat. Aber ich habe mich ja auch an Orten rumgetrieben, wo das ganz normal war." Man dürfe eben nicht vergessen, dass er bis zu seinem 40. Lebensjahr „in einer sehr virilen Welt gelebt" habe, sagt er. „In einer Welt der Helden: Soldaten, Polizisten, Kämpfer, Haudegen."

Entsprechend oft musste er einstecken. „Und deswegen habe ich so früh ein Gebiss bekommen. Ich habe ja wegen so etwas fast alle Zähne verloren. Diese Jungs sind knallhart. Und wenn du da einen auf die Nuss kriegst, dann spuckst du halt deine Zähne aus. Oder du gehst am nächsten Morgen zum Zahnarzt. Der sagt dann: Oh-oh, du kriegst eine Spritze und bekommst welche rausgezogen."

Er schlug eine Dublette und traf mich rechts und links in den Halsansatz. Ich fiel nach vorn, und er sagte betont freundlich: „Tut mir leid, die Tür ist Ihnen ins Kreuz geschlagen."
Ich kniete und fiel dann langsam nach vorn. Weil mein rechter Arm nicht mehr mitmachte, schlug ich mit dem Gesicht in den Kies. Es schmeckte salzig.

Eine Reise nach Genf, Seite 44

Diese Szenen schreibe er der Unterhaltung wegen, sagt Michael Preute. „Ich weiß eben, wie das ist, wenn du total beschissen dran bist und in ein Krankenhaus gebracht wirst, in dem dich keiner kennt. Also kann ich das schildern und mache es sehr bewusst, zum Spaß. Ernst nehmen kann ich das überhaupt nicht. Ich kann auch prügelnde Männer nicht ernst nehmen."

Etwas knallte hart in meine linke Nierengegend. Ich drehte mich unkontrolliert, und er stoppte meine Bewegung, indem er mir gegen den Kopf schlug. Links, rechts, links. Ich kniete vor ihm, und er zog mich an den Haaren hoch und schlug zwei Dubletten. Er traf beide Ohren und den Oberkörper, und ich konnte nicht einmal die Arme hochbringen, um mich zu schützen.

Eifel-Blues, Seite 26

Der Linke stand mit einem Schritt neben mir und blieb dort stehen. Der Zweite kam auch und nahm meinen linken Arm und zog daran. Ich rutschte unwillkürlich nach vorn, und das war der Fehler. Er nahm das Knie hoch und schlug meinen Arm darauf.
Es schmerzte höllisch, und es hörte nicht auf. Ich fiel nach vorn und konnte mich mit dem linken Arm nicht abstützen, den rechten brachte ich nicht mehr nach vorn. Ich fiel auf die Knie, ich bekam keinen Schutz nach vorn, mein

213

Gesicht landete flach auf den Steinen der Terrasse, es tat web, und ich konn-
te nicht mehr atmen, alles war Schmerz.

Mond über der Eifel, Seite 205

„Eine Geschichte ist typisch, das muss in Kapstadt gewesen sein.
Da war ich deswegen, weil ich irgendeine Geschichte über Mande-
la machen sollte." Eines Abends hielt er sich mit seinem Fotografen in einer wüsten Kneipe auf. „Da saßen nur tätowierte Macker,
soffen mit einer unheimlicher Konsequenz Unmassen von Scheiße
in sich rein und erzählten von ihren Heldentaten."

Preute, von dicken Söldner-Armen flankiert, saß ebenfalls am
Tresen und unterhielt sich mit einer Frau, „einer sehr rauen Person", die ihm etwas für seinen Artikel erzählen sollte. Während des
Gesprächs ließ er eine abschätzige Bemerkung über die Gestalten
um ihn herum fallen – „so, wie ich dann bin: ironisch und arrogant
bis zum Gehtnichtmehr. Dann drehte mich einer um, und ich
kriegte voll einen auf die Nuss. Ich war augenblicklich ohnmächtig,
lag auf dem Rücken und blutete wie eine Sau."

Als ich mich aufrichtete, um irgendetwas zu erkennen, kam der Schlag von hin-
ten und warf mich gegen einen Erdteller, den der Sturm hochgerissen hatte.
Etwas fuhr schmerzhaft über meine rechte Gesichtshälfte, und sofort war es
vollkommen dunkel vor meinen Augen. Ein dumpfes Feuerwerk explodierte in
meinem Kopf ... Ich wurde wach, weil irgendetwas an meiner Haltung höchst
unbequem war. Mein linker Arm hatte sich in einer starken Wurzel verfan-
gen und hielt fast mein ganzes Gewicht. Das rechte Auge öffnete sich nicht
sofort, weil etwas Blut hineingelaufen war und es verklebt hatte. Ich tastete mei-
nen Kopf ab und fand einen Riss hinter dem rechten Ohr.

Der letzte Agent, Seite 35/36

„Wir hatten an der Schule eine kleine Boxstaffel", erzählt Michael
Preutes alter Freund Ulrich Utsch. „Und da habe ich den guten

Michael einmal k. o. geschlagen." Die drei Utsch-Brüder waren starke Faustkämpfer, nicht jeder trat gern gegen sie an. Anders Michael Preute: „Der war überhaupt nicht furchtsam", sagt Utsch.

Und so habe sich Preute auch sofort auf die Frage des Sportlehrers gemeldet, wer denn gegen Ulrich in den improvisierten Ring steigen wolle. Natürlich habe er gegen seinen Freund nicht richtig zuschlagen wollen, berichtet Utsch, aber irgendwie müsse er Preute dann doch genau am Kinn getroffen haben. „Und da war er drei Minuten weg."

Etwas traf mich an der linken Kopfseite, dann registrierte ich einen heftigen Schlag in meine Kniekehlen. Jemand grunzte wie ein Schwein. Als ich nach vorn an die Holzwand des Bienenhauses geschmettert wurde, wollte ich so etwas wie ‚nein' sagen. Aber das schaffte ich nicht mehr. Ich spürte, dass ich fiel, doch ich brachte die Arme nicht mehr vor mein Gesicht.

Eifel-Sturm, Seite 129

Immer wieder wird Michael Preute auch bei Lesungen dazu befragt, warum denn Siggi Baumeister in praktisch jedem Roman vermöbelt werde. Seine Antwort: „Weil es mir Spaß macht, das zu beschreiben. Es ist ja auch komisch."

Er hatte es natürlich kommen sehen, machte einen langen, eleganten Schritt zur Seite, und ich sah sehr alt aus, als ich an ihm vorbei auf den Beton stürzte und mich nicht einmal gut abfangen konnte.

Der General und das Mädchen, Seite 152

„Einmal bin ich in den Favelas in Kolumbien zu Boden gegangen", erinnert er sich. Sein Kontrahent war ein Drogenhändler, mit dem er sich zu einem Gespräch verabredet hatte. „Irgendwann habe ich die falsche Frage gestellt. Der drehte sich dann um und haute mir einen in die Fresse."

215

Wer immer er war, er war blitzschnell sehr eng an mir dran, schlug mir etwas scharf auf den Schädel, rannte an mir vorbei und lief die schmale Straße entlang, die ich hatte gehen wollen.

Es dröhnte in meinen Ohren, ich hatte das würgende Gefühl, ich müsse mich übergeben, ich ging in die Knie, fühlte meine Beine nicht mehr, fand mich in einer kriechenden Haltung wieder, schmeckte irgendetwas wie Erde zwischen meinen Zähnen, stützte mich mit flachen Händen ab und merkte, wie scharfe Steinchen in meine Handflächen schnitten. ... Ich musste mich dann tatsächlich übergeben, und das ekelhafte Würgen tat sehr weh.

Die Eifel-Connection, Seite 215

„Hello, Mister Baumeister." Dann war er nahe bei mir, und seine Arme begannen zu wirbeln wie Dreschflegel, wahrscheinlich benutzte er mich als Trainingsobjekt. Ich weiß nicht, wann ich ohnmächtig wurde. Vielleicht war es nach dem sechsten Schlag oder dem zehnten. Ich weiß es wirklich nicht, und es ist auch nicht mehr wichtig.

Eifel-Feuer, Seite 153

„Wenn du dich mit Soldaten in eine Kneipe begibst, dann musst du messerscharf darauf achten, zu welcher Tageszeit. Morgens zwischen elf und zwölf sind das die Leute aus der Nachtschicht. Die sind dann sehr betrunken." Sehr betrunken und sehr reizbar. „Ich kann mich erinnern, dass ich vier, fünf Mal in eine Prügelei geriet, mit der ich überhaupt nichts zu tun hatte. Aber ich kriegte grundsätzlich einen über die Rübe. Und zwar von Leuten, die das richtig konnten."

„Sammy heißt er also, sagte ich noch, dann war Engelchen auch schon bei mir und schlug zu ... Er traf mich zuerst im Magen und etwas höher im Solarplexus, und ich japste und knickte zusammen."

Eifel-Liebe, Seite192

„Dann traf er mich über dem linken Auge, und ich konnte nichts mehr sehen,
weil da sofort Blut war. Seltsamerweise fühlte sich das kühl an. Heiß rinnen-
des Blut gibt es wahrscheinlich nur in südlichen Ländern.“

Eifel-Blues, Seite 173

„Du konntest in Beirut abends nicht in eine Kneipe gehen, ohne
dass spätestens um elf irgendeine Schlägerei losging. Die prügelten
aufeinander ein wie die Berserker. In solchen Kriegs- und Krisen-
gebieten stößt du halt auf Leute, die nur deswegen überleben, weil
sie das gut können. Weil sie gar keine Rücksicht nehmen. Und wenn
dir dabei das Genick gebrochen wird, dann zucken die nur mit den
Achseln, drehen sich um und gehen weiter.“

„Ich wollte etwas sagen oder schreien, aber ich hatte keine Zeit. Etwas schlug
hart auf meinen Nacken, und ich fiel nach vorn.“

Eifel-Rallye, Seite 205

„Schmerzhaft spürte ich den Aufprall und konnte nicht mal mehr die Arme
hochreißen. Ich landete parterre, hörte, wie der Tigerfellstuhl unter mir zu-
sammenbrach, irgendetwas ratschte an meinem rechten Bein entlang, und ich
bekam keine Luft mehr.“

Eifel-Müll, Seite 90

„Es gibt eine Geschichte, auf die bin ich aber gar nicht stolz.“ Es
handelt sich dabei um die einzige Schlägerei, die Michael Preute
während seines Berufslebens selbst inszenierte, sie ereignete sich
während einer Kaffeefahrt, über die er berichten wollte. Die Teilnehmer der Fahrt wurden zu einem Landgasthof gefahren und mit
Vorträgen zu überteuerten Produkten weichgeklopft – „Heizde-
cken und der ganze Scheiß. Und ich war richtig geladen.“

Leider aber seien dem Fotografen von der Veranstaltung keine
brauchbaren Bilder gelungen. „Dann habe ich gesagt: Komm, wir

machen eine Schlägerei mit denen."

Michael Preute gab sich als amerikanischer Reporter aus und stürmte auf die Bühne, „wirre englische Laute von mir gebend. Und dann kam es zu einer wilden Schlägerei. Wobei ich von der einen Seite der einzige Beteiligte war. Und jedes Bild zeigte sehr deutlich, wie ich verprügelt wurde."

„Ich hörte noch das klatschende Geräusch, mit dem ich auf die Steine schlug."

Requiem für einen Henker, Seite 107

Völlig wurscht, ich bleib hier

EIN MANN KOMMT HEIM:
JACQUES BERNDORF UND DIE EIFEL

„Die Männer, die alleine hier leben,
haben fast alle auch mal Familie gehabt,
aber irgendetwas ist schiefgegangen.
Dann kommt die Phase, in der man allein leben möchte.
Die Eifel ist ein Ort, an dem man das kann. Es ist die Sorte
Einsamkeit, die man will, über die man sich freut. "

„Der General und das Mädchen", Seite 24

Man erwartet von einem erfolgreichen Schriftsteller ein anderes Domizil als das Haus, das Michael Preute gemeinsam mit
seiner Frau Geli in Brück bewohnt. Größer, eleganter, weiter draußen. Oder doch zumindest versteckt, isoliert, abgeschottet. Aber
wer den Autor daheim besucht, findet ein schlichtes Eifeler Bau-
ernhaus, das auch nicht sonderlich umgebaut worden ist. Ein Haus
fast mitten im Dorf, direkt an der Straße, mit einem offenen, großen Hof und einem kleinen Garten, in dem sich der Leser sofort
die stets zu Beginn seiner Eifelkrimis geschilderten Katzen-Aben-
teuerchen vorstellt. Nach Millionenautor sieht hier gar nichts aus.

Er kann eben doch treu sein: Michael Preutes drei Jahrzehnte
während Affäre mit der Eifel ist der Beleg. All seine Job- und
Ortswechsel, die Trinkerei, die immer neuen Fluchten aus mehr
oder weniger etablierten Verhältnissen, Verpflichtungen und Beziehungen, all das geht dort in den Jahren nach seiner Ankunft 1984

zu Ende. „Ich habe diese unendliche Folge von Fluchten begriffen, die ich da hingelegt habe. Ich musste erst spüren: Verdammte Hacke, wer bin ich eigentlich? Und dann bin ich in die Eifel gekommen."

„Wenn er die schlechten Phasen nicht gehabt hätte", sagt sein Sohn Manuel, „dann wäre er nicht hier gelandet. Das gehört schon auch dazu." Hier also, in der Eifeler Provinz, stellt sich in seinem Leben allmählich so etwas wie Stabilität ein. Mit der ausdrücklichen Betonung auf „allmählich": Denn auch hier gehen erst einmal weitere Beziehungen und eine Ehe in die Binsen. Auch in der Eifel hinterlässt er nicht an jeder von Siggi Baumeister abgegrasten Ecke ausschließlich Freunde und Bewunderer, sondern auch das eine oder andere Scherbenhäuflein. Die im Prolog skizzierte Episode mit den beiden Dauner Polizisten erinnert daran, dass selbst acht Jahre nach seiner Ankunft in der Eifel noch nicht alles so rosig aussah wie heute. Und sogar als alles nach außen hin gut ausgegangen zu sein schien, geriet das Ganze noch einmal in große Gefahr, wie im Verlauf seiner Eifel-Geschichte noch zu sehen sein wird.

Trotzdem: Der allgemeine Respekt vor dem Menschen und seiner Leistung überwiegt inzwischen deutlich, und Preute hat ihn sich verdient. In seinem 75. Lebensjahr blickt er zurück auf eine lange Phase erfolgreichen Arbeitens, auf eine Zweitkarriere mit mehr als 30 Büchern und Millionenverkäufen. Dabei reden wir nicht nur von den bis dato 21 Baumeister-Krimis: Hinzu kommen zwei weitere Kriminalromane (Der Kurier, Die Raffkes), seit 2005 eine neue Reihe mit Thrillern um den BND-Mann Karl Müller (der vierte Titel erscheint 2012), mehr als ein halbes Dutzend Sachbücher und zahlreiche Kurzgeschichten. Und die nächsten Romane hat er bereits in Arbeit. Das heißt: Er hat geschafft, was er immer geahnt, allerdings in seinen ersten fünf Jahrzehnten nicht umgesetzt hat, nämlich den Gedanken zu verwirklichen, dass er mit seiner Schreibmaschine – inzwischen längst ein Computer – „ganz gut" hantieren kann. Mit seiner Schreiberei hat er nicht nur sich selbst, sondern auch etlichen Kollegen und einer ganzen Provinz zum anhaltenden Höhenflug verholfen.

Jacques Berndorf ist kein Nabokov. Aber dessen zu Recht unbescheidene Antwort auf die Frage nach seinem Standort in der Welt der Literatur ist einfach zu schön, zudem passt sie so gut in den Berndorf-Zusammenhang und seine Position in der Mikrowelt der Eifel, dass wir sie hier rücksichtslos kidnappen wollen: „Fabelhafte Aussicht von hier oben." (Deutliche Worte, Hg. Dieter E. Zimmer, Rowohlt, Reinbek 1993, Seite 283)

Berndorf ist ganz oben, Berndorf wird geschätzt, Berndorf wird herumgereicht als „Botschafter der Eifel", und es kann passieren, dass ein neuer Krimi, wie bei den „Nürburg-Papieren" 2010, in der Staatskanzlei Mainz präsentiert wird, bei einer Pressekonferenz mit dem Ministerpräsidenten. Sozusagen der höchst amtliche Beweis, dass er doch ein einigermaßen anständiger Bürger geworden ist, dass er dazugehört, dass er es geschafft hat. Und sei es auch nur für den gemeinen, aber trotz seiner rüden Wortwahl im Kern wahren Spruch, der gelegentlich in der Region zu hören ist: Lieber der König der Ärsche als der Arsch der Könige. Auf Michael Preutes Situation übertragen heißt das soviel wie: Besser von den vermeintlichen Provinzlern und Dorfdeppen bewundert und hofiert zu werden, als vielleicht in der Stadt abhängig zu sein von den Bossen, von Verlegern, Chefredakteuren, Auftraggebern. Besser als das Spiel der sogenannten guten Gesellschaft gezwungenermaßen mitzuspielen.

Kein Wunder also, dass ihm ein so einfacher, mit Blick auf seine Lebensgeschichte allerdings hoch bedeutsamer Satz heute leicht von den Lippen geht: „Ich bin in der Eifel zu Hause", sagt er. „Dieses Zuhause ist ganz entscheidend: Es hat mich akzeptiert. Wenn ich unterhalb von Köln von der A61 auf die A1 Richtung Eifel abbiege, dann komme ich heim."

Das hat viel zu tun mit den Menschen, auf die er dort traf und denen die Welt, aus der er kam, herzlich egal war. Wobei es „die Eifeler" als einheitlichen Menschenschlag natürlich nicht gibt. Sie sind so unterschiedlich wie ihre von Dorf zu Dorf variierende Sprache.

Diese Erfahrung hat auch er machen dürfen: „Ich war erstaunt zu hören, wie viele Dialekte es hier gibt." Nicht nur das, es gibt sogar auch dort, genau: „Arschlöcher." Wo gäbe es die nicht. „Aber die paar Leute, die mich da aufgefangen haben, ohne es zu wissen, denen verdanke ich unglaublich viel."

Dabei hatten diese Menschen gar nicht viel getan. Aber sie begegneten ihm mit Offenheit und Zuneigung: „Sie haben sich mir freundlich zugewendet. Sie haben vor allen Dingen etwas gemacht, das mir einfach fehlte, was aber wichtig war: Zuzuhören. Und dann das Gehörte zu analysieren, um Fragen zu stellen. Ich habe dieser Landschaft und den Menschen darin wirklich viel zu verdanken. Jetzt könnte man auf die Idee kommen: Das ist ein Sozialromantiker. Aber das ist keine Sozialromantik, das ist so. Und ich würde das jederzeit verteidigen wollen."

Und das tut er auch gegenüber all denen, die es besser zu wissen und „seinen" Eifelern glauben Vorschriften machen zu müssen. Besonders jenem Schlag von Städtern, „die hier einfliegen, sich eine Wohnung besorgen oder einen alten Bau kaufen und sich dann postwendend umdrehen, um den Eifelern klarzumachen, wie das Leben zu gehen hat. Die unterhalten sich abends in der Kneipe darüber, wie sie diesem dummen Landvolk beibringen würden, was richtig und was falsch ist."

Nein, das Landvolk ist klug genug, das gilt auch für seinen heutigen Wohnort Brück: „Weil ich da auch wunderbare Nachbarn habe, weil die so wie ich mit viel Ironie und Spott durch das Leben gehen. Die mich mögen, meine Katzen füttern – ganz einfache Geschichten."

„Du magst sie sehr, nicht wahr?

„Oh ja, ich mag sie."

„Hat dein Vulkaneifel-Mensch auch Fehler?" Sie lächelte.

„Sicher hat er die. Er kriegt zum Beispiel Fremden gegenüber solange die Zähne nicht auseinander, bis der Fremde beleidigt abhaut."

Eifel-Gold, Seite 205

Allerdings hat das mit dem Respekt, den man ihm in der Eifel entgegenbringt, einige Zeit gedauert. Zu Beginn kennt ihn außer seinem direkten Umfeld in seinem ersten Wohnort Berndorf fast niemand. Zu Beginn arbeitet er noch als Reporter: „Ich kam in die Eifel als jemand, der zunächst einmal hier beruflich tätig sein wollte." Aufträge gab es genug. Und da war die Bunker-Geschichte, die er hier zu Papier brachte.

Der Atombunker im Ahrtal, geplant und gebaut als Ausweichsitz für die Bundesregierung im Fall eines Nuklearkriegs: Ausgerechnet dieser kalte, schlimmstmöglich eingerichtete Zweckbau, diese zum Glück niemals genutzte und milliardenteure Immobilie mit 19 Kilometern Wohnröhren, über die Michael Preute gleich zwei Bücher veröffentlichte, bezeichnet er in der WDR-Sendung „Erlebte Geschichten" im November 2004 als „mein Lebensscharnier". Denn hätte es diese unfassbar lange Recherche, an der er letztlich kaum etwas verdiente, nicht gegeben, er wäre nie in der Eifel gelandet.

Die Geschichte hatte er damals dem *Stern* angeboten, aber sie erschien dort nicht. Chefredakteur war seit 1983 Peter Scholl-Latour, der nach der Blamage des Magazins mit den mutmaßlichen, in Wahrheit aber von Konrad Kujau geschriebenen Hitler-Tagebüchern den Posten übernommen hatte und nach einem Jahr wieder abgab.

„Scholl-Latour hatte meinen kompletten Text", sagt Michael Preute und meint damit die 96 Seiten, die später als Buch herauskamen. „Und dann hörte ich nichts mehr." Er glaubt heute, der

Chefredakteur habe seine Reportage „im Schreibtisch versenkt und dann vergessen".

Vielleicht war es aber auch ein wenig anders. Gerd Elendt, seit 1984 Büroleiter beim *Stern* in Düsseldorf und – so klein ist die Welt – in der Eifel aufgewachsen, erinnert sich daran, wie Preute dem Magazin die Geschichte damals anbot: „Ich habe ihn damals noch erlebt, sein Bunker lag ihm schwer am Herzen. Aber das Verhandlungspaket hat letztlich nicht gepasst." Was Preute über das Bauwerk an der Ahr herausgefunden hatte, mochte noch so sensationell sein, das Deutschland-Ressort habe die Story am Ende geknickt – weil der Autor wahrscheinlich zu hoch gepokert habe.

Dadurch entging den Lesern auch die „Abfolge unglaublicher Döneken" rund um die Regierungsröhre, von denen er auch im WDR erzählt: „Alle zwei Jahre wurden die gesamten Fressvorräte des Bunkers, im Wert von elf Millionen D-Mark, rausgebracht und erneuert, obwohl sie noch völlig okay waren. Da war Pressschinken in Würfeln, in riesigen Würfeln ... Und deshalb gab es in diesen Straußwirtschaften immer so furchtbar viel ‚Strammer Max', weil: Den Schinken kriegten sie so gut wie geschenkt. Das heißt also, die deutsche weinselige Bevölkerung hat die ganze Zeit immer das Zeug aus dem Bunker gefressen, ohne zu wissen, dass es das Zeug aus dem Bunker war."

Neben solchen Kuriositäten grub er bei seinen Streifzügen rund um den Bunker allerdings auch erheblich erschütterndere Geschichten aus – wie die von der jüdischen Familie Bär aus Dernau. Zunächst fand er heraus, „dass das Konzentrationslager Buchenwald zur Zeit des Zweiten Weltkriegs ein Außenlager in der Nähe von Dernau hatte. Und dann entdeckte ich oberhalb von Dernau an einem Wald ein kleines, dreieckiges Grundstück. Das hatte Platz für etwa 20 Grabsteine. Es war ein jüdischer Friedhof."

Dort fand er unter anderem das Grab von Moses Bär, der dort mit Frau und Schwester beerdigt worden war. Moses Bär hatte als

Metzger in Dernau gelebt, zur Familie gehörten zwei Söhne, „sie waren geachtete Bürger", sagt Preute. Dann seien die beiden Söhne deportiert worden, während die drei älteren Familienmitglieder in Dernau blieben und isoliert wurden: „Alle bekamen zu essen, die drei bekamen nichts. Ob das mit Einwilligung der Dernauer passierte, muss man stark bezweifeln." Im Februar seien Moses, seine Frau und seine Schwester binnen einer Woche gestorben. Ein Arzt habe als Ursache „Influenza" auf den Totenschein geschrieben. „Aber die drei sind wahrscheinlich im Bewusstsein des Todes der Söhne verhungert. Mitten im Dorf."

Sein nächster Ansprechpartner, nachdem man die Bunker-Geschichte beim *Stern* nicht abgenommen hatte, war Wolfram Bickerich beim *Spiegel*. Der schickte ihm Reporter Fred David – „einen der besten, die der *Spiegel* je hatte. Der hörte sich meine Geschichte an und sagte: Wir nehmen sie ins Blatt." Und so erschien 1984 zwar nicht Preutes Reportage über den Bunker im Nachrichtenmagazin, sondern Davids Reportage über Preutes Recherchen und das Buch, das er inzwischen daraus gemacht hatte. Es war in der kleinen „Edition Nachtraben" veröffentlicht worden und verkaufte sich schlecht. Zwar hatte der *Spiegel* angegeben, wo und unter welchem Titel das Buch erschienen war, allerdings war der Verlag inzwischen umgezogen und deshalb für Bestellungen nicht erreichbar.

Seine eigene neue Adresse Berndorf sei jedenfalls eine gute Wahl gewesen, sagt er: Bonn war noch Bundeshauptstadt, dort hatte er zu tun, genauso wie gelegentlich in Brüssel – auch Belgiens Metropole war von der Eifel aus schnell zu erreichen. „Das waren die zwei Pole. Das war für mich ideal, weil ich gedacht habe: Das ist scheißegal, du hast ja ein Auto, da fährst du halt nach Bonn und nach Brüssel. Du bist mittendrin. Berndorf liegt auf einer geraden Strecke tatsächlich mittendrin."

Brüssel, Bonn – und Berndorf: „Die Eifel, das war für mich zunächst einmal dieses Örtchen Berndorf, wo man tatsächlich anfängt den Kopf zu heben, wenn draußen ein Trecker vorbeifährt." Oder, wie er Siggi Baumeister in „Eifel Blues" auf Seite 10 sagen lässt: *„Hier wird schon geredet, wenn der Reißverschluss meiner Hose defekt ist."*

In seinen ersten Eifelmonaten ist er dort noch längst nicht richtig daheim – denn die Umstellung nach den vielen Jahren in München ist enorm: „Ich musste in der Eifel erst einmal buchstäblich lernen zu schlafen. Ich weiß nicht, wie viele Wochen und Monate lang ich rumgetigert bin. Die Eifel war für mich zunächst einmal große Einsamkeit. Aber auch, im Laufe der Zeit, dann eine willkommene Einsamkeit. Es war still. Die Stille weckte mich auf, sie war dröhnend, gleichzeitig hatte ich aber das Gefühl: Stille tut gut, es ist das, was ich gesucht habe, gewollt habe, gebraucht habe. Hier kannst du dich in den Wald stellen und du weißt, auf den nächsten vier Kilometern ist in keine Richtung ein menschliches Wesen. Das ist, was ich heute noch mag. Das ist schön."

So beginnt er mit der Zeit auch das gemächlich vor sich hintreckernde Dorfleben zu schätzen, das ihm hier begegnet: „Wenn dann schon mal draußen jemand vorbeikam, wenn die Männer gefeiert hatten und Bier getrunken, dann war das schon toll, dann ging ich ans Fenster und guckte." Am Fenster stehen und gucken, wenn draußen die Jungs vorbeiziehen: ein erster Schritt zur Dorf-Assimilation. Gleichzeitig lernt auch er etwas von den Dörflern, nämlich zuzuhören, wenn er wieder einmal mit seiner Meinung vorgeprescht war: „Ich war einer der ganz wenigen, die in Berndorf von Anfang an gesagt haben: Eure preußischen Fichten, diese Streichholzwälder, die müsst ihr mal abschaffen." Die Antwort eines Berndorfers: „Das ist das Einzige, womit wir noch was verdienen."

Außerdem lernt er die spezielle Eifeler Anrede kennen, die so wunderbar die Distanz vom „Sie" zum „Du" überbrückt: Während er an der Geschichte über den Regierungsbunker im Ahrtal arbeitet, kommt eines Tages die Postbotin vorbei und eröffnet ihm, sie habe „en Telegramm für *euch*". Das Schreiben ist von Willy Brandt, dem ehemaligen Bundeskanzler und vermutlich einzigen Regierungschef, der den Bunker von innen gesehen hatte: „Komm nicht heute, komm morgen, Gruß Willy".

Er lernt weiter, zum Stundenplan gehören die einfachsten, die grundlegenden Dinge: „Ich musste auch ganz, ganz stark Kindheitserinnerungen kommen lassen. Zum Beispiel den Geruch von Heu, von Rinderställen, diese Bewegungen der Tiere, das Scharren der Ketten ... Das muss ich als Kind irgendwo mitgekriegt haben, denn als ich zum ersten Mal beim Bauern Etten in den Stall eintauchte, da habe ich gedacht: Boah, das hast du doch schon erlebt, in Kottenheim ... Ich kann mich erinnern, dass Alfred Etten mich mal erwischt hat: Da saß ich auf einem Heuballen und atmete einfach."

Alfred Etten, zu dem wir in diesem Kapitel noch kommen werden, war Preutes erster Vermieter in Berndorf. Er bestätigt die Geschichte im Stall, drückt es nur anders aus: Preute habe da gesessen und „simuliert – so nennt man das hier in der Eifel". Wobei „Simulieren" nichts anderes ist als die regionale Verballhornung von „Sinnieren".

Er saß also im Stall und holte Luft: „Da reichten manchmal zehn, zwanzig Atemzüge, um eine Sache völlig zu inhalieren und zu kapieren. Das alles stand natürlich im krassen Widerspruch zu den 20 Jahren vorher. Da habe ich nie im Stall gesessen, mich nie konzentriert. Wahrscheinlich hätte ich es auch gar nicht gekonnt. Aber Tatsache ist: Das hat mir geholfen. Das hat mir unglaublich geholfen."

Er weiß nicht, was ihn in die Region gezogen hat, es war ja ohnehin eher Zufall. „Aber ich bin in die Eifel gekommen als jemand, der raus musste und als jemand, der auch ganz klar wusste: Ich muss nicht nur rauskommen aus diesem Leben in München, ich muss auch rauskommen aus dem Leben überhaupt, um wieder mal so ein paar Züge frische Luft zu tun. Und überlegen: Was soll eigentlich werden? Und dann fing ich an durch die Gegend zu laufen. Das habe ich richtig wie so eine Einladung an mich empfunden." Endlich eine Einladung, die er aus vollem Herzen annehmen kann. Und aus ebenso vollem Herzen sagt er: „Wenn man so will, kann man sagen: Berndorf war meine Rettung." Große Worte für ein so kleines Dorf und eine so verträumte Gegend. Auch die Eifel ist, wie die Landschaft rund um Oberammergau, eine Idylle, vielleicht nicht so offensichtlich, nicht so malerisch, nicht so spektakulär.

Damals scheiterte er auch an der Perfektion um ihn herum, und sei sie noch so künstlich gewesen. Diesmal gelingt ihm das Ankommen. Vielleicht ja auch, weil die Eifel einem ihre Vorzüge nicht so aufdrängt (was auch für ihre Bewohner gilt): Sie ist eine Schönheit, die sich nur allmählich öffnet und ihre Schätze preisgibt. Dann aber fängt sie jeden ein, der sich darauf einlässt. Und Michael Preute war jetzt dazu bereit. Man muss ihn nur erzählen lassen, dann wird deutlich, wie tief die Beziehung zwischen Mann und Landschaft ist: „Wenn du so durch den Wald schleichst ... das ist schon irre. Es gibt Buchenhochwälder, wo die Sonne solche Teiche aus Licht herstellt, wo wunderbare Moosteppiche wachsen und ich mich zu Anfang oft auf diese Moose gelegt habe. Und dann entdeckte ich ein Gras, ganz spirrig unten und so lange Dolden – da habe ich wirklich vier Wochen gebraucht, um festzustellen, was das ist: Es war das nickende Perlgras", sagt er und lacht.

Eine andere Stelle, die direkt vor seiner ersten Eifeler Haustür liegt, nimmt ihn besonders gefangen: Der „Weinberg". In „Eifel-Täter" nennt er den alten Steinbruch den Ort, der seine Krimis „am meisten gefördert, befruchtet und durch seine Stille überhaupt erst möglich gemacht hat". Im Gespräch für das vorliegende Buch schwärmt er weiter: „Da gab es diesen wunderbaren Steinbruch zwischen Berndorf und Kerpen, wo ich völlig fassungslos hörte: Da wohnt ein Uhupärchen in der Gegend. Da gibt es Glockenunken und weiß der Teufel was."

Solche Erfahrungen landen ungefiltert in seinen Romanen: *„Irgendwo war eine Glockenunke zu hören, weit weg rief ein Kuckuck, dann kam eine Nachtigall hoch. Sie sang jubilierend, und ich zählte fünfzehn Strophen, ohne dass sie sich wiederholte."* Der General und das Mädchen, Seite 174 Und weiter geht die Schwärmerei: „In einem Steinbruch zu sitzen, wo sich Wasser sammelt und einen Teich bildet, wo die Quappen drin sind ... das ist schon irre. Das ist nur hier erlebbar. Das hast du anderswo nicht. Das ist so etwas ... das hat mir Mut gemacht. Wenn ich heute sage: Ich verdanke der Eifel diese geistige Gesundheit, dann ist das sicher so."

Sein erstes Domizil in der Berndorfer Beulerstraße hingegen verdankt er seiner damaligen Gefährtin Ingeborg Meier, einer Sozialarbeiterin aus Köln. Während er an der Geschichte über den Regierungsbunker im Ahrtal recherchierte, verbrachte er die ersten zwei Monate in einem Hotel in Bad Breisig, wo auch sein Vater Willy damals wohnte. Irgendwann jedoch habe er vom Hotel die Nase voll gehabt. „Das kannte ich ja aus meinem Restleben auch: Hotel, Hotel, Hotel. Also habe ich mir gesagt: Jetzt brauche ich eine kleine Wohnung irgendwo. Und dann sagte Ingeborg Meier: Ich habe ein Urlaubsdomizil in der Eifel. In Berndorf."

Sein Verhältnis zur mittlerweile gestorbenen Ingeborg Meier war, „vorsichtig ausgedrückt, ein gebrochenes". Über ge- und zerbrochene Verhältnisse ist bereits genug gesagt, deshalb nur so viel: „Sie zeigte mir diese Hütte in Berndorf. Es war mehr Instinkt als Wissen, hierzubleiben, aber es war gut. Das wusste ich nach relativ kurzer Zeit in Berndorf. Sechs Monate – da habe ich gedacht: Scheißegal, wie lange ich fahren muss. Völlig wurscht, ich bleib hier."

Er blieb, Ingeborg Meier kümmerte sich um ihn, und die neuen Nachbarn stellten sich Fragen, denn da war ein knapp 50-Jähriger allein in dieses Haus gezogen, der sich zunächst nicht einsortieren ließ: „Was macht der da? Der ist angeblich Journalist ..."

231

Sie konnten es nachlesen, zum Beispiel in einer seiner letzten *Spiegel*-Geschichten während seiner Eifeler Zeit: „Die machte damals wirklich sehr viel Aufsehen. Ich erschien im *Spiegel* wie immer montagmorgens, ich war sogar in der Hausmitteilung genannt, und das war diese berühmte Geschichte "Als Arzt muss ich das Maul aufmachen." (*Spiegel* Nr. 17/1987, 20. April, die Reportage kann man auf der Website des Magazins im Archiv aufrufen)

Preute berichtet in dieser Reportage über die Weißenau-Klinik in Ravensburg, ein psychiatrisches Landeskrankenhaus mit mehr als 600 Patienten und 750 Mitarbeitern. „Dieser Boss ... das war ein toller Typ", sagt Preute, wenn er sich an den ärztlichen Direktor Günter Hole zurückerinnert. „Der sagte: Ich habe die Schnauze voll, wir stellen alle Patienten nur noch ruhig. Wir machen sie nicht heil, wir machen sie kaputt." Die Weißenau-Reportage sei eine seiner längsten Recherchen gewesen: „Ich bin sechs Monate lang von Berndorf aus nach Ravensburg, immer hin und her."

Einen Leser verwunderte diese Art von Arbeit: Als Preute eines Tages in Rotterdam verabredet war („mit jemandem, der mir die Finessen und Hintergründe des Haschisch-Schmuggels beibringen wollte") und für die Reise in die Niederlande auf der Bank in Hillesheim Geld abheben wollte, war ein großer *Spiegel*-Artikel ebenfalls gerade veröffentlicht worden. „Das war ein Montagmorgen. Und der Mann, der mich am Schalter bediente, saß über dem *Spiegel* und sagte: Ach, übrigens, das wollte ich Sie fragen: Sind Sie das hier? Der kam damit überhaupt nicht zurecht. Er sagte: Und Sie haben das geschrieben, oder haben Sie das nur bei denen eingereicht, und die haben das dann geschrieben?"

Dieser Dialog mit dem investigativen Bankangestellten zog sich dann noch eine Zeit lang hin, während Preute immer ungeduldiger wurde: „Der hat mir mein Geld nicht gegeben! Der Kerl kriegte sich nicht ein, und ich sagte nur: verdammt noch mal, ich muss los, ich brauche das Geld! Auf jeden Fall haben die Leute in Berndorf und Hillesheim noch nie so häufig über den *Spiegel* geredet wie damals."

Die ersten Annäherungen von seiner Seite geschahen zögerlich. Zunächst verschaffte er sich Informationen über die Gegend, in der er da gelandet war: „Irgendwann habe ich angefangen Bücher über die Eifel zu kaufen." Es dauerte jedoch erheblich länger, bis Preute den neuen Nachbarn zu erzählen begann, wer er war und was er gemacht hatte.

„Das muss man so sehen, wie es ist: Die Enge hier, die Erfahrens-Enge, das ist schon manchmal erschreckend gewesen. Wie willst du jemandem in Berndorf, der gerade seinen Acker abgegeben hat und die letzte Kuh füttert, dein Leben beibringen? Das kannst du gar nicht." Das versuchte er erst „viel, viel später, nach den ersten Romanen, etwa so '93, '94, als ich anfing, mal etwas rauszulassen von dem, was hinter mir lag."

Zum Beispiel während eines Dia-Vortrags über Vietnam: „So eine Art VHS-Mensch" habe den gehalten. „Der sagte dann: Die Vietnamesen waren von Anfang an gegen die Amerikaner. Und ich wusste: Das waren sie nicht. Denn die Leute auf den Dörfern, die waren unheimlich freundlich, die konnten überhaupt nicht kapieren, was die Amis da machten. Und zu Anfang dieses Krieges war es natürlich so, dass die Amis sich wie überall mit Kaugummi und Camel und Lucky Strike beliebt machten. Dann habe ich gesagt: Na hören Sie mal mein Lieber, das stimmt nicht, ich war in Vietnam, ein paar Mal. Da war natürlich Stille im Saal. Aber das war elektrisierend, weil ich sonst darüber wirklich nicht geredet habe. Jetzt wollten sie wissen was mit mir los war. Zugehört haben – das ist typisch – eigentlich nur die klugen Alten im Dorf. Und die sagten: Jetzt können wir das auch verstehen, was du so machst."

Es sei einfach „eine Wahnsinnswelt" gewesen, die zwischen ihm und den Eifelern gelegen habe. „Weil mein Leben so ganz anders war als deren Leben. Das Einzige, was mich bei den Berndorfern ganz schnell in ein gutes Licht setzte, war die Tatsache, dass ich ständig arbeitete. Das sahen die ja an meinem Fenster, da brannte fast immer Licht."

Das sei, bei allen eingestandenen Schattenseiten, sein großer Vorteil, sagt Michael Preute – der Fleiß: „Das hat mir schon sehr geholfen. Mich muss man nicht dazu anhalten, zu arbeiten." Eine Begleiterin aus den Eifeler Anfangsjahren bestätigt ihm das: „Er ist hier gelandet und hat sofort geschrieben", sagt Gisela Leuer. „Ich habe ihn immer als Schriftsteller erlebt."

Die pensionierte Lehrerin stammt, wie Preute, aus dem Ruhrgebiet, sie ist 1944 in Essen geboren. Und sie hat, wie Preute, Wurzeln in der Eifel, sogar in Berndorf. Hier lernte sie auch ihren Mann Otto kennen, seit Gisela Leuers Pensionierung 2007 haben die beiden dort ihren festen Wohnsitz. Sie zählen zu den ersten Eifelern, die den Autor kennenlernten, sein Buch „Drogen Markt Schule" hat er „mit einem Dank an Otto Leuer" versehen.

„Was er für die Eifel getan hat, ist enorm", sagt Gisela Leuer, die umgekehrt auch ein wenig für Jacques Berndorf tat: Sie setzte sich mit dafür ein, dass er 1996 den erstmals ausgelobten Preis des Eifel-Literatur-Festivals erhielt. Er tat aber auch etwas für Gisela Leuer und ihre Schützlinge: Denn nachdem die ersten Berndorf-Bücher bei Pahl-Rugenstein/Grafit und Bastei Lübbe erschienen waren, wurde sie an ihrer Gesamtschule in Bochum auf den Autor angesprochen, den sie inzwischen kannte. Ob man diesen denn nicht einmal mit einer Schulklasse besuchen könne. Man konnte, und das nicht nur einmal: Mit vier Klassen fuhr sie zum Schriftsteller in die Eifel. „Das war unkompliziert, selbstverständlich, und die Schüler waren hellauf begeistert."

Die Jugendlichen durften dabei tief in die Werkstatt eines Schriftstellers blicken: „Die ganze Wohnung hing voll mit Wäscheleinen, mit Klammern, an denen Bildchen und Notizen festgemacht waren", erinnert sich Gisela Leuer. Der Autor zeigte den jungen

Besuchern sein Recherchematerial, die Lebensläufe, die er für seine Figuren entwarf, Skizzen von Tatorten – „das waren fast architektonische Zeichnungen, so dass ich mit den Schülern sehen konnte: So entsteht ein Roman", sagt Gisela Leuer. „Das war toll." So enorm wie seine Verdienste, so stark scheint auch seine Wirkung gewesen zu sein: „Der strahlte was aus. Er faszinierte." So sehr, dass eine ihrer Kolleginnen gleich fünf Mal innerhalb einer Woche mit dem Motorrad von Bochum nach Berndorf fuhr, um einen weiteren Besuch mit Schülern vorzubereiten.

Preute schenkte Gisela Leuer damals eine seiner Tatortskizzen. „Er war überhaupt sehr großzügig, sehr liebevoll. Wenn er dann mal zehn Mark in der Tasche hatte, dann hat er das geteilt."

Wobei er natürlich so selten Geld in der Tasche hatte, dass er sich diese Großzügigkeit eigentlich nicht hätte erlauben dürfen: Preute habe „weder rechnen noch haushalten" können. Und trotzdem habe jeder Besucher Buchgeschenke erhalten, selbst wenn dieser dreimal so viel verdiente wie der Autor: „So isser halt."

Fünf Jahre nach seinem Umzug nach Berndorf erscheint sein erster Krimi. „Eifel-Blues" wird 1989 veröffentlicht: „Das hat hier Wellen geschlagen im Dorf", sagt Gisela Leuer, denn einige Berndorfer seien im Roman ja namentlich genannt worden. Aber von einem Verkaufserfolg jenseits des Orts ist das Buch noch weit entfernt, von seiner späteren Prominenz ahnt Michael Preute noch nichts, genau so wenig wie von Millionenauflagen, von Verfilmungen, von Krimifestivals, Krimihotels, Krimiwanderwegen und den zahlreichen Krimikollegen, die ihm schreibend in die Eifel folgten.

Der Wechsel in die Eifel 1984 war eine Art Wiederkehr: „Die Eifel war mir nicht fremd", sagt Michael Preute. Die ersten Erinnerungen an die Region reichen sehr weit zurück in die Kindheit des Autors, und sie sind nicht alle erfreulich. Dabei kann er sich sogar auf Vorfahren in der Gegend berufen: „Meine Mutter ist ein Kind von Eifelern. Denn ihre Mutter, Katharina Pickel, stammt aus Kottenheim bei Mayen, und in Kottenheim, da lasten meine ersten ganz jugendlichen Erinnerungen. Ich sehe immer meine Eltern, die mit mir spazieren gehen … Wir waren bei Verwandten untergebracht, und ich kann mich daran erinnern, dass meine Tante, die Schwester meiner Mutter, meistens dabei war. Und die hatte Kopfschmerzen. Die hatte sie immer – Migräne. Und ich erinnere mich, dass sie immer jammerte. Es war als Kind ganz erschreckend, das zu hören."

In „Eifel-Täter" erinnert er sich an den Sommer 1944, den der achtjährige Michael und sein zweijähriger Bruder Claus gemeinsam mit Mutter Anneliese in Kottenheim verbrachten, „während mein Vater in der Klöcknerhütte Osnabrück Schienen und Weichen zog, um Hitlers idiotischem Traum von der Eroberung des Ostens zu dienen". In den Jahren 1950 und 1952 „nahmen mein Vater und Großvater mich von Bad Breisig am Rhein auf Wanderungen in die Eifel mit – wobei ich mich daran erinnere, dass ich auf die Landschaft, auf Vater und Großvater fluchte, weil die nämlich durchaus 25 bis 30 Kilometer am Tag machten" (Seite 8/9).

In der Eifel, „ich muss sechs oder sieben gewesen sein", begegnete er auch zum ersten Mal einem „leibhaftigen Jugendführer der NSDAP". Der habe ihm an einem Tisch gegenübergesessen und gesagt: „Gib mir doch bitte mal das Messer. Da nahm ich das Messer und reichte es ihm, mit dem Griff voran. Und dann sagte der zu mir: Du bist ja ein fantastischer, höflicher Junge und weißt sogar, wie das geht! Ich war stolz wie Oskar."

So mögen die frühen Eifel-Erinnerungen von einigen wenig erfreulichen Erfahrungen getrübt sein. Die späteren verursachen kein Kopfweh mehr: „Das mit der Eifel und mir", bekennt er auf der ersten Seite seiner „Gebrauchsanweisung für die Eifel" (Piper, 2008), „ist eindeutig eine Liebesgeschichte." Vor allem natürlich mit der Landschaft, die er in seinen Romanen immer wieder liebevoll-genau beschreibt, genauso wie im Gespräch für dieses Buch:

„Es gibt ganz wenige Stellen, bei denen man sagt: Das ist eine perfekte Landschaft. Du hast keinen Durchgangsverkehr, keine Bundesstraße und dergleichen, du hast nur ganz kleine Sträßchen, auf denen bestenfalls alle halbe Stunde ein Auto vorbeizieht ... Es gibt hier noch solche Orte, die ich nach wie vor anfahre." Wo ist es für ihn am schönsten? „Schwierig zu sagen. Wenn ich sage Brück, dann unter anderem deswegen, weil ich da lebe." In seinem früheren Wohnort Berndorf fällt ihm neben dem Steinbruch noch eine weitere Stelle ein, mittendrin: die alte Kirche. „Es ist schon gewaltig, da so zu stehen und zu wissen: Da gucken locker tausend Jahre auf dich runter. Mein lieber Mann. Das ist zum Beispiel eine wunderschöne Stelle."

Die Schönheiten der Eifel, gelegentlich geraten sie in Gefahr: „Ich weiß natürlich, dass immer wieder der Versuch gemacht wurde, zum Beispiel Bäche zu regulieren. Das hat ja auch mit Ordnung zu tun. Da gibt es den Ahbach, der sich wunderschön durch die Wiesen schlängelt, da habe ich oft im Gras gesessen, da war der Fischreiher ... und ich habe gedacht: Oh Mann, ist das schön. Hier gibt's noch Bäche! Um kurz darauf von jemandem zu hören: Ja, der macht uns immer Kummer, weil: Der ist ja nicht ordentlich. Da war im Gemeinderat ganz ernsthaft darüber diskutiert worden, außerdem gäbe es noch Landesmittel für eine Begradigung ... Gott sei Dank ist das nie passiert. Es ist einfach so, dass hier Landschaft noch Landschaft ist. Dass nicht groß eingegriffen worden ist. Das finde ich toll."

„Hier oben bei Schuld und Insul ist der Fluss noch klar, besitzt die liebenswerte Unordentlichkeit eines in vielen Mäandern laufenden Wasserweges und hält um diese Jahreszeit ein kleines Wunder parat: Auf vielen Kilometern schwimmt ein weißes Blütenmeer auf dem Wasser, der gemeine Froschbiss, hydrochorus morsus ranae. ... Also genoss ich den seltsam schönen Anblick alleine, rauchte gemächlich meine Pfeife zu Ende und grübelte darüber nach,

was um alles in der Welt mich bewogen hatte, mir ausgerechnet an solch einem Tag diesen Job aufhalsen zu lassen. "

Der General und das Mädchen, Seite 8

„... *Der Frühling war gekommen, in den Buchenwäldern und unter den Hasel-nusssträuchern blühten die ersten Buschwindröschen, an den Bachläufen färb-ten sich die Weiden. Die Erlen und Hartriegelgewächse waren in einen Rot-schimmer getaucht, die Natur war aufgewacht und räkelte sich ausgiebig.* "

Die Eifel-Connection, Seite 10

Man sieht: An Siggi Baumeister ist ein Naturkundler verloren gegangen, in allen Romanen findet man immer wieder solche nahezu pastoralen Schilderungen. Sie würden nicht vermuten lassen, dass ihr Autor einmal Kriegsberichterstatter war. Michael Preute lacht, wenn man ihn darauf anspricht, auf den Romanhelden, der jeden Eifeler Grashalm, jedes noch so abwegige Pflänzchen persönlich zu kennen scheint und voller detailgenauer Zärtlichkeit beschreibt.

„Da hat sich offensichtlich eine Liebe entwickelt zwischen ihm und einer Landschaft", sagt jemand, der den Autor ebenfalls sehr schätzt: Kurt Beck, rheinland-pfälzischer Ministerpräsident. „Und wie er diese Landschaft beschreibt, da merkt man: Das ist nicht einfach so hingeschrieben, weil man ja ein Umfeld für seine Geschichten braucht. Manchmal hat man den Eindruck, dass diese Liebe zu der Landschaft ihn geradezu überwältigt und die Geschichte dann erst wieder mühsam in den Vordergrund tritt. Das finde ich besonders schön."

Bei Preute steckt mehr dahinter als nur Detailverliebtheit oder vorgeschobene Authentizität: „Für solche Sachen habe ich mich damals interessiert", erzählt er über seine Anfangszeit in der Eifel. „Weil sie mich auch wieder in die Nähe meines Vater brachten." Der nämlich sei „so ein klassischer Kosmos-Leser" gewesen nach dem Motto: Welcher Vogel singt denn da?

„Und er kannte tatsächlich alle Pflanzen, die hier so gang und gäbe sind, mit lateinischem Namen. Manchmal war das für mich als Junge furchtbar, hinter einem Vater herzutrotten, der alles kennt und weiß, jedes Blümchen und jedes Gras, das ging mir wahnsinnig auf den Senkel." Aber als er dann in die Eifel gezogen war, erinnerte er sich wieder an die Streifzüge mit dem Vater: „Allerdings mit Dankbarkeit. Denn der Alte hat mir das beigebracht. Und deshalb habe ich solche Geschichten ständig und stets in meinen Romanen verwendet. Es war meine Art, danke zu sagen."

Späte Dankbarkeit gegenüber dem Vater – aber auch Hochachtung und Zärtlichkeit gegenüber der Natur, eine Lektion, die Preute mit roten Ohren lernte: Sie ereignete sich in seiner Kindheit – in der Zeit, als die Familie in Atter lebte, dem kleinen Ort in der Nähe von Osnabrück. „Da bin ich mit meinem Vater an einem Fluss, der Düte, entlanggegangen. Ich kann mich gut daran erinnern: Ich sah einen Frosch und habe volle Kanne zugetreten. Und da war der Frosch platt. Das war das erste Mal in meinem Leben, dass mir mein Vater unglaublich eine gescheuert hat. Das habe ich monatelang nicht verwunden. Da ging ich richtig knockout. Und er sagte: Das darfst du nicht machen. Das geht nicht. Also ging's nicht. Später habe ich das dann kapiert. Aber zunächst war das erschreckend."

Womit der Autor jedoch ebenfalls nicht gerechnet hatte – zumindest nicht am Anfang seiner Zweitkarriere –, das waren die Leser, die auch das letzte Detail noch nachprüfen wollten: „Da gibt es ganz komische Dinge", berichtet Preute. „Also: Ich beschreibe in einem Roman Hornissen, ich weiß nicht, in welchem, jedenfalls Hornissen, inzwischen längst eine geschützte Art. Ich hatte den Roman vergessen, das war zwei Jahre oder drei Jahre her. Da rief mich jemand von der Uni Bonn an und sagte: Wo haben Sie die denn gefunden?" Er versuchte dann, dem Anrufer so gut wie möglich zu erklären, wo er dieses Hornissennest entdeckt habe. „Eines Tages schellt es, und der Mann steht vor der Tür, mit Frau und zwei

Kindern, und sagt: ‚Ich bin Ihnen dankbar, wir haben sie gefunden.' Das gibt es. Und das ist ja dann auch schön."

„Man kann von ihm halten, was man will, aber er hat eine gute Schreibe", sagt Gisela Leuer. „Und er hat viel für die Eifel getan." Das gilt für die Region, und es gilt für etliche ihrer Bewohner. Seine dritte Frau Angelika Koch verweist, trotz aller bitteren Erinnerungen, mit Nachdruck darauf, dass er ihren Weg in den Journalismus sehr gefördert habe. Eine weitere Karriere, die durch Preute einen entscheidenden Anschub erhielt, ist die seines heutigen Verlegers Ralf Kramp: Er lernte Michael Preute 1993 kennen, als er unter anderem als Lokalkarikaturist für die Eifel-Redaktion des *Kölner Stadt-Anzeigers* in Euskirchen arbeitete (die Zeichnungen macht er immer noch, sie erscheinen jeden Samstag). Bereits als Jugendlicher hatte er jedoch auch kleine Geschichten verfasst: „Ich habe immer geschrieben, zur persönlichen Sinnesbefrohung, von Schulzeiten an", erzählt er. Allerdings habe er auch immer davon geträumt, einmal einen Stoff zu verfassen, mit dem er sich über 100 Seiten hinaus wagen konnte.

Einen solchen Stoff hatte er nun, mit 29 Jahren, in Angriff genommen. „Das sollte ein Kriminalroman werden, weil ich bis dahin nichts anderes gelesen hatte als Krimis. Ich hatte also eine Geschichte im Kopf, irgendwann damit angefangen und mich so an die 100 Seiten rangeschrieben. Und mein Arbeitstitel war: Eifelgold. Weil in dem Roman ein auslösender Faktor ein Gemälde mit diesem Titel war." Das Eifelgold ist der Ginster, von dessen gelben Blüten die poetische Bezeichnung herrührt: „Ein klassisches Eifelthema für Maler", sagt Kramp.

Damals sei er mit seinen Zeichnungen noch jeden Freitag in die Euskirchener Lokalredaktion des *Stadt-Anzeigers* gefahren. Die Karikaturen legte er dann dem Redaktionsleiter Wolfgang Rau vor. Ebenfalls in Euskirchen arbeitete damals Karlheinz Wagner, der heute in der Kölner Zentralredaktion das Sport-Ressort leitet. Mit

Wagner habe er sich bestens verstanden, sagt Kramp, „weil er mit ganz subversivem Humor die Euskirchener Redaktion zu sprengen versuchte". Bei einem seiner Freitagsbesuche in Euskirchen habe er auf Wagners Schreibtisch ein Schwarzweißfoto entdeckt: „Da steht ein Mann mit weißen Löckchen und Nickelbrille vor einer großen Pinnwand und zeigt in klassischer Pressefoto-Pose bedeutungsschwanger auf diese Zettel, die da angepinnt sind", erzählt Kramp. „Und oben drüber hängt ein großer Zettel, auf dem steht: Eifel-Gold. Da habe ich gesagt: Was ist das denn? Und Charly sagte: Das ist dieser Krimi-Autor. Berndorf. Der wohnt da oben mitten in der Eifel. Bei dem war ich gestern. Der ist nett."

Kramp kannte Eifel-Blues, der Roman hatte ihm gefallen. „Und ich fand das so reizvoll, dass man schon im Titel erkennen konnte, wo das Ganze spielt. Das war ein absolutes Novum damals. Da war ja noch überhaupt nicht abzusehen, dass Eifel-Bindestrich mal so eine feste Marke werden würde." Und jetzt würde der gleiche Autor einen weiteren Krimi veröffentlichen mit exakt dem Titel, der auch dem Karikaturisten für seinen Erstling vorschwebte. „Und Charly sagte: Ruf den doch mal an und erzähl ihm das. Der findet das bestimmt auch lustig. Und er ist wirklich nett. Fahr hin, der wohnt da in so einer kleinen Bude."

Kramp rief an, obwohl er gehörig Manschetten hatte: „Man kannte ja keine Autoren. Das waren Leute vom anderen Stern, die gab es in der Eifel nicht. Die lebten ja in der Stadt. Dann habe ich ihm das erklärt, zwei drei Sätze gestammelt, er hörte sich das an und sagte: Ist ja lustig. Das will ich mir mal angucken. Kommen Sie doch mal hoch." Ralf Kramp fragte weiter, wann das denn möglich sei, nächste Woche vielleicht oder in der Woche darauf? Berndorf fragte zurück: „Haben Sie jetzt Zeit? Dann kommen Sie jetzt!"

Sofort nach dem Telefonat rief Kramp seine damalige Frau auf der Arbeit an: „Du wirst nicht glauben, was jetzt passiert. Ich pack jetzt hier meine 80 Seiten und fahr da hoch. Über die Landesgrenze, nach Rheinland-Pfalz, nach Berndorf. Und da besuche ich den Krimi-Autor."

Und so kam er ins Siggi-Baumeister-Häuschen in Berndorf: „Eine herrlich unaufgeräumte, provisorisch eingerichtete Junggesellenbude, mit so einem kleinen Bollerofen, mit Unmengen von Büchern, alles irgendwie zusammengestapelt. Da habe ich Michael kennengelernt. Und bin vor Ehrfurcht fast zerflossen."

Der Autor präsentierte sich dem Nachwuchsschreiber etwas anders, als sich dieser ihn vorgestellt hatte: hemdsärmelig, verwaschenes T-Shirt, Schlabberhose. „Das einzige aus München waren meine 5.000 Bücher", sagt Preute. Sonst habe er praktisch nichts gehabt. „Das war hier der buchstäbliche Neuanfang mit Zahnbürste."

„Das wirkte alles sehr improvisiert da oben", sagt Ralf Kramp. „Aber gleichzeitig sehr gemütlich. Und dann hat er mir zwei, drei seiner Romane in dieser Bastei Lübbe-Ausgabe gegeben. Und ich weiß noch, dass wir uns damals über Bad Kleinen unterhalten haben, das war gerade aktuell zu dem Zeitpunkt."

Kramp bezieht sich auf den Einsatz der Grenzschutzgruppe (GSG) 9 am Bahnhof des Orts in Mecklenburg-Vorpommern: Im Juni 1993 wollten die Beamten dort Birgit Hogefeld und Wolfgang Grams, beide Mitglieder der Roten Armee Fraktion (RAF), festnehmen. Hogefeld wurde verhaftet, Grams und ein GSG-Beamter starben bei einem Schusswechsel. Damals wurde lange spekuliert, dass der bereits verletzte Grams mit einem aufgesetzten Schuss in den Kopf getötet worden sei. Kramp fragte seinen Gastgeber, ob sich dieser so etwas vorstellen könne, „dass tatsächlich unsere Bundesregierung einen Henker hat, der im Verborgenen durch die Lande zieht und schmutzige Aufträge erledigt? Dann hat er kollernd gelacht, wie das so seine Art ist und gesagt: Ich habe mir abgewöhnt, mir über sowas Gedanken zu machen. Es gibt mehr Sachen, als wir uns vorstellen können."

Nach der Begegnung mit Preute fuhr Ralf Kramp wieder nach

Hause, „völlig beseelt". Wenige Wochen später traf ein Schreiben bei ihm ein: Das Manuskript sei „wirklich gelungen", der Stoff „geradezu brillant. Sie sollten das dringend fertig schreiben, ich werde das dann an meinen Verlag weiterleiten." Dermaßen angespornt, machte sich Kramp an die Fertigstellung seines Erstlings, den er anschließend Preute zukommen ließ. „Und dann kriegte ich zu Weihnachten eine Grußbotschaft: Ich habe es gelesen, finde es prima, und habe es weitergeleitet an meinen Verlag. Und dann kam das große Warten." Während er wartete, nahm er den Auftrag an, bei der Frankfurter Buchmesse 1994 Karikaturen zu zeichnen. Dort suchte er den Stand des Grafit-Verlags auf: „Und dann habe ich Rutger Booß kennengelernt, der alleine an seinem Stand saß, noch so eine zweimalzwei Meter-Koje." Booß habe ihm versichert, das Manuskript liege „ganz oben auf dem Stapel – also tatsächlich dieser Klassiker-Satz." Der Verleger versprach, nach der Messe Kramps Buch zu lesen: Kollege Berndorf habe sich ja sehr lobend darüber geäußert.

Kramps nächste Station auf der Messe: der Kölner Emons-Verlag, dem er das Manuskript anschließend ebenfalls zusandte. Schließlich landete er beim Verlag Klein und Blechinger und dessen Chef Herbert Klein. Dessen Antwort: „Schicken Sie das doch mal rüber."

Bereits zwei Wochen nach der Messe meldete sich Klein wieder: Er habe das Manuskript auf einer Zugfahrt fast komplett durchgelesen, er wolle es veröffentlichen, Eile sei geboten, man müsse jetzt „ganz schnell einen Vertrag machen, damit wir das noch in die nächste Vorschau fürs nächste Frühjahr reinbekommen".

Kramp telefonierte danach noch einmal mit Emons und Booß, beide winkten ab, und so veröffentlichte Klein und Blechinger 1996 seinen Erstling unter dem neuen Titel „Tief unterm Laub".

Die Unterstützung für Kramp hörte damit aber nicht auf. Es folgten erste gemeinsame Lesungen und Signierstunden, wobei es anfangs noch geschehen konnte, dass ein wohlmeinender Veranstalter dem Älteren einen Zehner in die Hand drückte: „Für Ihren Fahrer", als den er Kramp ausgemacht hatte. Zugleich spürte Kramp schnell, wie schwer es sein würde, aus dem Schatten des bekannten Kollegen zu treten, den Verdacht des Epigonentums abzuschütteln und ein Autor eigenen Rechts zu werden, obwohl seine meist humorvollen Romane und Erzählungen, vom Schauplatz abgesehen, wenig mit den Berndorf-Büchern gemeinsam haben. „Und dann hat Michael eigentlich alles getan, um mir die Chance zu bieten, mich aus diesem Schatten herauszubewegen."

Dass er, wie gelegentlich zu hören ist, die Nachfolge Berndorfs antreten könnte, weist Kramp zurück. „Völliger Quatsch. Ich bin kein Nachfolger, ich kann nicht so schreiben wie Michael, und ich würde die Berndorf-Fans niemals zufriedenstellen können. Wenn er aufhört zu schreiben, dann endet auch die Siggi-Baumeister-Story."

Einige Jahre nach Erscheinen seines Erstlings bot sich Kramp die Gelegenheit, als Teilhaber bei Klein und Blechinger einzusteigen, das Haus wurde umbenannt in KBV, seit November 2001 ist er alleiniger Eigentümer des Verlags in Hillesheim. Im gleichen Gebäude eröffnete er im September 2007 gemeinsam mit seiner Frau Monika das „Deutsche Krimi-Archiv" mit mehr als 26.000 einschlägigen Büchern.

Heute kann es geschehen, dass er Post erhält, die an den „Kramp-Berndorf-Verlag" gerichtet ist. Womit, trotz des falschen Namens, das symbiotische Verhältnis zwischen den beiden eigentlich recht gut beschrieben ist: Längst sind sie befreundet, seit 2008 erscheinen die Baumeister-Krimis bei KBV, und selbstverständlich ist Berndorf dort der bei weitem meistverkaufende Autor.

Das alles nahm seinen Anfang damals, als ein verschüchterter Jungautor sich zum ersten Mal nach Berndorf aufmachte und nach der ersten Begegnung mit diesem Herrn Preute beglückt wieder nach Hause fuhr: „Diese Offenheit, dass ein Autor, der ja nun wirklich mitunter was Besseres mit seiner Zeit anzufangen weiß, zu dir sagt: Komm einfach her, erzähl mir das, zeig mir das. Das fand ich ungewöhnlich."

„Alfred war ein rothaariger, schmaler, zäher Eifelbauer in meinem Alter. Er war stolz darauf, dass er nie geheiratet hatte, und einige Leute im Dorf sagten, er spiele gelegentlich den Clown, um zu verbergen, dass er scharf denken konnte."
Eifel-Blues, Seite 14

Das Haus, in dem Preute in Berndorf wohnte, gehörte Nikolaus und Anna Etten. Deren Sohn Alfred („ein Kelte, wie er im Buch steht"), erzählt er, „das war mein erster Eifeler".

„Das stimmt", bestätigt Preutes erster Eifeler. Wie hat er damals den neuen Hausbewohner kennengelernt? „Hemd, Hose, kein Geld", sagt Alfred Etten in einer Trockenheit, um die ihn jeder Quartalssäufer beneiden würde. „Die Frau Meier hatte damals das Haus gemietet. Die hat den mitgebracht, und dann ist er hiergeblieben." Der abgerissene Preute habe sich zu dieser Zeit immer wieder bei Nachbarn und Bekannten Geld geliehen. „Ob sie's alle zurück haben, weiß ich nicht." Sein Vater Nikolaus habe den neuen Bewohner jedenfalls mit größtem Misstrauen betrachtet: „Der taugt nix, hat er immer gesagt."

Hier sind wir an einem Punkt (Stichwort: lokaler Nachrichtendienst in der Provinz), der mit Vorsicht zu betrachten ist. Wer sich ein paar Mal auf dem Dorf Geld geliehen hat, der muss damit rechnen, dass die Kunde von seiner Finanznot die Runde macht und auch nicht innerhalb der Gemarkungsgrenzen bleibt. Und wenn der ehemals klamme Neubürger dann später zu einem der prominentesten Vertreter seiner Heimatregion wird, wächst sich das zur Legende aus, dass sich Michael Preute durch die halbe Eifel gepumpt und überall Gläubiger hinterlassen hat.

Natürlich ist das nicht die ganze Wahrheit, auch wenn sie noch so überzeugt kolportiert wird – mit dem Ergebnis, dass er beispielsweise für offene Kneipendeckel verantwortlich gemacht wurde, die gar nicht von ihm stammten. Und manch einer Geld von ihm zurückverlangte, das er sich nie geliehen hatte.

Dass er bei vielen um milde Gaben anstand, bestreitet er nicht. „Aber ich kann mir nicht vorstellen, dass ich einen einzigen Menschen übers Ohr gehauen oder geliehenes Geld nicht zurückbezahlt habe. Ich weiß auch nicht, was ich da machen soll. Ich denke, ich mache da gar nichts. Weil es keinen Zweck hat. Die reden ja doch." Nur eben nicht darüber, dass in manchem Dorf auch Menschen sitzen, denen Michael Preute mit stattlichen Summen aus der Patsche half.

Oder dass er sich immer wieder für gute Zwecke einspannen lässt: Der Mayener Kripochef Paul Wehner bestätigt, dass Michael Preute jederzeit ein offenes Ohr für soziale Belange habe und dann auch unterstützend eingreife. Zum Beispiel auch beim rheinland-pfälzischen Ruanda-Tag, den Wehner im April 2002 in Treis-Karden mitorganisierte. „Da ist er kostenlos zusammen mit Christian Willisohn aufgetreten." Kostenlos für die Veranstalter, aber nicht für Preute: Denn es gab an Ort und Stelle keinen adäquaten Konzertflügel. Wehner sprach einen Pianoverleih an und erfuhr, dass die Bereitstellung eines Instruments 1500 Euro kosten sollte, „was den Bärenanteil des Benifizerlöses für die Ruandahilfe aufgefressen hätte. Und da hat er gesagt: Ich übernehme das. Für solche Dinge konnte man ihn immer ansprechen."

Er taugte dann eben doch ein wenig, wie sich mit den Jahren herausstellen sollte, und er schaffte etwas, das auch Etten Respekt abringt: nüchtern zu bleiben. „Das war eine schwere Zeit für ihn", sagt Alfred Etten. „Da war es schon gut, dass er kein Geld hatte. Sonst wäre der bestimmt rückfällig geworden. Das war schon hart. Und er war beliebt im Dorf, das kann man nicht anders sagen." So sei es offensichtlich auch in seinem heutigen Heimatort Brück: „Die sind da alle zufrieden mit ihm, wie ich gehört habe." Noch ein Vorzug fällt Etten ein. „Schwätzen konnte er ja gut, da hat er keine Probleme mit. Der kam durch." Preutes Sohn Manuel sieht es genau so, drückt es aber freundlicher aus: „Ich empfinde ihn als sehr redegewandt. Meine Oma hat immer gesagt: Der könnte sogar einem Eskimo einen Kühlschrank verkaufen."

Nach dem Tod von Ingeborg Meier – Alfred Etten ist übrigens davon überzeugt, dass sie vor lauter Kummer über ihren Mitbewohner gestorben sei – habe sich die finanzielle Situation des Autors allmählich gebessert: „Danach ging es so langsam, da fing er an Geld zu verdienen."

Preute und Ingeborg Meier trennten sich Anfang der 1990er Jahre. Aber dass sie vor Kummer gestorben sei, will er nicht auf sich sitzen lassen. „Das glaube ich nun eher nicht. Sie hatte Krebs, und den hatte sie schon lange. Und dann ist sie elendiglich gestorben. Aber ich wusste davon nichts."

„An dieser Frau habe ich gehangen", sagt Michael Preute, und zwar so sehr, dass er sie auch geheiratet hätte. „Ingeborg Meier war eine tolle Frau. Sie hat gesagt: Mach dir keine Sorgen, du kannst bei mir leben, ich habe ein Haus in Berndorf. Das war für mich damals ein Rettungsanker."

Allerdings war Ingeborg Meier für viele Menschen ein Rettungsanker – was dazu führte, dass sie sich auch um einen ihrer Schützlinge kümmerte, während Michael Preute in Berndorf alleine einen runden Geburtstag verbringen musste: „Ich Arschloch hänge in diesem Bauernhof, werde 50, und keine Sau ist da."

Dafür aber stellten sich die ersten Erfolge für den Autor ein, irgendwann tauchte erstmals ein Kamerateam in Berndorf auf, um den Autor und sein Umfeld zu filmen. „Die kamen, und ich musste den Stall saubermachen", erzählt Alfred Etten. Die haben den ganzen Tag gedreht, für eine Minute Fernsehen."

Inzwischen werden deutlich mehr Minuten in der Eifel und über sie gedreht. Etliche Filme sind in der Region angesiedelt, nicht nur „Brennendes Schweigen" aus dem Jahr 2000. Der Film weicht stark vom Originalplot ab, enthält wenig Eifel und hat dem Autor und vielen seiner Fans nicht gefallen. Ein schlechter Film ist er deshalb allerdings nicht. Und, das wird bei aller Kritik oft vergessen, er präsentiert mit Uwe Bohm in der Hauptrolle trotzdem einen starken Siggi Baumeister, dem alles Pfeifenhafte abgeht. Insofern ist es schade, dass nicht mehr daraus wurde.

Apropos Pfeifen: Von volkstümlichen Musikanten umringt, fand sich Michael Preute eines Tages in der badischen Gemeinde Höchenschwand südlich von Freiburg wieder – mitten in einer vorweihnachtlichen SWR-Sendung, zu der man auch den Krimi-Autor eingeladen hatte. An den genauen Zeitpunkt kann er sich nicht mehr erinnern, woran er sich aber noch gut erinnert, das ist das versprochene Honorar für diesen Auftritt: 500 Mark habe ihm der Redakteur zugesagt. Je näher jedoch der Aufzeichnungstermin gerückt sei, desto kleiner sei allerdings, in Hunderter-Schritten, die Summe geworden.

Preute fuhr trotzdem die etwa 500 Kilometer von der Eifel in den südlichen Schwarzwald, „mutterseelenallein". Der Conferencier habe von ihm „keinen Schimmer gehabt", erzählt er. „Der sagte nur: Sie schreiben Kriminalromane. Und Sie haben viele Katzen." Preute trat trotzdem tapfer auf, zwischen den „Geschwistern Hofmann" und „irgendeinem Sänger", der etwa 60 Jahre alt gewesen und kräftig zurechtgeschminkt worden sei. Für den Autor hatte man eine Bank aufgestellt, rundherum Kunstschnee „und hinter mir ein Weihnachtsbaum. Danach habe ich mich nachts wieder auf die Autobahn gesetzt und bin heimgefahren in meine Eifel. Unbezahlt und glücklich."

In seiner Heimat geht ein erheblich ernster zu nehmendes Ereignis ebenfalls wesentlich auf Berndorf/Preute zurück und ist von gehöriger Bedeutung für das Fernsehschaffen in der Republik: Das Krimifestival „Tatort Eifel", vom Land und etlichen Sponsoren kräftig mitfinanziert und angesiedelt beim Landkreis Vulkaneifel, in dem auch Preute lebt. Festivalleiter Heinz-Peter Hoffmann erinnert sich mit einem breiten Grinsen an die Zeit um das Jahr 2000, als man nach der ebenfalls im Kreis erfolgreich absolvierten „Criminale", dem Jahrestreffen der deutschsprachigen Krimiautoren, eine ähnliche Veranstaltung auf die Beine stellen wollte. Hoffmann ging damals Klinken putzen, um Finanzierung und Organisation auf die Reihe zu bekommen – und Preute dackelte brav als Fürsprecher mit, egal wohin ihn Hoffmann schleppte: „Ich weiß noch, wie oft wir hin und her gefahren sind. Und Michael sagte immer: Ich bin dein Grüß-August." Den brauchte Hoffmann auch dringend, „denn es galt damals für uns ganz dicke Bretter zu bohren, als wir mit dieser Idee über Land gezogen sind. Wir wurden von vielen skeptisch beäugt nach dem Motto: Was mögen die da wohl machen in der Eifel?"

Hoffmann erinnert sich an den ersten Besuch beim ZDF in Mainz: „Da haben wir beide vor diesem Riesenkoloss am Lerchenberg gestanden. Und drinnen, in den heiligen Hallen, haben wir dann versucht, Leute zu finden, die bereit waren, diesen Weg mit uns zu gehen."

Tatsächlich ist Preute für das Festival mehr als nur der prominente Türöffner aus den Anfangstagen: Das zweijährliche Treffen entstand im Kern aus seinem Gedanken, Autoren und die möglichen Abnehmer ihrer Stoffe bei Verlagen, Produktionsfirmen und Sendern zusammenzubringen.

„Es gibt viele Leute mit guten Ideen", sagte er damals. „Die wissen nur nicht, wie sie die an den Mann bringen sollen." Da spricht wieder der fürsorgliche Preute – und trotz vieler Bedenken, ob so etwas überhaupt machbar sei, setzte er sich durch mit seiner Idee: Manch einer sagt heute, ohne „Tatort Eifel" wäre seine Karriere als

Drehbuchautor nicht zustande gekommen. Oder er hätte nicht so schnell einen Verlag für sein Buch gefunden.

Die Erstausgabe des Festivals war für September 2001 geplant, wurde jedoch nach den Terror-Anschlägen in New York auf das Frühjahr 2002 verschoben. Ein Fehlstart vor schrecklichem Hintergrund – schlimmer hätte es nicht kommen können, erinnert sich Hoffmann: „Das war wirklich nicht einfach – gleich zu Beginn alles wieder absagen, verschieben und Gäste ausladen." Die Schriftstellerin Ingrid Noll habe allerdings die Organisatoren in ihrem Beschluss bestätigt: „Sie sagte, es sei genau die richtige Entscheidung. Und dass sie auch keine Lust habe, zu diesem Zeitpunkt mit Mord und Totschlag auf einer Bühne zu stehen."

Der Start war schwer, aber nach der anfänglichen Verzögerung gelang das Projekt. Inzwischen, sagt Heinz-Peter Hoffmann, habe sich das mit dem Klinkenputzen ebenfalls erledigt: „Wir können behaupten, dass wir zum bundesweiten Krimitreff geworden sind. Wir sind bei den Verlagen bekannt, bei den Sendern und bei den Produktionsfirmen. Und unsere Reisen sind weniger geworden: Weil viele sich jetzt bei uns bewerben."

Und so kommt im Zweijahres-Rhythmus in der Eifel alles zusammen, was Rang, Namen und vor allem Entscheidungsgewalt im öffentlichen und privaten deutschen Fernsehen hat. Und natürlich die Autoren, die vielleicht noch niemand kennt, die aber möglicherweise eines Tages die Vorlage für ein Fernsehspiel oder eine der zahlreichen Krimiserien schreiben werden. Sie bewerben sich für einen Workshop mit Sendern wie ZDF und RTL, reichen ihre Geschichten beim Wettbewerb um den Deutschen Kurzkrimi-Preis ein oder um den „Clou", den weiteren beim Festival ausgelobten Preis für die beste Serienidee. Ebenfalls bei „Tatort Eifel" wird der nach Regisseur Jürgen Roland benannte Hauptpreis verliehen, der auch 2002 erster Träger der Auszeichnung für herausragendes Schaffen in der Fernseh-Krimilandschaft war.

„Ich mag da sehr gerne hin", sagt Regisseur Hajo Gies. Das Schöne an dem Festival sei, dass man dort auf Leute treffe, zu denen man sonst erst gar nicht vordringe, „weil man von der Sekretärin abgewimmelt wird. Wie die Redakteure, die fürs Programm verantwortlich sind und die man als Autor und Regisseur ja braucht. Die können einem nicht ausweichen und müssen Antwort geben." Das Festival sei bundesweit etwas Besonderes, sagt Barbara Thielen, Fiction-Chefin beim Privatsender RTL in Köln. Die Kombination aus thematisch ausgewählten Podiumsrunden, den fachspezifischen Workshops, die auch die Entdeckung neuer Talente im Auge behalten und Filmvorführungen an den neun Tagen des Festivals hält sie für einzigartig. „Und man hat es dort geschafft, über den regionalen Aspekt weit hinauszugehen. Das Festival ist ein Spiegelbild der gesamten Krimilandschaft Deutschlands. Und wir als Sender profitieren davon."

„Ich glaube, er hat wirklich das Feld bereitet, dass etwas Neues in der Eifel entstehen konnte", sagt Kurt Beck zu Preutes Engagement für das Festival. „Dieser Gedanke, dass sich Menschen begegnen, die im Zusammenhang mit diesem Genre stehen, dass dort neue Chancen entstehen, dafür kann man ihm nur Dank und Anerkennung sagen." Das tat Beck auch bereits offiziell: 2007 überreichte er ihm den Verdienstorden seines Bundeslandes. Preutes überzeugende Art habe in jenen ersten Gesprächsrunden auch wesentlich dazu beigetragen, „dass ich begriffen habe, welch eine Chance darin steckt. Dass es sich so positiv entwickelt, das habe ich damals auch nicht gesehen. Aber dass da eine Chance drinsteckt, das konnte er vermitteln. Deshalb auch dieses Miteinander zwischen dem Kreis, der Region und dem Land – neben den Persönlichkeiten, die da in der Mitte stehen." Und unter diesen Persönlichkeiten, sagt Beck, „da ist er die entscheidende".

Diesen Dank gibt Michael Preute allerdings von Herzen zurück: „Er hat uns Tatort Eifel ermöglicht", sagt er über seinen langjährigen Ministerpräsidenten. „Und er hat, als es einmal ganz eng wurde, 100.000 Euro eingeschossen, weil wir sonst elend im Sand verreckt wären. Dafür bin ich dem Mann heute noch dankbar, da stehe ich auch zu." Das habe er auch dem *Spiegel*-Reporter erzählt, der ihn vor den Landtagswahlen im Frühjahr 2011 für den Artikel mit der Überschrift „Kurts Reich" (*Spiegel* Nr. 12, 21. März 2011) gesprochen habe.

Darin wurde er auch zu seiner Wut über die Geldverschwendung am Nürburgring befragt, die er „in einen bissigen Kriminalroman" gepackt habe (ein korrektes Urteil). Preute gab brav Auskunft darüber, wie sehr ihn das gigantomanische Projekt und die Verstrickung des Landes ins Versenken hunderter Millionen Euro aufgeregt haben. „Aber diese Sätze, dass ich Beck dankbar bin – die stehen natürlich nicht im *Spiegel*." Zudem kann man bei der Lektüre den Eindruck erhalten, der Ministerpräsident habe den Autor mit dem satten Zuschuss ruhigstellen wollen – dabei erschien der Nürburgring-Roman lange nach der Entscheidung der Landesregierung, das Budget fürs Festival aufzustocken.

Stattdessen ist in dem Beitrag zu lesen, dass beim Krimifestival „örtliche Autoren" auf Redakteure „und andere wichtige Leute der Branche treffen können". Die würden sich gewiss freuen, wenn es so wäre, die örtlichen Autoren: wenn tatsächlich die geballte Senderprominenz allein ihretwegen in die Provinz käme. Nein: Die Teilnehmer kommen aus dem ganzen Land.

Und es treffen sich noch zwei Menschen dort, die einander seit Jahren sehr schätzen: Michael Preute und Dietmar Bär, der im WDR-Tatort aus Köln den Kommissar Freddy Schenk spielt. Sie lernten sich 2003 kennen, als der Frankfurter Eichborn-Verlag in einem Berliner Tonstudio Preutes „Eifel-Blues" als szenisch aufbereitete Lesung für ein Hörbuch produzieren ließ. Dietmar Bär übernahm die Baumeister-Rolle, Günter Lamprecht tritt als Rodenstock auf, Emma wird gesprochen von Claudia Amm, Lamprechts Lebensgefährtin. Vier weitere dieser Produktionen folgten (Eifel-Feuer, Eifel-Wasser, Eifel-Liebe und Eifel-Träume). „Das war eine gute Produktion", sagt Michael Preute. Nicht zuletzt, weil er dabei auf Dietmar Bär traf, nachdem man ihn ins Studio eingeladen hatte. Die beiden verstanden sich auf Anhieb: „Ich wusste von Anfang an, wie der antworten würde", sagt Preute. „Es gibt so eine Übereinstimmung zwischen Männern, die sich wie bei Dietmar und mir völlig organisch ergibt. Ich muss gar nicht viel mit dem reden."

Der 1961 geborene Bär, der auch in der Festivaljury sitzt, bestätigt das: „Ich komme aus Dortmund, Michael aus Duisburg. Und ich kannte die Bücher, da konnte man schon vermuten, was da für ein Mensch hinter steckt." Preute sei einer, „der noch aus altem Journalistenholz geschnitzt ist. Das merkt man auch den Büchern an, die Art und Weise, wie da recherchiert wird, wie Figuren entwickelt und erfunden werden." Zwischen ihm und dem Autor, sagt er, „stimmen die Frequenzen einfach." Was daraus wurde? „Eine tiefe Wertschätzung", sagt der Schauspieler. „Auch von der Arbeit her, von dem Menschen, wenn man ein bisschen über seine Geschichte weiß."

„Er ist ein absolut verlässlicher Typ und sehr, sehr offen für soziale Geschichten", sagt Preute über Dietmar Bär. Damit spielt er auch auf den Verein an, den Bär und sein Kölner Co-Kommissar Klaus J. Behrendt 1998 nach den Dreharbeiten zur Folge mit dem Titel „Manila" gemeinsam mit dem Team gründeten: „Tatort – Straßen der Welt". Der Verein hilft Opfern von Missbrauch und Menschenhandel und versucht Straßenkindern zu menschenwürdigen Lebensumständen zu verhelfen. Kein Wunder, wenn Preute über Dietmar Bär sagt: „Der ist wirklich gut. Der ist sehr selbstbewusst, aber gleichzeitig noch offen. Er kann auch fragen, das hat er Gott sei Dank nicht verlernt."

Bär war 2003 erstmals beim Festival dabei, Preute erinnert sich, wie der Schauspieler damals am Ende des Gala-Abends fasziniert dem

Bluespianisten Christian Willisohn zugehört hatte: „Die Leute waren entweder besoffen oder zu Hause. Da oben saß Christian Willisohn und hämmerte ins Klavier, und unten stand einsam Dietmar Bär." („Er hat mir meinen Wodka gehalten", erinnert sich der Musiker.) Das Festival, fernab der großen Städte, sei mittlerweile branchenweit ein Begriff, sagt Bär. „Jeder kennt die Eifel oder war schon mal da. Das hat sich zu einem echten Fachfest gemausert, das ist mir schon 2003 aufgefallen. Alles kommt zusammen, die Sender bringen ihre neuesten Filme mit, Autoren treffen sich und tauschen sich aus. Das finde ich spannend daran. Das Ganze in dieser schönen Kulisse – ich glaube, dass das sehr ernst genommen wird, auch von meinen Chefs, meinen Entscheidungsträgern in den Sendern. Das ist eine große, bunte Geschichte, und es ist einfach großartig zu sehen, was so alles passiert in meinem Job."

Neben den Fachgesprächen beim Krimifestival bieten die Organisatoren aber auch ein sattes Programm für das breite Publikum – mit Filmpremieren, Show-Abenden, Lesungen und anderen Veranstaltungen, an deren Ende man dann vielleicht den Münchener Tatort-Kommissar Miroslav Nemec auf der Bühne als Rockmusiker erleben darf. Auch das ist „Tatort Eifel".

Und wenn man den mitverantwortlichen Preute dann, wie nach der Festivalgala im Jahr 2009, mit Roland-Preisträgerin Senta Berger und ihrem Mann, dem Regisseur Michael Verhoeven, zusammen sitzen und plaudern sieht, dann denkt man: Sieh an. Michael Preute. Der Mann, der einmal so krachend gescheitert war.

„Damals hat keiner mehr einen Pfifferling auf ihn gesetzt", sagt der Düsseldorfer *Stern*-Bürochef Gerd Elendt. Aber als dann die ersten Krimis von Michael Preute erschienen seien, als der Erfolg größer wurde und die Baumeister-Geschichten nicht aufhörten, da habe er gedacht. „Toll – er hat sich gefangen."

Und dieser Michael Preute, obwohl er es vielleicht nicht zugeben würde, genießt es heute, Jacques Berndorf zu sein. So sehen es jedenfalls seine Kinder. Wenn sie mit ihrem Vater irgendwo in der Eifel sitzen, wenn Leser ihn ansprechen und um Fotos oder Autogramme bitten, dann gehe er damit sehr schön um. „Es ist süß, wie er dann immer reagiert, wenn man das über einen älteren Mann sagen darf. Er macht das schon gern", sagt Mona Eichler. Und es scheine für ihn eben doch wichtig zu sein, „dass er Jacques Berndorf ist", ergänzt ihr Bruder Manuel. „Auch wenn er immer abwiegelt: Man merkt das schon, dass er das genießt. Und das ist ja auch völlig in Ordnung."

„Wir hockten noch eine Weile träge beieinander. Die sanften Hänge links und rechts waren ein Meer in Gelb, der Ginster blühte. Da, wo die Hänge schroffer wurden, wo Schiefernasen sich weit vorschoben, waren die Standorte der Steingewächse, deren Farben von leuchtend hellem Grün bis zu tiefem Violett reichten. Das Altrosa der blühenden Wiesengräser hob sich klar von den unendlich vielfältigeren Grüntönen der Wälder ab. Das war die Eifel, die ich brauchte wie die Luft zum Atmen."

Der General und das Mädchen, Seite 11

Wer keine Familie hat, der erfindet sich eine

VON ECHTER UND FIKTIVER VERWANDTSCHAFT

„Jemand öffnete die Tür sehr zögerlich, schlurfte langsam
durch den Flur, als lauerten dort zahlreiche Feinde,
und klopfte an die offenstehende Tür. Dann sagte er schüchtern:
‚Bin ich hier richtig bei Herrn Baumeister?'
Er war ein kleiner, dürrer Mensch mit einer erstaunlich
tiefen Stimme, schütterem, fast gelbem Haar über einem
griesgrämigen Gesicht. Er trug einen dunkelblauen Anzug
mit feinen hellen Streifen, als sei dies eine höchst feierliche Sache.
‚Sie müssen der Kriminalrat Rodenstock sein', sagte ich. "

„Eifel-Blues", Seite 159/160

Ein kurzer Ritt auf schöner Strecke: Wenn man von Michael
Preutes – und Siggi Baumeisters – Wohnort Brück in nörd-
licher Richtung nach Niederehe durch die Landschaft der Vulkaneifel fährt, kommt man nach wenigen Kilometern an eine Straße,
die linker Hand nach Heyroth abzweigt. Dort lebt nicht nur der
reale Thomas D, einer der „Fantastischen Vier", dort wohnen auch
zwei fiktive Charaktere, die für den kleinen Berndorf-Kosmos von
wesentlicher Bedeutung sind: Kriminalrat a. D. Rodenstock und
seine Frau Emma, die ehemalige Polizeichefin von s' Hertogen-
bosch in den Niederlanden.

„Manchmal liebe ich das, abends nach Heyroth reinzufahren",
sagt Michael Preute. „Ich habe da so eine Wiese im Kopf, bei der

ich denke: Da hätten sie ganz gut ihr Häuschen hinstellen können."
Rodenstock, Emma und ihr Häuschen in Heyroth. Die beiden
Figuren sind für Berndorfs Helden eine Mischung aus besten
Freunden und Eltern, und sie sind es auch für den Autor selbst. „Ja,
das ist bewusst so gemacht. Es sind Figuren, die im Laufe der Zeit
sehr wichtig geworden sind. Es ist schon so, dass die zu meinem
Leben gehören, dass sie immer da sind. Mit denen stehe ich auf
und gehe mit ihnen ins Bett."

Immer präsent, ganz besonders gilt das für Rodenstock – für den
es, wie auch für Emma, ein reales Vorbild gibt, nämlich Hermann
Schmitt, den langjährigen Chef der Münchener Mordkommission,
über den Preute 1975 ein Buch veröffentlichte (mehr dazu in dem
Kapitel „Michael Preute, Reporter"). Schmitt brachte Preute alles
bei, was er über Mord wusste und darüber, wie man sich an einen
Täter herandenkt.

Und er wurde zu einem Ersatzvater für den Journalisten, der
immer wieder über seine Arbeit zu berichten hatte: „Aber ja, natürlich. Das war eine Vaterfigur. Und eine für mich herausragende.
Der Mann hat mir unendlich viel gegeben, was wichtig war: Seinen
Beruf – und diese irrsinnig breite Palette, wie man mit Menschen
umgeht. Schmitt war ein fulminanter Menschenkenner. Mein Vater,
der immer sehr menschenfremd war und sehr zurückhaltend, hätte
mir das nie geben können. Der Schmitt hat das so mit links
gemacht. Und ich stelle mir vor, dass auch Schmitt gerne in Heyroth gelebt hätte."

Irgendwann formte sich aus der Erinnerung an den realen Hermann Schmitt dann die fiktive Figur des Kriminalrats Rodenstock
in den Eifel-Krimis. „In diesem chaotischen, aber wunderschönen
Raum in Berndorf, wo ich da gehaust habe, habe ich solche Dinge
zirkulieren lassen, da habe ich in meinem Gedächtnis gekramt. Und
ein ganz wichtiges Erlebnis war für mich Hermann Schmitt, der aus
einem winzigen Kaff am Main kam und diese unglaubliche Gabe

hatte, Mörder buchstäblich zu riechen. Den Mann konntest du überhaupt nicht überraschen. Mit nichts. Er war ganz ruhig, er war sehr lebensecht, er war jemand, der keinen Menschen verurteilte, auch Mörder nicht. Ich wollte mir auch wahrscheinlich darüber im Klaren sein, was mir so ein Mann wie Schmitt bedeutet. Und es ist viel, was er für mich bedeutet."

Schon im Internat sei er dazu aufgefordert worden, neugierig zu sein, das Leben kennenzulernen, nie aufzuhören mit der Neugierde „und vor allen Dingen von älteren Menschen zu lernen. Das habe ich mein Leben lang auch durchgehalten. Und ich habe unheimlich viel von denen gelernt." Wie eben auch von Hermann Schmitt, der mit Preute eines gemeinsam hatte: „Er war ein Arbeitstier. An der Stelle haben wir uns getroffen."

Rodenstock wurde so, wie er Hermann Schmitt in Erinnerung behalten hatte. „Und mit seiner Frau, der Emma, war das im Grunde genommen so ähnlich." Wobei es sich beim Vorbild für Emma, die erstmals 1996 in „Eifel-Schnee" auftritt, nicht um eine langjährige Bekannte handelt, sondern um einen Menschen, dem er nur ein einziges Mal begegnete – und den er nie vergaß: „Das sind so blitzartige Einfälle, die jeder von sich kennt, egal, in welchem Beruf er tätig ist. Ich habe irgendwann gedacht: Die Frau, die in meinem Leben eine winzige Erinnerung füllte, die könnte Rodenstocks Ehefrau werden."

„Es stimmte, Emma war eine sehr schöne Frau, rothaarig mit beinahe durchsichtigem Teint, schlank und groß. Sie konnte 45 sein, sie konnte 60 sein, sie war beeindruckend."

Eifel-Schnee, Grafit 1996, Seite 174

Diese Frau erlebte er in den 1970er Jahren „in einem der Kriege der Israelis", als er in einem Journalisten-Pool in Tel Aviv arbeitete. „Wir waren in Tel Aviv, und wir waren eingeladen von einer Sippe, die über die ganze Welt verteilt war, in zwei Branchen: Bekleidung und Diamanten, richtig gute Händler. Und die treffen sich einmal im Jahr oder so alle in Israel." Er erinnert sich an etwa 40 Menschen in einem Raum mit hohen Wänden und Stuckarbeiten an der Decke. Die entspannte Zusammenkunft wurde jäh beendet. „Irgendetwas rummste, irgendwelche Hubschrauber und Jets waren in der Luft, die Straße kriegte was ab und dieses Haus auch, die Fenster kamen nach innen geflogen und der Scheiß von oben kam herunter." Alle Anwesenden seien aus dem Raum geschossen und die Treppe hinunter gestürmt, um sich in Sicherheit zu bringen.

Preute zögerte, blieb stehen und stellte fest, dass er nicht allein war: Einige Meter entfernt sah er eine Frau an einem Sideboard, auf dem ein Telefon stand. „Sie war etwa 50, schlank, schwarze Haare bis auf den Rücken. Eine schöne Frau, so eine ruhige Schönheit. Und diese Frau telefonierte. In diesem Lärm, in diesem Krach, in diesem Dreck. Die sah genau so aus wie ich: weiß überpudert, überall glitzerte es von den Scherben der Fenster. Ich habe erst hinterher erfahren, dass sie mit ihrer Schwester in London gesprochen hat. Und ich hörte sie plötzlich in einem klassenlosen Englisch sagen: ‚Das ist aber schön, dass ich dich endlich erreiche, damit ich mal in Ruhe mit dir telefonieren kann.'"

So viel Coolness inmitten der Katastrophe, das beeindruckte ihn, komplettiert durch den lapidaren Satz, den die schöne Unbekannte im weiteren Verlauf des staubigen Telefonats von sich gab: „Ich weiß nicht, wo die Männer sind. Ich glaube, die sind rauchen."

Irgendwann kam ihm dann in Berndorf der Gedanke: Das wäre eine Frau für Rodenstock. Er machte sie zu seiner – ebenfalls jüdischen – Emma. „Sie hieß übrigens Esther mit Vornamen. Ich habe sie nie näher kennengelernt. Ich meine mich zu erinnern, dass irgendwer aus diesem Umfeld später gesagt hat: Die ist wieder in Rio oder in Brasilia – jedenfalls irgendwo in Südamerika. Keine

Ahnung, ob das so war. Aber wenn die Frau so alt war, wie ich sie in der Erinnerung schätze, muss sie längst tot sein." Das wiederum soll mit Emma möglichst nie passieren. „Viele Frauen sagen mir heute noch: Lassen Sie bloß die Emma weitermachen! Das hat auch etwas mit dem widerborstigen Geist der Weiber zu tun. Und das ist ja auch völlig richtig."

Emma, Rodenstock, das perfekte Paar, auch wenn es in den „Nürburg-Papieren" und in der „Eifel-Connection" in eine schwere, durch Rodenstocks Depression ausgelöste Krise gerät, aus der die beiden allerdings wieder herausfinden: „Die Familie, die ich da schildere, also Emma und Rodenstock, die entspringt todsicher meiner Gewissheit, dass es Ehen gibt, die funktionieren", sagt Michael Preute.

Ehen, die funktionieren – er weiß, dass es sie gibt: So haben es ihm die Eltern vorgelebt, so sieht er es bei anderen. Nur er selbst hat das erst im vierten Anlauf hinbekommen, mit seiner Frau Geli. Vielleicht auch, so vermutet er zumindest, weil er seine vorherigen Frauen aus den falschen Gründen geheiratet haben könnte: „Weil ich der festen Meinung war, ich müsse zu den guten Bürgern gehören. Was völliger Quatsch war."

Immerhin: „Man darf nicht vergessen, dass ich die erste Ehe 17 Jahre lang geführt habe. Das lässt darauf schließen, dass ich ein treuer Mensch bin." Wobei „treu" und „eine Ehe führen" in seinem Fall natürlich etwas weiter gefasst werden müssen. Schon fällt ihm ein Beispiel ein für eine der zahlreichen Geschichten in jener Zeit, „die völlig scheiße waren", die Episode mit einer Frau in Zürich: „Das war eine der hübschesten Frauen, die ich je getroffen habe. Das ging nur so etwa sechs Wochen. Ich stieg in München in ein Flugzeug und flog nach Zürich. Dann trafen wir uns, waren 24 oder 48 Stunden zusammen, und dann bin ich wieder nach Hause geflogen. Sie war auch klug, abgesehen davon, dass sie schön war. Ich habe später immer an sie zurückdenken müssen, auch noch in Zeiten, in denen ich mit psychogenen Stoffen nichts mehr am Hut hatte. Aber wenn du dir das überlegst ... ich werde demnächst 75. Und die muss das ja auch sein ..."

Zumindest formal also blieb er 17 Jahre lang mit seiner ersten Frau und seiner ältesten Tochter zusammen. Aber es waren keine glücklichen Jahre. Tochter Mona, die froh darüber ist, „die härtesten Nummern nicht erlebt zu haben", weiß von ihrer älteren Halbschwester um einige düstere Eposiden aus dieser Zeit. Und sie kennt auch die Aussagen von Bekannten und Familienmitgliedern, „dass Michael die Welt damals ganz anders erlebt hat, als sie wirklich war".

Auf die Frage, wie er sich zu Hause verhalten habe, wenn er betrunken war, antwortet er: „In dieser Zeit? Das wäre schön, wenn ich das wüsste." Noch einmal zur „Eifel-Connection", zu Rodenstocks Therapie und den darin beschriebenen Parallelen zu Preutes erster Familie: „Ich dachte immer, wir seien ein solides Ehepaar gewesen, schön ordentlich nach Beamtensitte, alles in Ordnung, und im Hintergrund ein paar Bausparverträge", lässt er ihn sagen. Und weiter: „Ich denke viel darüber nach, und ich weiß jetzt, ich war todunglücklich und habe es nie gewagt, diesen Zustand anzusprechen." Baumeister fragt daraufhin Rodenstock nach dessen Tochter, „von der du jahrelang nicht mehr gesprochen hast". Die Antwort: „Wenn ich ganz ehrlich sein soll, dann denke ich, dass menschliche Bindungen auch abreißen können, sie existieren einfach nicht mehr. Was soll ich sagen? Zuweilen denke ich an sie, aber sehr selten. Sie ist jahrelang der Auffassung gewesen, ich hätte ihre Mutter unterdrückt und gar nicht erst hochkommen lassen. Ein Sklavendasein hätte ich ihr bereitet." (Seite 227)

Er habe „ein ziemliches Desaster angerichtet", sagt Rodenstock: „Aber ich bin der Meinung, dass ich das schaffe. So nach und nach. Im Augenblick beschäftige ich mich sehr viel mit meinem Vater. Ich habe immer gedacht: Er ist mein Vater, er hat immer nur mein

Bestes gewollt, was soll schon sein? Dann musste ich feststellen: Das war durchaus nicht so glorreich, wie ich immer gedacht habe. Das war sogar im Gegenteil manchmal eine richtige Quälerei, das Leben mit meinem Vater." Zwei weitere Ehen folgten und gingen in die Binsen, zwei weitere Male scheiterte der Versuch, sich den Wunsch nach einem stabilen Zuhause und der Geborgenheit eines mehr oder weniger bürgerlichen Lebens zu erfüllen: „Es gibt für Leute, die süchtig sind und diese Sucht irgendwie kompensieren oder hinter sich lassen wollen, etwas ganz Wichtiges: nämlich dieses normale Dazugehören zu dieser Welt, in der man lebt. Ich wollte dazugehören." Er kommt wieder zu sprechen auf das Aufwachen in einer fremden Stadt, neben einer fremden Frau: „Das ist ein vergiftetes Leben, das ist furchtbar, das macht man nicht, und du willst doch endlich ein anständiger Bürger sein. Das war der Grund."

Ein anständiger Bürger, wenn man so will, ist er am Ende geworden. Ein durchgängig anständiger Ehemann war er leider nicht, jedenfalls nicht für seine drei ersten Frauen. Bei allen selbst verursachten Karambolagen im Beziehungsleben, bei allen negativen Erfahrungen, bis hin zu allerlei finanziellen Kalamitäten – seine dritte Frau, die Journalistin und Autorin Angelika Koch, erinnert sich aber auch an eine fürsorgliche und ermutigende Seite, die sie bei Michael Preute erlebte: „Er hat mir den Weg in meinen Traumberuf eröffnet, denn schon als Kind wollte ich Journalistin werden. Ohne ihn hätte ich es wohl weitaus schwerer gehabt, dort anzukommen, und wäre bei Kompromissen geblieben. Dafür bin ich ihm bis heute dankbar." Angelika Koch verfasste mehrere Krimis, ein Hörspielrätsel für den SWR, sie schreibt für Tageszeitungen und Magazine in Deutschland und Luxemburg, 2011 verfasste sie den neuen Marco-Polo-Reiseführer für die Mosel.

Die Ehe, am 1. September 1996 geschlossen und am 28. Februar 2000 geschieden, bringt sie aus ihrer Sicht so auf den Punkt:

„Versuch macht klug. Es war halt eine Lektion – jedenfalls für mich. Auch die Angst vor dem finanziellen Kollaps, der ständig drohte und die ganze Ehe überschattete. Seitdem bin ich Workaholic und ungemein darauf erpicht, auf eigenen Beinen zu stehen." Letztlich sei es wichtiger, das Positive an der gemeinsamen Zeit zu sehen; die dunklen Seiten verbucht sie mit dem Abstand eines Jahrzehnts unter: „Unfälle im Haushalt".

Zur Wunschfamilie für Berndorf und Baumeister kommen die wirklichen Freundschaften, die gelegentlich auch einen familiären Anstrich erhalten: „Wenn man mit Michael am Tisch sitzt, am besten im Café Sherlock in Hillesheim, werde ich das Gefühl nicht los, so einen Vater hätte ich gerne gehabt", sagt der Autor (und ebenfalls Glauser-Ehrenpreisträger) Jürgen Alberts: „Einen, der in Ruhe seine Pfeife raucht, zuhören kann, der selbst die schönsten Anekdoten erzählt und dann auch noch so tolle Bücher schreibt."

Michael Preute als Vater: Da sind die Kinder Manuel und Mona, das sind Michael Gatzke, der Sohn seiner Frau Geli, und Rima Aslan. Die Preutes übernahmen im Jahr 2003 auf Vorschlag von Geli und nach der Vermittlung durch das Jugendamt in Daun die Pflegschaft für die damals 18-jährige junge Frau. „Sonst wäre ich auf die schiefe Bahn gelangt", sagt Rima Aslan.

Bei der ersten Begegnung mit den Preutes sei sie zwar noch „total nervös" gewesen, aber das hat sich alles längst gelegt und ist einer engen Beziehung gewichen. „Ich kann jetzt wirklich sagen: Das sind meine Ersatzeltern geworden. Sie haben sehr viel für mich getan." Wenn sie heute ein Problem habe, sagt Rima Aslan, „dann weiß ich sofort, wo ich hingehe: zu Geli und Michael."

Rima Aslan absolvierte eine Ausbildung zur Rechtsanwalts-Fachangestellten und arbeitete mehrere Jahre lang in einer Dauner Kanzlei. Inzwischen ist sie verheiratet, hat zwei kleine Kinder – und Geli und Michael Preute sind die Pateneltern ihres ältesten Sohns. „Sie ist zäh und energisch", sagt Michael Preute über seine

Pflegetochter. „Es gibt keinen Zweifel, dass sie es schaffen wird. Und mich gibt's ja auch noch im Hintergrund."

„Stiefvater – das ist ja ein komisches Wort und seit ‚Schneewittchen' ganz negativ besetzt", sagt Michael Gatzke. „Ich benutze das Wort nicht." Er sehe Michael Preute (der ihn als „coolen Typen" bezeichnet, den er ebenfalls heiß und innig liebe) durchaus als Vater, da spiele es auch keine Rolle, dass dieser angeheiratet sei. Das Verhältnis sei sehr vertrauensvoll, er profitiere sehr von Michael Preutes Lebenserfahrung, den er als warmherzigen Menschen und guten Zuhörer erlebe, der immer ein offenes Ohr für ihn habe. „Und da ist das mit dem Vatertitel in Ordnung, auch wenn man nicht in der Kindheit mit ihm Fußball gespielt hat. Das ist schön – und natürlich etwas Wertvolles."

Seine Familie in der Eifel, dazu zählt Michael Preute auch Ralf und Monika Kramp, seine Nachbarn Maria und Rudi Latten in Brück, dazu gehört für ihn Monika Krämer, die sein Büro macht.

Wobei die Freundschaft gern auch schweigend gelebt wird: „Michael ist oft still, maulfaul, und mitunter vermittelt er einen brummigen Eindruck", sagt Ralf Kramp. „Es gibt Leute, die ihn nicht kennen und zum ersten Mal erleben und sagen: Meine Güte. Ist der arrogant! Und ich weiß, dass das nicht im Geringsten etwas mit Arroganz zu tun hat. Michael ist keiner, der pausenlos quasseln muss – wie ich zum Beispiel."

Familie, das sind Menschen wie Ute und Alwin Ixfeld, die Preute neun Monate lang in Deudesfeld Unterschlupf gewährten, als 1999 dessen Haus abgebrannt war. Ixfeld, ebenfalls Journalist und Co-Autor des 2001 erschienenen Buchs „Siggi Baumeister oder eine Verfolgung quer durch die Eifel" (NordPark Krimi-Kritik), interviewte Preute erstmals 1993. „Daraus hat sich über die Jahre eine sehr intensive und offene Freundschaft entwickelt", sagt er. „Ich habe bei ihm die guten und die miesen Zeiten erlebt und er bei mir. Und da haben wir uns immer gegenseitig rausgeholt."

„Ein ganz treuer Freund", sagt Preute über Alwin Ixfeld. Das gilt auch für Helmut Schäfer aus Strohn, einen seiner liebsten Polizisten: „Weil er so menschlich ist. Er ist im besten Sinne der alte Dorfgendarm, der immer weiß, was seine Schäfchen treiben."

Zur Familie gehören für ihn auch „die Mädchen oben" im Hillesheimer Verlagsbüro. „Das hat auch damit zu tun, dass ich in einem solchen Krach meine ganzen Geschichten geschrieben habe. Da war ständig Lärm, da bliesen Ticker, da wurden Bilder gefunkt, da war Redaktion, da war ich zu Hause. Mir sind Geschichten gelungen, wenn da gerade eine Feier war, was mich gar nicht störte. Das ist heute noch so: Wenn meine Frau Weihnachtsplätzchen backt, dann kann ich gut daneben arbeiten."

Zudem habe Geli einige Freundinnen, die er ebenfalls zu seiner unverwandten Verwandtschaft zählt. „Alles Frauen, die ihren Weg gefunden haben. Mit vielerlei Mühe, vielerlei Katastrophen im Leben. Menschen, die für mich einfach dazugehören."

„Sieh mal, da ist Krümel, das ist meine Katze, das ist meine Familie."

Eifel-Gold, Seite 51

Neben den Menschen soll so kurz vor Schluss nicht vergessen werden, wer in seinem Eifel-Leben noch alles zum Hausstand und damit auch zur Familie gehörte und gehört, nämlich Krümel, Molli, Momo, Paul, Puck, Satchmo, Scheherazade, Schneewittchen, Willi – und bestimmt haben wir noch eine Katze unterschlagen. Sogar ein Schäferhund durfte eine Zeit lang mitspielen: Cisco.

Alles begann mit Molli. „Eine rabenschwarze Katze. Sie lebte abwechselnd bei Ingeborg Meier in Köln und hier bei mir in Berndorf", sagt Michael Preute. Mollis Domizil in der Domstadt: die Heißluftschächte im dritten Stock des Mietshauses in der Wormser Straße. „Man merkte nur, dass sie da war, wenn morgens Katzenfutter fehlte. Molli hat mich auf die Seite der Katzen gebracht. Sie ist nur ein einziges Mal auf meinen Schoß gesprungen – und das war für sie wohl ein so großer Schock, dass sie das nie mehr wiederholt hat. Sie verbrachte ihre letzten Jahre in Berndorf und wurde 21 Jahre alt."

„Ich nahm Reflecting The Blues mit, Willisohns Klavier und Boris van der Leks Saxophon kamen sehr eindringlich, es klang mühelos und brillant, aber dahinter steckten zwei Profis mit lebenslanger Erfahrung, St. James Infirmary *war ein Genuss, und ich ließ es gleich viermal laufen."*

Mond über der Eifel, Seite 164

Eine ganz besondere Verbindung besteht zwischen Preute und dem 1962 geborenen bayerischen Bluespianisten Christian Willisohn: Der Musiker hatte vor etlichen Jahren seinen ersten Auftritt in der Eifelstadt Daun, Michael Preute saß damals im Publikum. „Und irgendwann hat er mich in eins seiner Bücher reingeschrieben", sagt Willisohn. „Ich wusste das zuerst gar nicht. Zwei oder drei Jahre später haben wir uns kennengelernt. Und daraus hat sich ganz schnell eine sehr enge Freundschaft entwickelt."

Eine Freundschaft, die in zwei Hörbüchern („Otto Krause hat den Blues", Grafit 2003, und „Samiras Blues", KBV 2009) resultierte – und in zahlreichen gemeinsamen Auftritten. „Ich kann mit ihm über alles reden", sagt der Pianist. „Wir verstehen uns sehr gut, auch ohne Worte, weil wir die gleiche Weltanschauung haben. Er sagt auch immer, dass er so schreibt, wie ich spiele."

Sie reden über alles, auch über Michael Preutes Vergangenheit als Alkoholiker. Willisohn glaubt, dass sein Freund daraus die richtigen Lehren gezogen habe: „Er hat ein unglaubliches Verständnis für Leute, die in so einer Situation sind. Und dann hilft er. Er ist einer der herzlichsten Menschen, die ich kenne. Das ist wirklich immer wieder erstaunlich."

„Christian ist ein Ausnahmetalent, ein hart arbeitender Musiker und ein Mensch, der eigentlich einmal bei Gottschalk auf die Bühne geholt werden müsste. Um den Leuten klarzumachen, wie viel Musik man aus einem einzigen Klavier rausholen kann. Und mit Sicherheit gehört Christian zu meiner Familie, genau so wie seine Frau Alexandra", sagt Michael Preute. Er erinnert sich an Willisohns erstes Eifel-Gastspiel. „Da saß ich dann fasziniert, denn ich habe selbst Jazz gemacht und habe tatsächlich irgendwann nach dem dritten Stück gedacht: Der spielt so, wie ich schreibe."

Zur Freundschaft kommt der Respekt vor einem Menschen, der für seine Musik lebt, aber nur schwer von ihr leben kann. Denn Jazzmusiker haben es deutlich schwerer als Populärmusikanten: „Da gibt es diesen uralten Witz: Kennst du den Unterschied zwischen dem Schlager und dem Jazz? Die Leute, die Schlager machen, kennen auf der Gitarre drei Griffe und haben tausende Zuhörer. Der Jazzer kennt tausend Griffe ..."

Christian Willisohn, sei ein Mensch, „der genau wie ich dem Leben in dieser Welt manchmal verstört zuguckt, sich dann aber Gott sei Dank in seine eigene Welt rettet und seine Musik macht. Da sind wir ganz ähnlich. Er ist ein Mensch, bei dem ich dankbar bin, dass er existiert. Und er hat hat dieselbe Einstellung zu Bargeld wie ich: Wenn man's hat, soll man's raushauen."

Ein Punkt, der uns unmittelbar zu ein paar weiteren wichtigen Menschen im Leben von Michael Preute führt: Er nennt den Landrat Heinz Onnertz, dessen Frau Cheryl und Heinz-Peter Hoffmann, den Leiter des Krimifestivals.

Onnertz und Hoffmann standen Preute auch zur Seite, als es ihm um das Jahr 2005 herum richtig an den Kragen ging, denn das Finanzamt war auf ihn aufmerksam geworden. „Michael hatte sich lange Zeit nicht um seine Steuern gekümmert und auf einmal ein Strafverfahren am Hals", sagt Onnertz. Jetzt sollte Preute nachveranlagt werden und das just für die Zeit, in der er mit seinen Büchern beim Grafit-Verlag richtig Geld zu verdienen begonnen hatte. Wichtige Unterlagen jedoch waren nicht mehr aufzutreiben, weil sie beim Brand seines Hauses 1999 vernichtet worden waren. Das Finanzamt sei dann in einer Weise gegen Preute vorgegangen, „die ihn in die Privatinsolvenz getrieben hätte", sagt Onnertz. Es ging um sechsstellige Summen – „und das zu einer Zeit, als Michael trotz hoher Einnahmen mittellos war. Weil er einen großen Fehler hat: Er hat die Nein-Taste nicht. Wenn sein übernächster Nachbar ein Haus baut und arbeitslos wird, weil die Firma pleite geht, dann baut Michael das fertig." Das sei typisch Preute: „Er hat sich um nichts gekümmert, aber Schotter abgedrückt ohne Ende."

„Die haben die Hände überm Kopf zusammengeschlagen", sagt Michael Preute. „Weil ich ja eigentlich einer der am meisten verdienenden Eifeler bin, mit richtig Zaster."

Onnertz, als Landrat auch Vorsitzender im Verwaltungsrat der Kreissparkasse, tat sich dann mit dem Vorstandsvorsitzenden Dieter Grau zusammen, allerdings, wie er betont, „in meiner Funktion als Michaels Freund. Und dann haben wir eine Frechheit gemacht. Wir haben Geli und Michael die Kreditkarten abgenommen und ihm jeden Monat den lächerlichen Betrag von 5700 Euro zukommen lassen."

Zugleich führten Onnertz und Grau Verhandlungen mit dem Finanzamt und anderen Gläubigern, an deren Ende Vergleiche und Stillstandsmoratorien standen. „Das hat dann dazu geführt, dass wir ein Entschuldungsprogramm durchführen konnten. Mittlerweile ist das alles bedient."

Der parteilose Landrat hat aber auch noch andere Worte für den in Finanzfragen so erstaunlich unzuverlässigen Michael Preute übrig: „Wenn du den für irgend etwas brauchst, dann steht er auf der Matte."

Das gelte gerade in Wahlkampfzeiten, wenn mancher scheinbar nahe Freund es mit der Unterstützung nicht mehr so genau nehme und die gesicherte Distanz bevorzuge. Ganz anders Michael Preute:

„Dann macht es einfach Spaß, einen hundertprozentigen Freund an deiner Seite zu haben. Das findest du relativ selten."

Preute setze sich gegenüber der Kreisverwaltung allerdings immer wieder auch für andere ein, wenn es wirklich notwendig sei: „Damit ist er dann monatelang schwanger gegangen, wenn er sich meldet. Aber es sind dann immer Menschen in Lebenssituationen, um die zu kümmern es sich lohnt", sagt Heinz Onnertz.

„Die haben sich rührend um mich bemüht", sagt Michael Preute im Blick auf seine finanzielle Beinah-Katastrophe und die Rettungsmaßnahmen, die für ihn ergriffen wurden. „Diese Krise war für mich so der Moment, in dem mir die Eifeler ihre Freundschaft bewiesen haben. Das sind echte Freunde, das sind Verwandtschaften ohne Verwandtschaft. Für mich ist das zu Hause."

Und neben den wahren und erfundenen Freunden und Verwandten ist ja inzwischen auch bereits ein weiteres Familienmitglied auf der Welt: „Ich hätte gerne, dass mein Sohn David ihn noch kennenlernt", sagt Michael Preutes Sohn Manuel.

Die Welt des Michael Preute: Freunde, Verwandte, verwandte Freunde, erfunden und real. Sie sind alle Teil seines Lebens. „Da habe ich einen festen Boden. Da taumele ich nicht."

Ein paar Eroberungen sind noch drin

ÜBER DAS RAUCHEN,
EIN UNGESCHRIEBENES BUCH
UND DEN RICHTIGEN ABGANG

„Ich lasse das Leben passieren.
Ich orientiere mich immer erst dann, wenn die
nächste Welle mich irgendwo anders abgesetzt hat."

Michael Preute

Siggi Baumeister raucht, Jacques Berndorf raucht – und Michael
Preute raucht seit seinem zwölften Lebensjahr, als ihm sein
Vater Willy die erste Zigarette drehte: „mit Zeitungspapier, aus
selbst angebautem Tabak." Später habe der Vater ihm ein Angebot
gemacht: Er werde ihm fortan den Tabak finanzieren, sofern er auf
Pfeifen umsteige, das passe ohnehin besser zu ihm. „Also kriegte
ich die erste Pfeife geschenkt. Ich habe immer Pfeife geraucht, vor
allen Dingen, wenn es mir gut ging und ich am schreiben war."
Wenn er heute gelegentlich auch noch zu Zigaretten greife, dann sei
das allein dem Stress geschuldet. „Eigentlich dürfte ich keine Zigaretten mehr rauchen, aber ehrlich gestanden ist mir das scheißegal,
selbst wenn ich dadurch 14 Tage eher rüber gehe."

„Ich weiß noch genau, dass ich mir die kurze, stummelige, massige Shagpfeife
von Poul Winslow stopfte, die ich eigentlich nicht mag, weil sie zu schwer ist.
Die rauche ich grundsätzlich nur, wenn ich mies gestimmt bin und etwas gegen
mich selbst habe. Da hockte ich also und schickte Qualm in die Luft."
Die Nürburg-Papiere, Seite 10

Er raucht nahezu ständig, allerdings kann sich beim Schreiben alles ändern: Dann ist er in der Lage, zwei Stunden lang überhaupt nicht an sein Laster zu denken. Es sei denn, er wird unruhig, weil er sich gerade langweilt oder an einer Passage arbeitet, mit der er nicht so recht voran kommt. Dann kann es vorkommen, dass er seine Frau Geli um eine Zigarette anpumpt, wobei er gelegentlich abgewiesen wird – zu recht, wie er findet. Andererseits: „Es mag sein, dass Rauchen tötet oder so. Ich lass mich aber nicht töten. Ich gehe da mit großer Gelassenheit und Humor dran. Mein Großvater ist 85 geworden, mein Vater ist auch 85 geworden, und die haben beide gequalmt wie die Schlote, ihr ganzes Leben hindurch. Ich habe meinen Großvater noch Pfeife rauchend erlebt, da saß er aufrecht in seinem Klinikbett, man wusste genau, er hat Krebs, er ist innen völlig zerfressen, aber er war 85 und krähte: Es schmeckt noch immer!"

Auch seine wichtigste Pfeife habe er von seinem Vater bekommen, mitgebracht von einer Reise nach London: „Das war eine Dunhill. Der war auch in dem Muttergeschäft und berichtete mir mit ganz wonnetrunkenen Augen von diesem unglaublichen Geschäft." Die Dunhill, für die er heute Tausende einsacken könnte, hat er immer noch, allerdings sind in den vergangenen Jahrzehnten ein paar weitere Pfeifen hinzugekommen: „Als ich hierher kam, hatte ich schon mindestens 100. Heute sind's 350. Es gibt ein paar sehr schöne Stücke darunter von Vauen (einem Hersteller aus Nürnberg, Anm.) oder von Design Berlin. Die haben irre Formen gebracht in den letzten Jahren."

Von den 350 benutzt er mittlerweile rund 250 nur noch ganz selten oder überhaupt nicht mehr. Die anderen jedoch sind ständig in Gebrauch. Er greift links und rechts in seine Taschen und beginnt auszupacken. Am Ende liegen sechs Pfeifen auf dem Tisch. Die Grundausstattung: Es könnte ja immer mal eine ausgehen. Manche dieser Pfeifen erinnern ihn an die Geschichten, die er schrieb, als er sie kaufte. Andere sind allerdings schlicht unbrauchbar: „Ich habe auch eine Pfeife aus Vietnam. So ein Schnitzding, die hat man mir angeboten für ‚*zwei Dolla'!*'. Schrecklich."

„Es war eine Pfeife vom Designer Georg Jensen, das Mundstück war abgebrochen und fehlte. Wahrscheinlich war einer der Feuerwehrleute draufgetreten. Gelegentlich musste ich nach Euskirchen segeln und mir bei Quaedvliegs ein neues Mundstück verpassen lassen. Zwei Dinge vermag ich nicht einmal im Zustand des Totalschadens wegzuwerfen: Bücher und Pfeifen."

Eifel-Sturm, Seite 250

Pfeifen, das sind für ihn vor allem schöne Stücke aus Natur. „Es ist einfach toll, was die heute aus diesen Hölzern machen. Das sind einfach elegante Sachen, aber man muss ein Auge dafür entwickeln, sonst nützt dir die ganze Pief nichts." Für ihn müssen Pfeifen gebogen sein – das unterscheidet ihn vom großen Kollegen Georges Simenon und dessen ebenfalls rauchendem Kommissar Maigret: „Gerade Pfeifen habe ich auch sicher 50 Stück. Aber davon taugen 30 wenig oder gar nichts. In Vergleich von Ofen und Zug sind die nicht gut genug für mich."

Und was raucht er? Am liebsten eine Mischung, die er sich aus meist vier Tabaken zusammenstellt. Darunter auch eine Sorte, die zu seinem Roman „Eifel-Kreuz" vom Pfeifenstudio M. Quaedvlieg in Euskirchen herausgebracht wurde – wie zu jedem anderen seiner Eifelkrimis. Seine liebste Mischung: Sunday's Fantasy (von Thomas Radford), Eifel-Kreuz (M. Quaedvlieg), Indian Summer (Stanwell) und Q 637, ebenfalls ein Quaedvlieg-Tabak, der für „Eifel-Täter" hergestellt wurde: „Wenn ich die zusammenmische, ergibt sich ein Tabak, den ich gerne rauche. Er ist wirklich leicht, er brennt gut, er bleibt auch am brennen, er schmeckt gut. Und die Raumnote ist dabei wichtig: Wie riecht der, wenn einer in den Raum kommt?"

Zum Beispiel in jenen Raum „unterm Dach juchhe" in Brück, wo er schreibt und über weitere Geschichten nachdenkt: „Ich war noch nie in meinem Leben so oft zu Hause wie jetzt", sagt Michael Preute. Die Vorstellung vom gemütlich vor sich hinschmauchenden Erfolgsautor, der sein Feld bestellt und alles fein sortiert hat, setzt uns allerdings ein falsches Bild in den Kopf: Geplant wird nichts. „Ich lasse das Leben passieren", sagt Michael Preute. „Das heißt: Ich lasse mich davon überrollen. Ich orientiere mich immer erst dann, wenn die nächste Welle mich irgendwo anders abgesetzt hat."

Und auch in einem Alter, das er niemals zu erreichen geglaubt hätte, kann er noch ungemütlich werden. Auch wenn er einräumt, nicht mehr unbedingt jeden Kampf gewinnen zu müssen, ein klarer Fortschritt gegenüber früher. „Ich bin in Kreisen von wesentlich jüngeren Menschen häufig der immer noch Jüngere und sage: So geht's nicht, macht mal ein bisschen schneller hier. Das ist eine Gabe. Ich weiß, dass die meisten Leute das ganz schlimm finden, aber das ist mir ehrlich gestanden scheißegal. Ich werde nur sauer, wenn ich gestoppt werde bei irgendetwas, weil das anderen nicht passt. Die meisten Leute denken: Ach ja, der Michael, der ist so gemütlich und so gelassen." Wer ihm jedoch dumm komme, wer ihn zu bremsen versuche oder an ihm zweifle, der müsse sich warm anziehen: „Dann kriegt ihr Gegnerschaft. Und die sieht bösartig aus."

Da kommt dann unter Umständen auch noch einmal der alte Jähzorn des schon früh unbeherrschbaren „Icki" zum Vorschein. Gelegentlich kriegt dann auch der Liebe Gott etwas ab: „Dann hadere ich mit dem da oben, das sage ich dann auch." Zum Beispiel darüber, dass die Gesellschaft immer mehr aus Verlierern zu bestehen scheine. Verlieren, damit kennt er sich aus: „Dann musst du dich auf das besinnen, was du im Kopf hast. Und die meisten können sich darauf nicht besinnen, weil da nichts drin ist. Das ist ein beschissener Zustand."

Beschissene Zustände: Im Jahr 2005, ausgerechnet dem Jahr seiner Beinahe-Insolvenz, brach Michael Preute mit mehrfachem Organversagen zusammen. Im Krankenhaus von Daun habe man ihn „14 Tage lang auf den Kopf gestellt", erzählt er, bevor ihn ein Rettungswagen in die Klinik der Barmherzigen Brüder in Trier brachte. Die Ärzte dort legten ihm anschließend drei Bypässe (genau so wie sie es drei Jahre später, in „Mond über der Eifel", auch bei Kriminalrat Rodenstock tun).

Kein Grund aufzugeben oder sich, wie andere, nur noch in Wehwehchen zu ergehen: „Als ich diese Scheißoperation hatte, da habe ich meine Frau angerufen und gesagt: Ach, Liebes, das machen wir schon." Seitdem habe er eben ein repariertes Herz. Aber es geht ihm gut: „Im Moment fühle ich mich nicht mal krank. Ich habe nichts."

Was Michael Preute mit diesen wenigen Sätzen abtut, erlebte Ralf Kramp erheblich dramatischer: Nach der Operation besuchte er den Freund im Krankenhaus und anschließend in der Reha-Klinik in Bernkastel-Kues. „Da bin ich hinterher nach Hause gefahren und habe gedacht: Der verabschiedet sich jetzt. Er war in allem, was ihn so ausmachte, noch weniger als die Hälfte. Und was das Schlimmste für mich war: Er hatte nur noch ein heiseres, krächzendes, dünnes Stimmchen. Das hat mir den Rest gegeben. Das hat richtig weh getan. Und dass er so wieder auf die Beine kommt, hätte ich damals nicht gedacht."

„Ich stopfte mir die Valesia von Lorenzo und dachte: Wenn du Zeit hast, mein Junge, dann habe ich alle Zeit der Welt."

Eifel-Gold, Seite 256

Und deshalb macht Michael Preute einfach weiter, die nächsten Geschichten sind bereits in Arbeit. Möglicherweise gibt es auch noch einmal ein CD-Projekt mit Christian Willisohn: Preute hat einen Text über das Leben von Louis Armstrong verfasst, den er gelegentlich bei gemeinsamen Auftritten zur Begleitung des Musikers vorliest. Noch ist das gemeinsame Werk nicht auf Tonträger zu haben, Willisohn hat davon aber bereits eine Aufnahme. „Er schafft es da auf drei Seiten, einen Menschen darzustellen. Man weiß dann, wer Louis Armstrong war. Das ist unglaublich“, sagt Willisohn. „Wir machen die Geschichte öfter als Zugabe, und wir haben uns vorgenommen, noch ein paar solcher Porträts zu machen.“

Vielleicht kommt er ja auch noch einmal auf jene Geschichte zurück, die der Goldmann-Verlag bereits 1994 angekündigt hatte: „Der Mord, den Charlotte beging.“ Außer einem Exposé – und dem bereits erwähnten Theaterstück – wurde daraus jedoch nichts. „Das ist eine wunderschöne Geschichte. Die ist heute noch schön. Aber sie ist nie geschrieben worden.“

Der Hintergrund des ungeschriebenen Romans: Unerkennbare und meist auch unbeweisbare Morde. „Da liegt irgendwo ein Toter im Bett oder in der Wohnküche, der Arzt kommt und sagt: Ja, das musste ja irgendwann mal passieren.“ Im „Charlotte“-Entwurf geht es um einen Studienrat, der unter Diabetes leidet und jeden Morgen zu einer bestimmten Uhrzeit eine Dosis Insulin nehmen muss. Seine schöne Frau Charlotte jedoch hat eine andere Idee ...

„Man schätzt, dass zwei Drittel aller Morde zunächst nicht als Morde begriffen werden“, sagt Michael Preute. Da gehe es um angebliche häusliche Unfälle und anderes plötzliches Sterben oder um Rentner, „die zwei Wochen in der Wohnung liegen“. Sein Freund und Mentor, Kriminalrat Hermann Schmitt, habe ihm in einer stillen Stunde einmal gesagt: „Wenn auf allen Friedhöfen in München an jedem Grab eines Ermordeten eine Kerze stehen würde, dann brauchten wir keine Straßenlaternen mehr.“ Die Idee für eine solche Geschichte ist noch nicht aufgegeben: „Ich würde so was gerne mal machen. Wahrscheinlich mache ich's auch. Aber ich weiß ja nicht, wie viel Zeit mir der Alte da oben noch lässt.“

„In der Luft lag ein Hauch von Herbst, ein Hauch jener Jahreszeit, die in der Eifel am schönsten ist, weil alle Farben dieser Welt auftauchen, leuchten und dann vergehen, wenn die Natur sich schlafen legt."

Eifel-Sturm, Seite 61

Sein Nachbar in Brück starb vor kurzer Zeit an Krebs, mit nur 52 Jahren. „Da hat die Familie geschrieben: Er hätte so gerne noch gelebt", sagt Michael Preute. „Ich denke, bei mir wird es ganz ähnlich sein."

Dennoch gebe es, von heute und von der Eifel aus betrachtet, keinen Grund zum Jammern. „Nach einer bestimmten Reihe von Jahren hast du auch ganz bestimmte Ansichten vom Leben. Und eine meiner Ansichten ist: Wenn's zu Ende ist, dann ist es halt zu Ende. Dann muss man auch gucken, dass man heil ins Grab kommt. Ich kann mich im Rückblick nicht beklagen. Auch wenn dieses Leben morgen zu Ende ist. Na gut: Es gab ein paar Scheißjahre, in denen ich gesoffen habe. Davon gab's natürlich viel zu viele. Aber im Prinzip habe ich das, was wir so Leben nennen, eigentlich ganz gut erledigt. Und wenn ich denn gehen muss, dann gehe ich halt. Dann bin ich zwar traurig, denn ich hätte diese Welt noch gern erobert, aber es gibt bei mir auch so einen laissez-faire-Effekt: Um Gottes Willen – jetzt nicht noch ernst werden ..."

Der Gedanke gefiel mir plötzlich. Er gefiel mir immer besser, je höher der Mond stieg.

Mond über der Eifel, Seite 345

EPILOG

Uff ... Wir sind durch. Das „Buch Michael" ist geschrieben, und es wird hoffentlich seine Leser finden. Sein Verfasser fühlt sich jetzt wie Siggi Baumeister und die vielen anderen Ermittler in so vielen Kriminalromanen: Wenn sie sich kurz vor dem Ende die klassische Frage stellen, ob sie nicht irgendein kleines, aber total wichtiges und für die Lösung ihres Falles entscheidendes Detail übersehen haben.

Nur ein Detail? Ach, bestimmt sind es ganz viele.

Danke, Michael.

ANHANG

ZEITUNGEN UND MAGAZINE

BIBLIOGRAFIE

ROMANE

Michael Preute:

Mord am Kaiserberg (Fortsetzungsroman im *Duisburger General-Anzeiger*), 1961
Der Mörder aus Köln (Vorabdruck im *Stern*, Dezember 1969, Buchfassung unter dem Titel „Magnetfeld des Bösen" 1970 bei C. Bertelsmann, Gütersloh)
Auf eigene Faust (Fortsetzungsroman in *Hörzu*), 1970
Bis der Hass euch bindet (Fortsetzungsroman in *Hörzu*), 1972
Der Reporter, C. Bertelsmann, 1971
Der Monat vor dem Mord (Fortsetzungsroman im *Stern*), 1972
Der Verführer mit dem goldenen Herzen, Bastei Lübbe, Bergisch Gladbach, 1973
Der Kurier, Ullstein, Berlin, 1996

Als Jacques Berndorf:

Eifel-Blues, Erstausgabe als Weltkreis-Krimi im Verlag Pahl-Rugenstein, Köln, 1989, spätere Ausgaben bei Grafit, Dortmund

Requiem für einen Henker, Bastei Lübbe, Bergisch Gladbach, 1990

Der General und das Mädchen, Bastei Lübbe, 1990

Die Reise nach Genf, Goldmann, München 1993

Der letzte Agent, Bastei Lübbe, 1993

Eifel-Gold, Grafit, 1993

Eifel-Filz, Grafit, 1995

Eifel-Schnee, Grafit, 1996

Eifel-Feuer, Grafit, 1997 (Neue, erweiterte Ausgabe von „Der General und das Mädchen")

Eifel-Rallye, Grafit, 1997

Eifel-Jagd, Grafit, 1998

Eifel-Sturm, Grafit, 1999

Der Bär (im Bildband „111 Jahre Gerolsteiner Brunnen"), Gerolsteiner Brunnen GmbH, 1999

Eifel-Müll, Grafit, 2000

Eifel-Wasser, Grafit, 2001

Eifel-Liebe, Grafit, 2002

Die Raffkes, Grafit, 2003

Eifel-Träume, Grafit, 2004

Ein guter Mann, Heyne, München, 2005

Der letzte Agent, KBV, Hillesheim, Neuausgabe 2005

Requiem für einen Henker, KBV, Neuausgabe 2006

Eifel-Kreuz, Grafit, 2006

Bruderdienst, Heyne, 2007

Der Bär, Neuausgabe, KBV, 2007

Mond über der Eifel, KBV, 2008

Der Monat vor dem Mord, KBV, 2008, Neuausgabe des Stern-Fortsetzungsromans von 1972

Der Kurier, Grafit, 2009, Neuausgabe des Romans von 1996

Der Meisterschüler, Heyne, 2009

Die Nürburg-Papiere, KBV, 2010

Die Eifel-Connection, KBV, 2011

SACHBÜCHER

Michael Preute:

Mord-Schmitt, Fackelträger Verlag, Hannover, 1975
Elvis Presley – The King (mit Renate Guldner), Goldmann, 1977
Deutschlands Kriminalfall Nr. 1, Vera Brühne – ein Justizirrtum?, (mit Gabriele Preute) Goldmann, 1979
Die Aberglauben GmbH, Otto Maier Verlag, Ravensburg, 1984
Vom Bunker der Bundesregierung, Edition Nachtraben, Köln, 1984
Der Bunker – eine Reise in die Bonner Unterwelt (erweiterte Fassung), Pahl-Rugenstein, 1989
Drogen Markt Schule: Dealer, Drogen, Konsumenten, C. Bertelsmann, München, 1991
Wenn Du alt wirst in Deutschland: Der Ratgeber für Wohnen und Leben im Alter, Piper, München, 1994
Rechts um zum Abitur – Der geistige Wandel an deutschen Oberschulen, Ch. Links Verlag Berlin, 1995

Als Jacques Berndorf:

Unsere kleine Welt – Landkreis Daun/Vulkaneifel (mit Alwin Ixfeld), Literaturverlag Dr. Gebhardt und Hilden, Idar-Oberstein, 2001
Die magische Eifel (mit Fotos von Theo Broere), Eulen-Verlag, München, 2004
Gebrauchsanweisung für die Eifel, Piper, München, 2008
Himmel über der Vulkaneifel, (mit Fotos von Karl Johaentges und Sven Nieder), Eifelbildverlag, Daun, 2010

Jacques Berndorf als Herausgeber

Jürgen würgen ... Lesebuch für Krimifreunde mit Zeichnungen
von Ralf Kramp, Weiss-Verlag, Monschau, 1999
Mords-Eifel – Kriminelle Geschichten aus einem mörderischen
Landstrich, KBV, 2004
Tatort Eifel (Anthologie zum Krimi-Festival), KBV, 2007
Tatort Eifel 2, KBV, 2009

Über Jacques Berndorf

Eifel-Täter (Herausgeber: Rutger Booß, Fotografien von Karl Maas),
Grafit, 2001, erweiterte Neuausgabe 2006
Siggi Baumeister oder Eine Verfolgung quer durch die Eifel
(Thomas Przybilka, Gisela Lehmer-Kerkloh, Alwin Ixfeld), Nord-
park Krimi-Kritik, Wuppertal, 2001
Eifel-Krimi-Reiseführer – Auf den Spuren von Jacques Berndorf
& Co. Josef Zierden, KBV Hillesheim, 2002, erweiterte Neuaus-
gabe 2009

FERNSEHEN (AUSWAHL)

Brennendes Schweigen (Fernsehfilm, ZDF/ARTE, 90 Min, nach
dem Roman „Eifel-Schnee". Regie: Friedemann Fromm, 2000)
Eifel-Krimi – Leichen, Land und Leute (SWR-Fernsehen, Ausstrahlung am 15.11.1999)

RADIO (AUSWAHL)

Eifel-Feuer (Bearbeitung: Maria Franziska Schüller) 2 Teile je 55
Min, WDR (auch als Eichborn-Lido CD-Edition) 2002
Der Erforscher des Regierungsbunkers, WDR 5-Sendung in
der Reihe „Erlebte Geschichten", Ausstrahlung am 28.11.2004

HÖRBÜCHER UND ANDERE VERÖFFENTLICHUNGEN

Best of Berndorf, Hörbuch, Grafit, Dortmund 2001, Regie: Clau-
dia Gehre, Dortmund
Otto Krause hat den Blues (mit Christian Willisohn), Hörbuch,
Grafit 2003
Eifel-Blues, Hörbuch, Eichborn/Lido, Frankfurt am Main 2003,
mit Dietmar Bär als Siggi Baumeister und Günter Lamprecht als
Rodenstock. Regie: Maria Franziska Schüller
Eifel-Wasser, Hörbuch, Eichborn/Lido 2003, mit Dietmar Bär als
Siggi Baumeister, Claudia Amm als Emma und Günter Lam-
precht als Rodenstock. Regie: Maria Franziska Schüller
Eifel-Liebe, Hörbuch, Eichborn/Lido 2003, mit Dietmar Bär,
Claudia Amm, Günter Lamprecht. Regie: Maria Franziska Schül-
ler.
Eifel-Feuer, WDR-Hörspiel, Köln 2004, mit Jochen Kolenda, Ma-
rianne Rogee, Walter Gontermann. Bearbeitung Maria Franziska
Schüller, Regie Thomas Leutzbach, Eichborn/Lido, 2004
Requiem für einen Henker, Radioropa-Hörbuch, Daun 2006
Der letzte Agent, Radioropa-Hörbuch 2006
Die Raffkes, Radioropa-Hörbuch 2006
Eifel-Gold, Radioropa-Hörbuch 2007
Tatort Eifel, Radioropa-Hörbuch 2007
Der Bär, Radioropa-Hörbuch, 2007

Eifel-Krimi-Kultkiste, vier szenische Lesungen mit Musik und ein Hörspiel, CD-Box mit Eifel-Blues, Eifel-Feuer, Eifel-Liebe, Eifel-Träume, Eifel-Wasser, Eichborn/Lido 2007

Mond über der Eifel, Radioropa-Hörbuch 2007

Eifel-Jagd, Radioropa-Hörbuch 2008

Eifel-Rallye Radioropa-Hörbuch 2008

Eifel-Schnee, Radioropa-Hörbuch 2008

Mords-Eifel, Radioropa-Hörbuch 2008

Samiras Blues (mit Christian Willisohn), KBV Hillesheim 2009

Der Meisterschüler, Radioropa-Hörbuch 2009

Eifel-Müll, Radioropa-Hörbuch 2009

Der Monat vor dem Mord, Radioropa-Hörbuch 2009

Eifel-Sturm, Radioropa-Hörbuch 2009

Der Kurier, Radioropa-Hörbuch 2009

Eifel-Filz, Radioropa Hörbuch 2009

Die Eifel-Connection, Autorenlesung, KBV 2010

Jochen Schmidt
GANGSTER, OPFER, DETEKTIVE

Gebunden, 1128 Seiten
ISBN 978-3-940077-69-1
43,90 EURO

Allzu lange galt der Krimi als eher gering geschätzte Trivialliteratur, doch mittlerweile darf er als durchaus akzeptierte Literaturgattung mit zahlreichen Facetten und Untergattungen angesehen werden. Die Entwicklung der vergangenen Jahrzehnte, die immer vielfältigeren Variationen der Plots, der Settings und der Protagonisten, die gewaltige Ausweitung der Produktion in der Gegenwart verlangen nach einer umfassenden Bestandsaufnahme. Dieser Aufgabe kommt Jochen Schmidt mit »Gangster, Opfer, Detektive« nach. Auf nicht weniger als 1100 Seiten widmet er sich dem literarischen Verbrechen, betrachtet 2280 Werke von 1129 Autoren.

Herausgekommen ist alles andere als eine nüchterne Subsumierung der harten Fakten vom Klassischen Detektivroman bis hin zum Pathologie-Thriller. Niemand hat sich je zuvor in solch lockerem, spritzigen Stil mit ausnahmslos jedem wichtigen Autor und jeder herausragenden Autorin der Kriminalliteratur beschäftigt und die internationalen Schriftsteller und ihre Ermittler in durchaus amüsanten Essays vorgestellt.

Fesselnd und fundiert analysiert Schmidt und beweist dabei seine Fähigkeit, Wichtiges vom Unwichtigen zu trennen, und so erhält man mit jedem Kapitel dieses Werks durchaus auch das Urteil des versierten Kritikers. Was Schmidt in »Gangster, Opfer, Detektive« vermittelt, geht weit über das Vermögen herkömmlicher Krimilexika hinaus.

Josef Zierden
**EIFEL
KRIMI-REISEFÜHRER**
Klappenbroschur, 216 Seiten
durchgehend farbig
umfassend bebildert
ISBN 978-3-934638-58-7
16,50 EURO

Jacques Berndorf, Carola Clasen, Ralf Kramp – Sie und viele andere siedeln ihre Stories im Wilden Westen Deutschlands an. In die reizvolle Kulisse der Eifel, eines rauen und geheimnissvoll anmutenden Landstrichs, lassen sich vortrefflich Leichen drapieren.

All diese Tatorte kann man ungeniert in Augenschein nehmen, denn der größte Teil von ihnen ist authentisch. Urlauber aus dem gesamten deutschsprachigen Raum machen sich Jahr für Jahr auf, um auf den Spuren der Krimihelden Siggi Baumeister, Sonja Senger, Herbie Feldmann und deren Kollegen durch die Eifel zu streifen.

Hier sind sie nun endlich zusammengefasst, die Schauplätze und die harten Fakten. Wo fand der spektakuläre Geldraub statt, wo lag die Leiche auf dem Nürburgring? Wo pflegt Siggi Baumeister einzukehren, und wo versank der Tote im Hohen Venn, dem tückischen Hochmoor?

Josef Zierden liefert Antworten auf alle diese Fragen – und nimmt den Leser mit auf eine Reise durch Deutschlands Krimilandschaft Nummer Eins.

»Ein Buch zum Nachschlagen, zum Schmökern für zu Hause, zum Entdecken des ein oder anderen Eifelörtchens ...« (FAZ)

*»Mit diesem Buch lässt sich die Region zwischen Trier, Andernach und Euskirchen ganz neu entdecken.«
(Hannoversche Allgemeine Zeitung)*

Jacques Berndorf

**DER MONAT
VOR DEM MORD**

Taschenbuch, 184 Seiten
ISBN 978-3-940077-52-3
9,50 EURO

Niemand ahnt etwas von Horstmanns Träumen. Für seinen
Chef ist er der hochqualifizierte Chemiker, der nur in Formeln
denken kann. Für seine Kollegen, besonders für Ocker, ist er
der nette, immer ein wenig zerstreute Weltfremde.
Seine Träume? Er braucht Geld, um sie realisieren zu können.
Viel Geld. Ein neuer Forschungsauftrag kommt ihm daher sehr
gelegen. Der Auftrag lautet, ein Mittel gegen einen verheeren-
den Kiefernschädling zu entwickeln. Horstmann will dieses
Mittel schneller finden als die Kollegen, schneller als die
Konkurrenz.
Umsichtig und raffiniert macht er sich an die Arbeit, die ihn seinem Ziel einen Schritt näherbringen soll. Einem Ziel, das er
ohne Gewalt nicht erreichen kann. Einem Ziel, das einen Monat
entfernt vor ihm liegt.

Deutschlands meistgelesener Krimiautor hat in seinem
Fortsetzungsroman im "stern" den Zeitgeist der Siebziger Jahre
eingefangen und seziert mit dem aufmerksamen Blick des
Journalisten und dem großen Talent eines versierten Erzählers
das Kleinbürgertum in einer wilden Zeit des Aufbruchs.

*»Ein Frühwerk von Deutschlands Bestsellerautor, ein schonungsloses
Portrait deutscher Kleinbürgerlichkeit.«*

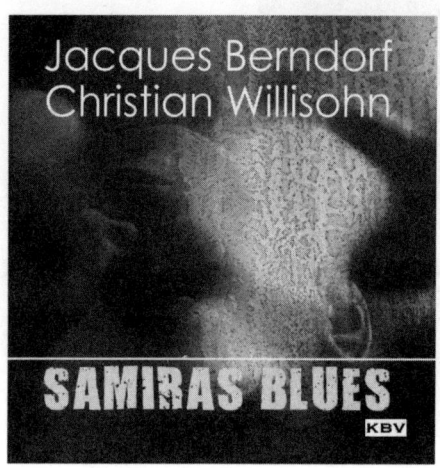

Berndorf/Willisohn

SAMIRAS BLUES

1 CD, 72 Min. · ISBN 978-3-940077-59-2 · 14,50 EURO

Dies ist die Geschichte von Samira, die auf ihren schmalen Schultern die Last einer ganzen Welt trägt. Einer Welt voller Schrecken, voller Vernachlässigung, voller Brutalität. Samira, die mit ihrer kaputten Familie aus dem Nahen Osten illegal nach Deutschland einreist, Samira, die unter der Gleichgültigkeit ihrer Mutter leidet und unter der Trunksucht ihres Vaters. Samira, die beschließt, für ihr eigenes Leben zu kämpfen, bevor sie untergeht, ganz egal, wie hoffnungslos es auch aussehen mag.

Bereits zum zweiten Mal arbeiten Deutschlands bekanntester Blues-Pianist Christian Willisohn und Deutschlands meistgelesener Krimiautor Jacques Berndorf zusammen. Wie schon bei »Otto Krause hat den Blues« haben die beiden hier mit ihren Reibeisenstimmen ein sensibles Hörstück der Extraklasse geschaffen, bei dem Text und Musik eine kaum je dagewesene Verbindung eingehen und eine Geschichte, randvoll mit Blues, erzählen.

»… eine großartige Sozialstudie von zwei Könnern ihres Fachs meisterhaft in Szene gesetzt.« (Blues Road Forum)